中國學術思想 研究輯刊

十三編

林慶彰 主編

第 **8** 冊

名家哲學研究

李賢中 著

墨辯中的語言哲學

德龍 著

花木蘭文化出版社

國家圖書館出版品預行編目資料

名家哲學研究　李賢中 著／墨辯中的語言哲學　德龍 著 —
初版 — 新北市：花木蘭文化出版社，2012〔民 101〕
目 2+196 面 + 目 2+82 面；19×26 公分
（中國學術思想研究輯刊 十三編：第 8 冊）
ISBN：978-986-254-792-2（精裝）
1. 墨子　2. 語言哲學　3. 名家
030.8　　　　　　　　　　　　　　　101002155

ISBN-978-986-254-792-2

9 789862 547922

中國學術思想研究輯刊
十三編　第 八 冊　　　　　　　　ISBN：978-986-254-792-2

名家哲學研究
墨辯中的語言哲學

作　　　者　李賢中／德龍
主　　　編　林慶彰
總 編 輯　杜潔祥
出　　　版　花木蘭文化出版社
發 行 所　花木蘭文化出版社
發 行 人　高小娟
聯絡地址　新北市永和區中正路五九五號七樓
　　　　　　電話：02-2923-1455／傳眞：02-2923-1452
網　　　址　http://www.huamulan.tw 信箱 sut81518@gmail.com
印　　　刷　普羅文化出版廣告事業
封面設計　劉開工作室
初　　　版　2012 年 3 月
定　　　價　十三編 26 冊（精裝）新台幣 42,000 元

名家哲學研究

李賢中　著

作者簡介

李賢中

學歷：輔仁大學哲學研究所博士

經歷：輔仁大學共同科副教授、輔仁大學公共關係室主任、中西文化研究中心主任、東吳大學
　　　哲學系教授、台灣哲學學會秘書長、副會長及中國哲學學會常務理事等。

現任：臺灣大學哲學系教授

著作：《先秦名家「名實」思想探析》、《哲學概論》、《墨學——理論與方法》、《公孫龍子有關認
　　　識問題之研究》、《中國哲學概論》（〈中國認識論〉〈中國邏輯〉）、《墨翟先生，請留步！》
　　　等、以及墨家哲學、先秦哲學、中國邏輯、中國哲學方法論等領域期刊論文三十餘篇。

提　要

　　本書是筆者二十年前在輔仁大學哲學研究所的博士論文，探討先秦的名家哲學，以公孫龍、惠施為主要研究對象；並處理鄧析、尹文名實思想的相關內涵。其中探討的哲學問題包括：人們如何認識這世上的萬物？認知者與對象物之間的關係如何？物與物之間的關係如何？「名」與「實」的關係如何？認識的結果如何以「名」來表達？「名」的作用為何？「名」有哪些類別？怎樣才是正確的表達？如何才能達成正確的表達？名實不符的謬誤如何產生？以及為何言辯、如何言辯……等問題。

　　名家哲學在中國哲學史中所佔的份量很小，但所處理的問題卻很重要，包含著形上學、認識論、邏輯以及語言哲學等領域的問題。並且，名家也是方法意識很強的一家。誠如本書結論所指出，名家名實思想所衍生的方法特色在於強調：

　　1. 哲學思想中概念意義的確定性。

　　2. 思想發展遞演的邏輯性。

　　3. 理論架構的開放性。

　　4. 系統學說的完整性。

　　筆者在此研究基礎上，這二十年來，繼續研究了墨家哲學、先秦哲學、中國邏輯學等課題，並關注中國哲學方法論建構的問題。因此，附錄兩篇近期發表的相關論文。

　　人文領域的研究必然都要透過文獻資料，掌握資料中「名」的意義、「實」的內涵，我們需要從基礎、根源上瞭解名的來源、名的作用以及「名」、「實」間的關係，希望這本書能充分提供先秦名家在這些問題上的觀點與論述。

目

次

第一章 緒 論

第一節 研究動機與目標

在整個社會朝向多元化發展的今天，中國哲學要在現代社會脈絡上向前進展，實在有必要容納多元的探討方式與開放的對話精神。〔註1〕因此，一個思想研究者所關注的問題，可以不必然侷限於傳統中主流或正統的哲學思想，而能在其他的領域中探索、建構，以適應新時代的變遷與新環境的挑戰。

西方的科技文明帶給傳統中國空前的挑戰，中國知識分子經過近百年的反省，終於從器用、制度的比較發現西方文化背後的思想層次才是關鍵所在，〔註2〕而思想層次中的「理性」更是推動著他們信仰系統、價值系統、社會習俗的內層質素，由之以開展出表層的物質文明。此並非意味著中國思想中欠缺理性的內涵，而是所謂的「理性」在中國哲學裡所伸展的方向，包括認識、思維、表達的型態不同於西方。馮契說：「中國古代有那麼多科學發現和創造，是用什麼邏輯、什麼方法搞出來的？這確是一個令人驚奇，需要我們認真研究的重大問題。」〔註3〕是否中國傳統的心靈智慧中，具有我們尚未發現，或尚未深究開發的某種理性或邏輯思維存在？

如果存在，中國歷來的哲學思想中應該有其線索可尋。又如何才能尋索

〔註1〕 馮耀明說：「中國哲學要在當前的歷史、社會脈絡上向前發展，尋找它的未來，首先必須從它的傳統神話中解放出來，容納多元的探索方式，發揮開放的對話精神。此外，中國哲學也必須於當前建立一種能與西方哲學互相對話的正常或共同話語。」見馮耀明著《中國哲學的方法論問題》，頁21。

〔註2〕 見金耀基著《從傳統到現代》，頁161～167。及殷海光著「近百年來中國現代化的過程」，《中國現代化的歷程》，頁50～70。

〔註3〕 馮契著《中國古代哲學的邏輯發展》，上冊，頁44。

出這些線索呢？「如何」涉及程序與方法的問題，就程序而言，基於思想的傳承相關性，首應回到哲學思想的發源處，亦即百家爭鳴的先秦時代。羅光教授說：「春秋戰國時代，爲中國歷史上政治混亂，民生多難，道德淪喪的時代。但是在中華民族的思想史上，卻是一個最燦爛的時期，學者常以百家爭鳴來代表當時思想的活動。當時學者所鳴的，不僅是宣傳各自的主張，並且各自的主張眞正具有新的思想。」〔註4〕就方法而言，基於方法與目標的對應性，則須先注意各家各派學說內涵的爲學方法。胡適說：「無論那一家的哲學，都有一種爲學的方法，這個方法，便是這一家的名學（邏輯）。所以老子要無名，孔子要正名，墨子說：『言有三表』，楊子說：『實無名，名無實』，公孫龍有名實論，荀子有正名篇，莊子有齊物論，尹文子有刑名之論，這都是各家的『名學』。」〔註5〕故在中國哲學發源處，含有較濃厚之方法性自覺的哲學思想，則爲吾人特別關切的研究對象。

個人原本計畫整理先秦各家之名學思想，並加以系統比較，但由於工程過於龐大，實非本論文所能容納，時間亦不允許，故將焦點集中於：名家哲學之「名實」思想研究，作爲現階段研究目標。

「名家」與先秦儒、墨、道、法各學派同處於中國哲學的生發階段，由於共時性的基礎，名家所反省的問題與其他各家有相似之處，如名家的學者也在尋求如何平治爭亂、安定社會之道，但其思想內容與提出的解決之道則與各家不同。他們的方法是以正名實爲主，頗有理則學、認識論的雛型，但卻常以違反常俗的方式來表達，雖已具備相當理性的反省，但也是最不爲歷代學者所重視的一支。羅光教授說：「儒家重名，在於倫理方面的價值，名家重名，則以理則方面的意義爲重。理則學乃各種學術入門的門徑，印度和希臘古代哲學家，都看重這門學術；然而中國古代的名學，卻被看爲詭辯，名家也被稱爲詭辯家，中國古代乃沒有眞正的名學。」〔註6〕

在先秦哲學的研究中，相對於儒、墨、道、法各家而言，有關名家的研究甚少；當然，這一方面涉及歷來學者對它的排斥，僅以詭辯或玩弄文字遊戲視之，認爲沒有研究的價值。〔註7〕另一方面則因名家學者反省思辨的性

〔註4〕 羅光著《中國哲學思想史》，先秦篇，頁18。
〔註5〕 胡適著《中國古代哲學史》，二冊，頁43。
〔註6〕 同註4頁20～21。
〔註7〕 這可從歷來基於儒家正統思想立場，對於名家的批評毀多譽少可見。歷代批評請參見蕭登福著《公孫龍子與名家》，頁244～253。

格，往往不見容於政治上當權者，如《漢書‧藝文志》列爲名家第一人的鄧
析即被鄭國當時執政的鄭駟歂所殺；〔註8〕因而典籍流失，雜僞並陳，造成研
究上極大的困難。再者，部分殘眞的材料，由於探討的領域不同、表達方式
特異，而顯得文字艱澀、義理難解，即使有人願意研究亦難有佳績。

　　然而，不被重視、毀多譽少、材料不足、研究困難等皆不足以完全抹殺
名家思想在中國哲學史中的價值。勞思光說：「名家以純思辨之旨趣爲其特
色，乃先秦思想之特殊學派，所代表者爲早期形上學及初步邏輯思想；其影
響雖不大，哲學史中固不能不承認其地位也。」〔註9〕衡諸今日中國哲學的發
展，在受到西方文化衝擊之後，加入理性反省、純粹思辨及方法自覺的質素
是有其必要性的；而回到中國哲學發源區去找尋被埋藏、遺忘的線索，也應
是可行的途徑之一。研究上雖然困難重重，但從某一角度而言，「研究」本身
正是一種克服困難或釐清問題的過程。

　　近年來，大陸方面有關名家或名學的研究已有相當的成果，諸如：汪奠
基、孫中原、溫公頤、周文英、馮契、周云之、劉培育……等人，在他們的
著作中已有相當系統的整理及獨到的見解；並已發展出「中國邏輯思想史」
的初步模式。〔註10〕台灣在這方面的研究則甚少，且無整體性之論著。不過
大陸學者多以馬克斯主義的辯證方法及唯物論的觀點加以解析、建構，這也
是我們需要注意的地方。

　　個人對於先秦名學中認知、思維、表達的相關問題甚感興趣，亦關切此
一研究方向，曾於碩士論文「公孫龍子有關認識問題之研究」作過初步探討。
本論文「名家哲學研究」即爲同一研究方向之延續，期能對先秦名家「名實」
思想作進一步之解析，呈現其合於理性、邏輯的一面，並反省其思考、表達
的方法，盼能從其中擷取些許精華，而有助於中國哲學之未來發展。

〔註8〕清道光間《指海本》，鄧析子原序云：「鄧析者，鄭人也，好刑名，操兩可之
　　　說，設無窮之詞，當子產之世，數難子產之法，記或曰子產起而戮之。于春
　　　秋左氏傳昭公二十年而子產卒，子太叔嗣爲政，定公八年太叔卒，駟歂嗣爲
　　　政，明年乃殺鄧析，而用其竹刑。」見《中國子學名著集成‧名家輯要》，珍
　　　本082，頁127。
〔註9〕勞思光著《中國哲學史》，第一卷，頁351。
〔註10〕汪奠基著有《中國邏輯思想史》及《中國邏輯思想史料分析》。孫中原著有
　　　《中國邏輯史》。溫公頤著《先秦邏輯史》。周文英著《中國邏輯思想史稿》。
　　　馮契著《中國古代哲學的邏輯發展》。周云之、劉培育合著《先秦邏輯史》
　　　等。

第二節　研究範圍與方法

　　《戰國策‧趙策》有云：「夫刑名之家，皆曰白馬非馬也。」〔註11〕戰國時代雖已有所謂「刑名之家」，然歷史上最早出現「名家」一詞的記載，則是在漢武帝建元元封之間（約當西元前140～110年），太史談在論六家要旨中將先秦遺下來的載籍，各依其論說特徵分爲：陰陽、儒、墨、名、法、道德等六家，之後司馬遷又將這六家要旨轉載於《史記‧自序》。班固的《漢書‧藝文志》則據劉歆「七略」、劉向「別錄」，演爲九流十家，列名家爲九流之一。如此，先秦諸子的學說有了系統的整理、歸類，而「名家」也在先秦各家學說中佔有一席之地。

　　當前有關先秦名家的研究，大致說來已不限於司馬談所分之六家，班固所演之九流十家中的「名家」，胡適就說：「古代本沒有什麼『名家』。」〔註12〕漢人所謂的「名家」戰國時稱爲辯者或辯士。〔註13〕郭沫若也說：「『名家』本是漢人所給予的稱謂，在先秦時代，所謂『名家』者流每被稱爲『辯士』或『察士』，察辯並不限於一家，儒、墨、道、法都在從事名實的調整與辯察的爭鬥，故我們現在要來研討這一現象的事實，與其限於漢人所謂『名家』，倒不如打破這個範圍，泛論各家的名辯。」〔註14〕汪奠基亦云：「實際上先秦道、儒、墨、法各家學說中，都具有『正名實』的重要理論。」〔註15〕此外，梁啓超在「老孔墨以後學派概觀」一文中也說明了先秦並沒有九流十家之稱，但他肯定將先秦諸子歸類的做法，乃是學術研究上的一種進步。他說：「夫對於複雜現象而求其類別，實學術界自然之要求。馬、劉以流派論諸子，不可謂非研究進步之徵也。」〔註16〕因此，雖然吾人不必拘泥於漢人對先秦諸子的分類，但也不必忽略當時這種流派劃分的發展性意義，畢竟漢代與先秦時代背景較爲接近，漢人對於先秦諸子思想的理解，有其相當有利的歷史條件，

〔註11〕刑名亦作形名，刑與形，古通用。形名即是名實。見郭爲著〈名家之研究〉，高雄師範學院學報第十期，頁354。

〔註12〕同註5。

〔註13〕《莊子‧天下篇》云：「桓團，公孫龍，辯者之徒。」又云：「惠施以其「歷物之意」爲大，觀於天下而曉辯者，天下之辯者相與樂之。」又公孫龍子〈跡府篇〉云：「公孫龍，六國辯士也。」

〔註14〕郭沫若著《十批判書》，頁249。

〔註15〕汪奠基著《中國邏輯思想史料分析》，頁11。

〔註16〕梁啓超著《老孔墨以後學派概觀》，頁1。

司馬談、司馬遷、劉向、劉歆、班固等人，爲何將某些人的思想歸爲一家、某些載籍分爲一類，應自有其標準；而他們所見之書、及分類之理，恐非後世之人所能盡知，因此，吾人以爲對於漢代所定之「先秦名家」此一範圍，仍有值得參考之價值。

　　再者，以漢代所謂的「名家」作爲研究的範圍，並非就此排斥或否認其他學派相關的名學思想，而是在方法、程序上先確立「名家」之思想內涵，掌握其思想性格，再以之探究其他學派的名家思想；這與立於正統的儒家思想予以批判，或以當代邏輯思想的水平來普遍地處理先秦辯者之言，所得到的結果必然有所不同。

　　根據班固《漢志》對名家人物及文獻的說明：「名七家，卅六篇」。七家的代表人物是：鄧析子、尹文子、公孫龍、成公生、惠子、黃公、毛公等，這七人中至今仍有書傳世者，僅鄧析、尹文、公孫龍三人而已，依虞愚之考證：「鄧析二篇爲後人改竄而成，尹文子一篇已亡（今本尹文子爲僞），另前乎公孫龍有惠子一篇已亡，衹存天下篇所述歷物十事。與公孫龍同時者有毛公九篇，已亡。後乎公孫龍者，有黃公四篇、成公生五篇，均亡。名家所存材料殘而可信者，僅惠施歷物十事，及公孫龍子數篇而已。」〔註17〕至於公孫龍子，《漢志》有十四篇，至唐高宗咸亨時則僅存六篇，並且其中〈跡府篇〉又爲後人所撰，〔註18〕究其實，僅存公孫龍子五篇而已。

　　今本鄧析子與尹文子雖經近代學者考據有所雜僞，但其中資料未必全僞，蕭登福即舉《尹文子・大道上》所云：「名者，名形者也，形者，應名者也。然形非正名也，名非正名也。則形之與名，居然別矣。不可相亂，亦不可相無。無名，故大道無稱。有名，故名以正形。今萬物具存，不以名正之則亂。萬名具列，不以形應之則乖，故形名者，不可不正也。」指出漢代所謂之「名家」與戰國之「形名家」有相關密切的關係，以證今本尹文子書中仍有可取的資料。〔註19〕王夢鷗亦多方舉證鄧析子與尹文子書乃後人附益、補輯而成，並非全屬僞託，不可盡然捨棄。〔註20〕此外，羅光教授也持同樣的態度，認爲鄧析子、尹文子雖爲僞作，但並不排除今本中的言論也可能是

〔註17〕虞愚著《中國名學》，頁97～98。
〔註18〕蕭登福著《公孫龍子與名家》，頁8～16。
〔註19〕同註18，頁182～183。
〔註20〕王夢鷗著〈戰國時代的名家〉，中央研究院歷史語言研究所集刊44本3分，頁508～518。

鄧析和尹文的思想。〔註21〕

因此，本論文的範圍，在原典文獻方面以公孫龍子現存的五篇、《莊子・天下篇》中惠施的歷物十事爲主要材料；並輔以今鄧析子、尹文子中較爲可靠的名實思想，爲次要材料。再參酌其他相關的史料、論著，以對班書所謂「先秦名家」的「名實」思想作較爲週延的理解與探析。

至於研究方法，本論文除應用基本的解析、綜合法外，主要是以基源問題法及對比法來進行探討。

（一）解析法：解析法要求以客觀的基本態度，解析研究材料中的語詞及論證的確實意義，在語詞意義的解析方面，特別注意每一個概念在字源、不同時代作者、及語句脈絡中意義的釐清，進而確定其論證的意義、整理論證的結構及彼此間的邏輯關係。〔註22〕

（二）綜合法：由方法的觀點而言，綜合是意識地把思想單元整合成更高單位。〔註23〕此方法主要是應用在理論的還原上，亦即由前述解析的各概念意涵、論證結構中，逐步將原著思想整合成較有系統之理論面貌。

（三）基源問題研究法：所謂基源問題研究法，是以邏輯意義的理論還原爲始點，以史學考證工作爲助力，以統攝各別哲學活動於一定設準下爲歸宿；因此必須滿足以下三個條件：

1. 事實紀述的眞實性。
2. 理論闡述的系統性。
3. 全面判斷的統一性。〔註24〕

本論文依循此研究法之要求，在文獻資料的考證上，儘可能密合原著，在理論建構的脈絡上，極力避免零散的呈現，且以問題串聯的方式表達，力求作者思路進行的連貫性。至於全面判斷的設準則以個人在輔大所受士林哲學薰陶下的哲學了解爲根據，進行批判並提出自己的觀點。

（四）對比法：對比法的主旨即在將數個研究對象予以排比對照，使在研究者經驗演進的歷程中，顯示出這些對象彼此間的統一性和差異性。〔註25〕此方法在本論文應用於：

〔註21〕同註4，頁688。
〔註22〕李賢中著《公孫龍子有關認識問題之研究》，頁7～10。
〔註23〕項退結編著《西洋哲學辭典》第三七二條。
〔註24〕同註9，頁15～16。
〔註25〕沈清松著《現代哲學論衡》，頁3。

1. 單一研究對象（如：惠施歷物十事）各種不同註解的對比。
2. 主要材料中公孫龍與惠施思想兩者間的對比。
3. 四個研究對象（鄧析、惠施、尹文、公孫龍）之間的對比。

在對比前先找出共通的概念範疇，及共通的哲學問題，作爲對比的定位準據，以進行理論的結構對比與動態對比。〔註 26〕

「方法」的一般意義是：「達到目的的思想進程」，〔註 27〕再進一步分析，方法含有兩個至爲明顯的意義：（一）方法是一種規範，是產生秩序的衡量標準，如規矩之產生方圓；（二）方法是一種趨向目標，具有方向感的規則或法則，也可以說是一個或一組目的化、方向化和準繩化的規則或法則。〔註 28〕因此，「目標」「規則」與「歷程」是方法的主要元素。本論文的目標是——系統呈現先秦名家「名實」思想，並加以批判反省，擷取其中思想精華，期有助於中國哲學之未來發展。規則即是前述：解析、綜合、基源問題及對比等法。至於實際操作的歷程，則往往是交互運用，並無階段性的分野。例如：爲確立某一思想家之思想理論，在蒐集其所有文字材料後，透過分析、綜合、理解、對比、取擇，而構成系統，在此一過程中前述四種方法皆會反覆出現、交互影響，綜合之中有分析，分析之中有綜合。系統來自理解、理解又有助形成系統，它們是互相推進的。至於各種方法的規則限定何時成爲最強，何時被轉換忽略，這涉及因人而異的思想背景、接收資訊的能力、研究習性、表達方式、合理性標準的差異、說服力強弱的要求……等等因素；因此，本論文之研究方法除上述列舉四種主要方法之外，在實際研究過程中仍有許多主觀隱含的互動因素，此處暫無法一一說明。

第三節　本文內容概要

確立研究範圍，透過上節所述方法的操作，第二章首先要探討的是「名實」思想所從出的先秦名家是如何形成的？試就就同一時代背景相關思潮的

〔註 26〕同前，頁 8。理論的結構對比表現在各組成概念彼此的關係、或命題的各構成語詞彼此的關係上，這些概念或語詞既相異又相配，始得以連繫於同一命題中。動態對比則表現在次級理論（或命題）之間，或數個同級理論之交互影響上。
〔註 27〕鄔昆如著〈先秦儒家哲學的方法演變〉，頁 1。（79.5.台大哲學系主辦中國哲學之方法研討會論文）
〔註 28〕成中英著〈中國哲學中的方法詮釋學——非方法論的方法論〉，頁 1。（同註 27 研討會之論文）

理論內涵，來考察形成名家思想的各種因素。其中包括其基源問題方面的思想淵源、思路進展與思考方法的影響因素、及促成其理論內容的互動因素等；因此第一節論正名思想的淵源，以孔子正名思想為主。第二節論無名思想的轉化，以老子無名思想為主。第三節論立名思想的詧應，以墨辯的立名思想為主。

掌握名家形成的主要因素之後，有助於解析情境〔註29〕的進人，接下來所要探析的是：名家有關名實思想的內涵為何？此又可依其材料的真實性區分為可靠的主要內涵與較不確定的相關內涵，分兩章論述。第三章論名家名實的主要內涵，以問題串聯的方式析論公孫龍與惠施的思想。

第一節　論公孫龍的名實論，內分六項問題：

  1. 何謂「物」？

  2. 何謂「指」？

  3. 如何認識對象物？

  4. 如何呈顯認識的結果？

  5. 怎樣才是正確的表達？

  6. 如何達成正確的表達？

第二節　論惠施的歷物十事，內分八項問題：

  1. 天地萬物的整體為何？

  2. 何謂「小一」，其與「大一」的關係如何？

  3. 物與物之間的關係如何？

  4.「歷」與「物」的關係如何？

  5. 如何歷物？

  6.「歷物」的性質如何？

  7.「物論」是否可解？

  8. 如何體悟天地一體？

第四章論名家名實思想的相關內涵，此相關內涵的解析是以上一章主要內涵的理論型態、思路特性作為取擇引用文獻的主要參考依據，同樣以問答串聯的方式析論尹文與鄧析的思想。

〔註29〕任何思想的產生與當時作者的處境有關，任何思想的意義也離不開當時各種因素互動的關係情境，因此解析某一思想內涵時，解析者必須先釐清並熟悉那種關係情境，以保障解析的正確性，吾人謂之「解析情境」。

第一節　論尹文之形名分析，內分六項問題：

1. 如何確立宇宙萬象的秩序性？
2.「名」有那些類別？
3.「名」的作用為何？
4.「名」與「形」的關係如何？
5. 如何正形名？
6. 名實不符的謬誤如何產生？

第二節　論鄧析之循名責實，內分六項問題：

1. 如何成明君以治世？
2. 如何循名？
3. 如何求諸己？
4. 如何責實？
5. 為何言辯？
6. 如何言辯？

以上三、四兩章的廿六個問題，以基源問題研究法構成先秦名家「名實」思想邏輯意義的理論還原，以下第五章則以對比法呈現「名實」思想的基本架構，此是以名家四子名實思想的整體，作為理論架構的範圍，因此第一節先論名家四子名實思想的關聯性，分別以四子其中之一為主，與另三子對比，歸結出在結構上的三個主要問題，九個核心概念。第二節論意、歷、指，探討認知主體之能力與作用為何？第三節論物、形、實，探討主體所認知之對象為何？第四節論名、正、謂，探討如何正確的認識，無誤的表達出來。

基於上述各章的探源、解析、建構，接下來的第六章已有充分的資訊，可層層推進而聚焦於「名與實的關係」此一根本問題上，分三節說明：第一節論變與不變的思考進路；將從變化的觀點考察名實思想。第二節論「實」的變化與確立；進一步探討認知對象的本質。第三節論「名」的性質與名實相符的辯證關係；說明「名」在變與不變思路下的不同性質與作用，並以變動的觀點說明名符其實的意義。至此，先秦名家「名實」思想的內涵與理論意義已清楚可見。

第七章是本文的結論，分三節討論。第一節是對先秦名家名實思想的反省，從形上學、認識論的立場加以批判，以呈現其理論之缺陷及未來可能建構的方向。第二節論名家名實思想在中國哲學裡的價值，提出其對中國哲學

未來發展的可能助益。第三節論名家名實思想的方法論提示。透過名家「名實」思想的探析，最後希望能從探討過程中的種種啓發，嚐試勾勒出對中國哲學有效的方法論之輪廓。以上即爲本文內容之概要。

第二章　先秦名家的形成

第一節　正名思想的淵源

任何學說的發生都具有其傳承性和相關性的因素，非憑空杜撰可成。先秦名家的形成也有其時代背景，和爲突破同時期某些思潮的限制、對既有理論的深化，而發展出不同型態的思想，進而成一家之言。其中，先秦儒家的「正名」思想對於名家就有根源性的影響。

在初民社會中，「名」具有某種神祕的功能，一般而言，名與實的差異並未有意識地被區別開，因而會將某物之名即視同該物之實，見某人之名如見其本人。如《禮記・雜記》：「過而舉君之諱則起，與君之諱同則稱字。」古代這種名諱的流行正說明了「名」的神祕性。〔註1〕此外，初民的卜筮行爲，以及代表天意之卜筮言辭的詮解，也都與「名」的神祕作用有關。

孔子的正名思想一方面承自傳統社會中對「名」的重視，另一方面也與古代「正名物」的思想有關。《禮記・祭法》：「黃帝正名百物以明民共財。」另《爾雅・序》云：「夫爾雅者，所以通詁訓之指歸，敍詩人之興詠，總絕代之離辭，辨同實而殊號……若乃可以博物不惑，多識于鳥獸草木之名者，莫近於爾雅。」〔註2〕孔子肯定周文價值，有心恢復周文舊觀，故《論語・八佾》

〔註1〕　參見王夢鷗著〈戰國時代的名家〉，中央研究院歷史語言研究所集刊四十四本三分，頁1。及徐復觀著《公孫龍子講述》，頁2～3。

〔註2〕　《爾雅》相傳爲周公所作，或云孔子所傳，或云子夏所增，或云叔孫通所補。見蔣致遠主編，十三經引得，爾雅引得序，頁1。

有云：「周監二代，郁郁乎文哉！吾從周。」因此，「正名物」也成為重要的一項工作。

孔子生處於春秋末期（西元前 551～479 年），〔註 3〕為周文沒落的時代，禮壞樂崩，社會秩序紊亂；當時許多思想家都企圖平治動亂的變局，孟子，〈滕文公〉篇云：「世衰道微，邪說暴行有作，臣弒其君者有之，子弒其父者有之，孔子懼，作春秋。」孔子為挽救世衰道微的亂象、重整社會秩序而作《春秋》，而《春秋》之中亦含蘊著「正名」的思想，並有類似當今語法學和邏輯學的意味，如春秋僖公十有六年，有云：「霣石于宋，五。是月六鷁退飛，過宋都。」《公羊傳》云：「曷為先言霣而後言石？霣石，記聞？……六鷁退飛，記見也。」董仲舒《春秋繁露・深察名號》篇云：「春秋辨物之理，以正其名，名物如其真，不失秋毫之末，故名霣石則後其五，言退鷁則先其六。聖人之謹於正名如此。」其「正名」思想包含了由聽覺或視覺而來的邏輯思維程序，霣石記聞，退鷁記見，溫公頤說：「記聞根於聽覺：聞聲、視石、數五的邏輯順序是依於聽覺而得的思維程序。記見，是基於視覺：數六、察鳥、徐察，才見退飛，這是根於視覺所得的思維程序。」〔註 4〕可見其「名物如其真」的正名思想，已與人的認識過程有關，包含了動態的把握。在靜物方面，《論語・雍也》篇：「觚不觚，觚哉？觚哉？」則是對器物之實不符名的感嘆！

孔子有心發揚周文的精神價值，除「正名物」外，也特別強調「正名分」的思想。要以周文所重視的人倫關係，臻定社會秩序。《莊子・天下》篇有云：「春秋以道名分。」《論語・顏淵》篇齊景公問政於孔子，孔子對曰：「君君，臣臣，父父，子子。」君臣父子的前一字為名，後一字為實，意即享君「名」者應有為君之「實」，持臣「名」者亦應有為臣之實，父子亦然。所謂「名分」即「居某名者應盡之義務與應享之權利」，〔註 5〕各人守好自己名所是之分，使名實相符，並且《論語・泰伯》篇：「不在其位，不謀其政」，〈憲問〉篇：「君子思不出其位」的慎守其位，如此即可使社會建立統一的秩序。

孔子所體認之「名」乃具有周文實質內涵之「名」，亦即不論事物、器物、人物之「名」，皆依周文之「實」而立，以此來正春秋末期政治、生活上之種

〔註 3〕 春秋《公羊》、《穀梁》二傳，皆謂魯襄公廿一年，孔子生。司馬遷《史記》，謂襄公廿二年孔子生。春秋：哀公十六年夏四月巳丑，孔丘卒。相當於西元前 551～479 年。錢穆著《先秦諸子繫年》，頁 1、58、615。

〔註 4〕 溫公頤著《先秦邏輯史》，頁 173～174。

〔註 5〕 郭爲著〈名家之研究〉，高雄師院學報第十期，頁 350。

種亂名。然而周文的實質精神爲何？勞思光說：「周人建國，以制度爲重；於是一面封土建君，創立一種人爲的政治秩序，以代部落酋長式之自然的政治秩序；一方面立宗法制度，又將自然的血緣關係化入人爲的政治關係中……結果則透露一種以人爲主之思想趨勢。」〔註6〕因此，孔子所秉承的周文精神方向即：「肯定人之地位與價值」。欲以人倫之道德規範來指導政治，以「親親」之自然情感擴及於政治中君臣上下的關係，而上下之位的確立，及上下關係的維繫，首先就在於「正名」，以「正名」而「正政」。故當子路問孔子爲政之道時，他首先就提出「正名」。〈子路〉篇中子路曰：「衛君待子而爲政，子將奚先？」子曰：「必也正名乎！」子路曰：「有是哉，子之迂也！奚其正？」子曰：「野哉由也！君子於其所不知，蓋闕如也。名不正則言不順，言不順則事不成，事不成則禮樂不興，禮樂不興則刑罰不中，刑罰不中則民無所措手足。故君子之名之必可言也，言之必可行也，君子於其言，無所苟而已矣。」從正名到民知措手足；從言到行，這乃是要以思想、概念的正確，來保障行爲、舉止的正當，其過程又特強調周文所特重之禮、樂，及維持政權、安定社會之刑罰。《禮記·樂記》：「樂者，天地之和也。禮者，天地之序也。和，故百姓皆化。序，故羣物皆別。」禮主秩序、樂主和諧，禮樂之所以能化、能別，並非僅言其形式，而是強調其如實的內蘊，如《論語·陽貨》篇：「禮云！禮云！玉帛云乎哉？樂云！樂云！鐘鼓云乎哉？」再者，國家法令都因於禮，《荀子·勸學》篇：「禮者，法之大分。」賞罰的目的也在維持社會秩序，而社會的秩序有賴德智之君主明訂善惡之標準，何種行爲爲善？何種行爲爲惡？使善有善名、惡有惡名，兩者不相混雜，如此賞善罰惡，使善有善果、惡有惡報，百姓欲善畏罰，自然就確立了行爲的準據而知進退之宜。依此，以禮樂教化於事前、刑罰制裁於事後，政治上不再有侵權、越分之事，社會也就能安定有序了。此即孔子「正名」思想的內涵與作用。

　　孔子的正名思想，是經過一段相當長時期對名的自覺始能出現的，所謂對名的自覺，是不認爲名的自身即有其神秘性意義，名的價值乃是它所代表的實，〔註7〕他意識到恢復周文之「實」，在於發揚周文之「名」；由於天下變亂起於名不正，因此必須正名。其大要可分析如下：

　　（一）名的產生乃是由執政者由上而下的制名、定名而成，此從前引《禮

〔註6〕勞思光著《中國哲學史》第一卷，頁32～33。
〔註7〕徐復觀著《公孫龍子講疏》，頁3。

記》、《論語》中可見，其後《荀子・正名》篇亦云：「故王者之制名，名定而實辨，道行而志通，則慎率民而一焉。」

（二）正名的目的在「正政」，〈顏淵〉篇：「政者，正也，以正政來平撫天下之爭亂，重整社會之秩序。

（三）所正之名，雖含有言表之器物、事物之名，但實質上乃是以「名分」之「名」爲主，因正名分方爲正政之道。器物、事物之名乃隨「名分」而來，社會各階層所用之服飾、器皿，所遵之禮儀都有一定，不能僭越，故須名器相符、名事相符。

（四）其正名的方法，乃是由周文而來的應然理念以安頓實然之亂名、亂象；是用已定之名來正未定之實、或已亂之名，此乃循名責實之法。

（五）名的表達，已隱含與人的認識過程有關，此由前引《春秋・公羊傳》中可見。

基於相近的時代背景，名家的正名實與孔子的正名思想在求治的目的，以及正名的責任在君王這兩點上是相類似的，如《鄧析子・無厚》篇亦云：「循名責實、君之事也。」又云：「治世，位不可越，職不可亂，百官有司，各務其形，上循名以督實，下奉教而不違。……可謂治世。」之後的《公孫龍子・跡府》篇有云：「公孫龍，六國時辯士也，疾名實之散亂，因資材之所長，爲守白之論……欲推是辯，以正名實而化天下焉。」又〈名實論〉云：「至矣哉，古之明王！審其名實，慎其所謂。」可見公孫龍正名實的思想同樣也是以平治天下爲目的。但他不僅正名，更要正實，由於涉及名、實兩方面的考究，於是引申至表達上「謂」的問題，而有更深入的探討。

此外，在（一）名的種類，（二）正的方法，及（三）對「實」的理解上，名家皆有更進一步的看法。（一）如《尹文子，大道上》，把名分爲三類：「一曰命物之名，方圓白黑是也；二曰毀譽之名，善惡貴賤是也；三曰況謂之名，愚賢愛憎是也。」此種分類包含了具體的、抽象的、相對之概念，雖然其中仍有混淆，〔註8〕但已是把握對「名」之系統分類的新嘗試。並且尹文子也指出具體概念與抽象概念的關係，如〈大道上〉云：「好，則物之通稱，牛則物之定形，以通稱隨定形，不可窮極者也。」之後的公孫龍子亦云：「白馬非馬。」（二）在正的方法上，名家是先正實、再正名，如《公孫龍子・名實論》：「其正也，

〔註8〕汪奠基著《中國邏輯思想史料分析》，頁76。

正其所實也，正其所實者也，正其名也。」名的定立是以實爲其內涵，因此正
名必先正實。尹文子〈大道上〉亦云：「名生於方圓，則眾名得其所稱也。」當
實已正、名已定之後，方可以名正形。〈大道上〉又云：「名也者，正形者也。
形正由名，則名不可差。故仲尼曰：『必也正名乎，名不正則言不順也。』」此
方法過程雖有分辨，但仍受孔子正名思想的影響，所以尹文子肯定正名分的重
要，如其云：「名定則物不競，分明，則私不行。」又云：「失者，由名分混；
得者，由名分察。」(三)在對實的理解方面，鄧析子肯定在正名之前已有一些
認識的過程，且有理可循，如〈無厚〉篇云：「見其象，致其形；循其理，正名
其。」惠施對於萬物的同異類別也有精微的比較，其歷物十事有云：「大同而與
小同異，此之謂小同異；萬物畢同畢異，此之謂大同異。」此乃正實與正名的
基本反省，《公孫龍・指物論》：「物莫非指，而指非指」，更將認識作用及主、
客關係加以分別，並對「實」有所界定，〈名實論〉云：「物以物其所物而不過
焉，實也。」

　　總之，孔子正名思想與名家正名思想在淵源上相關，他們「如何成明君
以治世」的目的（動機）亦可相通，但是對於治的方法、正的程序，對名、
實的把握却大不相同；所以孔子的正名，雖爲名家興起的現實機緣，但並不
是它的本質。〔註9〕儒家的正名建立在周文之「禮」上，以禮的儀文及精神來
正名位的尊卑，而名家却偏重在「理」上，以邏輯論辨之理來說明名實之不
可混。〔註10〕名家並非以周文而來之名作爲「正」的基本標準，其探討對象
亦不僅限於倫理、政治上的名分問題爲主，而是廣泛深入地探討人的認識、
思維與表達等問題，對象擴及天地萬物；因此，《荀子・非十二子》篇就對名
家有如下的批評：「不法先王，不是禮義，而好治怪說，玩琦辭，甚察而不惠，
辯而無用；多事而寡功，不可以爲治綱紀；然而其持之有故，其言之成理，
足以欺惑愚眾，是惠施、鄧析也。」牟宗三說：「琦辭怪說雖爲不好的評估，
但若它之爲琦辭怪說只是對著一般人而言，而客觀地仍有所當，那麼它之爲
琦辭怪說就不一定壞。……而名家的道理大多是可理解，琦辭怪說也有它的
客觀價值。」〔註11〕名家詳密析辭論理的方式雖有異於儒家，荀子也不得不
承認他們是「持之有故、言之成理」了！

〔註9〕　牟宗三著〈先秦名家之性格及其內容之概述〉，中華文化月刊十三期，頁5。
〔註10〕蕭登福著《公孫龍子與名家》，頁181。
〔註11〕同註9，頁6～20。

故，名家之正名實雖有所淵源於孔子正名思想，但其理論內涵却是大異其趣的。

第二節　無名思想的轉化

孔子的正名思想基於對「人之地位與價值」的肯定，因而以回復周文之實質精神爲平治爭亂的努力方向。而老子的「無君」思想則是以形上的觀點，來反省批判周文的有效性，進而企圖超越「以人爲中心」的思考方式〔註12〕來尋求化解之道。

周人行宗法封建之制，以血緣爲其聯屬，特重「禮」之整治，如《禮記・曲禮上》云：「夫禮者，所以定親疏，決嫌疑，別同異，明是非也。……道德仁義，非禮不成；教訓正俗，非禮不備；分爭辯訟，非禮不決；君臣上下，父子兄弟，非禮不定。」由此顯見「禮」在周文中之重要性，道德仁義皆有賴於「禮」。然而老子却有完全不同的看法，《老子・十八章》：「大道廢，有仁義。」〈十九章〉：「絕仁棄義，民復孝慈」〈卅八章〉：「故失道而後德，失德而後仁，失仁而後義，失義而後禮。失禮者，忠信之薄，而亂之首。」老子爲何如此強烈抨擊周文認爲治理有效的「禮」爲「忠信之薄而亂之首」呢？一方面，在老子那時代，「禮」已演爲繁文縟節，拘鎖人心，同時爲爭權者所盜用，成爲剽竊名位的工具，〔註13〕是人用之失當。另一方面，他也對此一現象的發展有所洞悉，而試圖從根本上切斷此一發展之發生之源。此一亂源即人自以爲是的巧智，如《老子・十八章》有云：「智慧出，有大僞。」〈六十五章〉亦云：「民之難治，以其智多，故以智治國，國之賊，不以智治國，國之福。」〈十九章〉則云：「絕聖棄智，民利百倍。」「禮」之爲亂之首，及仁義德行的強調即來自人心有爲的巧智，故老子否定其價值，因而〈卅八章〉云：「上德不德，是以有德；下德不失德，是以無德；上德無爲而無以爲，下德爲之而有以爲。上仁爲之而無以爲，上義爲之而有以爲，上禮爲之而莫之應，則攘臂而扔之。」老子的上德不以善德爲德，超越一切源於巧智的相對名目，要人們放棄有爲造作的倫理；其上德乃是純粹自然，一片天眞，如〈五

〔註12〕傅佩榮著〈道家的邏輯與認識方法〉，頁 1。台大 79.5.中國哲學之方法研討會論文。

〔註13〕陳鼓應註譯《老子今註今譯》，頁 149。

十五章〉云：「含德之厚，比於赤子。」羅光教授說：「上德是對於『道』的本體的直覺。」〔註14〕仁、義、禮等，在老子眼中皆爲守道者所不取，其因就在於巧智者欠缺這種直覺，未能有「知常曰明」之知，〔註15〕故〈十六章〉云：「不知常，妄作凶。」老子否定了禮，絕棄了仁義，指出周文的弊病，而重新由「道」的觀點出發。

　　何謂「道」？道的原始意義是指人所行的道路；乃面之所向與行之所達之塗，故其本義作「所行道也」。〔註16〕老子的「道」則含蘊著更豐富的意涵，它是萬物的根源，先在於一切，它能運行不息、無所不至地徧在萬物，並且是無聲無形不可名狀者。如老子〈廿五章〉所云：「有物混成，先天地生，寂兮寥兮，獨立而不改，周行而不殆，可以爲天下母；吾不知其名，字之曰道。」此「道」與萬物的關係密切，萬物皆由「道」所生，無物不由「道」所成，故其內在於萬物。另一方面「道」又不受時、空的限制，不受萬物具體形態的侷限，而具有超越性。如〈卅四章〉所云：「大道氾兮，其可左右，萬物恃之以生而不辭。」第〈四章〉亦云：「道沖而用之，或不盈。淵兮似萬物之宗，吾不知誰之子，象帝之先。」因此，李震教授歸結「道」的性質包括了：本根性、先在性、普遍性、內在性、超越性及類比性，指出「道」是最根本而又普遍的概念，無所不在，內在一切並超越萬有；且「道」在指稱不同的東西時，一方面指出它們的共同點或通性；另一方面「道」並不抹煞所指稱東西之間的不同或差別，而具類比性的特徵。〔註17〕就萬物的變化而言，「道」也是經驗世界恃之而形成的規律，此規律徧於萬物而無終止。〔註18〕再者，老子的「道」不僅是天地變化之道，也是人生之道，其所顯現的種種內涵，如：自然無爲、致虛守靜、生而不肖、爲而不恃、長而不宰、柔弱、不爭、居下……等皆可爲人生所取法。〔註19〕

〔註14〕羅光著《中國哲學思想史》，〈先秦篇〉，頁215～217。

〔註15〕嚴靈峯教授說：「知，指知覺、知性、知識而言；知，則指智慧和智巧而說……老子對智慧和智巧的否定是毫無疑義的，反之，老子卻不否定『知』，換言之，他也肯定知性和知識。」參見嚴靈峯編著，《無求備齋選集》，經子叢著第九冊，頁648～651。

〔註16〕《說文》云：「道從辵首，亦從首聲，辵謂長行，首謂面之所向，行之所達；長行於面之所向與行之所達之塗，此塗即道；故其本義作「所行道也」解。

〔註17〕參見李震著《中外形上學比較研究》上冊，頁4～5。

〔註18〕勞思光著《中國哲學史》第一卷，頁179。

〔註19〕同註13，頁11～12。

從「道」的觀點來看，與人事、生活密切相關的「名」與「知」，其作用是非常有限的。老子第〈一章〉：「道可道，非常道；名可名，非常名。」〈十四章〉：「視之不見名曰夷，聽之不聞名曰希，搏之不得名曰微，此三者不可致詰，故混而爲一。」〈廿一章〉：「道之爲物，惟恍惟惚」〈廿五章〉：「吾不知其名，字之曰道，強爲之名曰大。」由於「名」含有限定的作用，一旦有所名即將所認識的對象固定住；然而，萬物是變動不居的，「道」是周行不殆的，更不能被限制，故不能有名，即使人制定了名去稱呼它，也只是不得已的勉強爲之。對象物並不會因「名」而改變其本質，因此，「名」是代表「實」的符號，並不等同於實。《莊子‧逍遙遊》：「名者，實之賓也。」〈人間世〉：「道蕩乎名，知出乎爭，名也者相軋也，知也者，爭之器也。」依此，「名」的作用不僅有限，甚至還會導致人事上的負面效果，使人執名爲實、因名失實。

在認識的過程中，「名」透過「知」而名，「知」藉由「名」而知，「知」既是有限的，「知」也是不完全的。老子書中的「知」可分爲眞知與巧智，[註20] 眞知乃知常、知道之「知」，巧知則爲前述〈十八章〉中「智慧出，有大僞」的仁、義、禮之智慧，或權謀詭計之小智。老子對「知」的態度是：斥巧智，求眞知；大僞出於巧智，眞知乃「明」。何謂「明」？「知常曰明」。何謂「常」？「復命曰常」；亦即回歸本原，復歸本性爲「常」。[註21] 如何「明」？〈卅三章〉：「自知者明」。由於老子求眞知所知的對象是「道」，但「道」以「對象」稱之並不恰當，因「道」無時不存、無所不在，不僅認識的對象有「道」，認識的主體、認識作用中亦含有「道」，因此，老子主張「道」的認知，在己身之內即可獲得，〈四十七章〉：「不出戶，知天下；不闚牖，見天道。其出彌遠，其知彌少。」因此，求「道」的知識不需往外面或外在事物上尋找，即可有所得；反之，若往外尋「道」，則易迷失，因〈十二章〉云：「五色令人目盲，五音令人耳聾，五味令人口爽，馳騁畋獵，令人心發狂；難得之貨，令人行妨。」如此，則人離「道」愈遠，更不易知「道」了。[註22]

〔註20〕同註 15。

〔註21〕老子〈十六章〉：「致虛極，守靜篤，萬物並作，吾以觀復。夫物芸芸，各復歸其根，歸根曰靜，是謂復命。復命曰常，知常曰明。不知常，妄作凶。……」范應元說：「歸根者，反本心之虛靜也。」歸根即回歸本原。憨山說：「命，人之自性。」復命即歸復本性，見註 13，頁 89〜90。

〔註22〕參見張振東著《中外知識學比較研究》，頁 40〜41。

　　然而這種求諸己的真知，對「道」而言仍非盡知，仍不可名，〈四十一章〉云：「道隱無名」，〈卅二章〉：「道常無名」；如此，真知卻「無名」，但「無名」如何顯真知？此即在於「知止」，〈卅二章〉又云：「始制有名，名亦既有，夫亦將知止，知止可以不殆。」在不得已、強爲之「名」後，必須適可而止。老子「無名」的思想並非「不名」或完全棄絕「名」的使用，而是必須清楚「名」的代表性與限制性，因「無」含有一「非」的作用，在有名之後再否定掉對「名」的執著，以呈現「常道」「常名」的真知境界。這也是順乎「道」運行的規律，即〈四十章〉所云：「反者，道之動」中的「反」，「知止」即「反」的起點。「無名」所蘊含之「非」、「反」方法上之否定，雖可破除名、象的執著，返歸於無限本體的境界，但「道」之整體仍不得全知，因人畢竟是有限的。故〈七十一章〉云：「知不知，上；不知『不知』病；聖人不病，以其病病；夫唯病病，是以不病。」〔註23〕由此可見，知己之有限，知已之無知，方爲真知。也唯有超越「以人爲中心」的思考方式，才能發現人之有限。

　　有限的人面對超越的「道」，應順乎自然，以道爲法，如〈廿五章〉：「人法地、地法天、天法道、道法自然。」「道」的律動爲「反」，因此人的思想、言行皆應循「反」而動，故〈七十八章〉有：「正言若反」，〈四十二章〉有：「不言之教，無爲之益」。〈卅七章〉更明白指出：「道常無爲而無不爲，侯王若能守之，萬物將自化。」老子「無名」的思想就是在「道」的觀點下，在無爲、無知、不言的思想脈絡中呈現其意義，並對先秦名家的思想有所轉化。

　　所謂「轉化」，是指某思想對另一思想之影響，爲一激盪的因素，或助緣，兩者有所同、更有所不同，所同的在於依之而轉；轉而後化，則有所不同。老子「無名」的相關思想對名家的影響，較偏向於思想方法及表達方式的轉化，可分由下面幾個層次析論：

一、「道」整體之宏觀宇宙觀

　　此開闊之宏觀，使思想的範圍及對象不致侷限於周文政治、倫理的傳統窠臼，而隱示著其他無限可能探索之領域。就此而言，名家思想能有獨樹一格之特殊思考方式或表達型態，老子的宇宙觀應爲重要之激盪因素。鄧析之

〔註23〕據馬王堆書本改「不知知」爲「不知『不知』」。

〈無厚〉、〈轉辭〉之論，尹文之〈大道篇〉，惠施之歷物、公孫龍之〈指物〉、〈名實〉之論等皆與此相關。如惠施之「至大無外，謂之大一，至小無內，謂之小一。」即企圖對宇宙之整體作邏輯之界定，乃至最後有「泛愛萬物，天地一體」之結論。另尹文子之「大道無形，稱器有名」及「大道不稱，眾有必名」，此對「道」與「萬物」兩範疇的劃分，以作爲思考的初步分析，亦預設了「一」的整體。因此可解何以鄧析子曰：「明君審，萬物自定」。〔註24〕而《公孫龍子‧通變論》中「二無一」的論題，所探討「整體與部分在認識與表達中的關係」之相關思考，亦可視爲源於宏觀中之微觀。

二、知「道」方法之轉化

老子知「道」有：「不出戶、闚牖、不見而明」「自知者明」「虛靜以觀、知常曰明、容、公、全、天」等等，〔註25〕並且否定感官有把握事物本質的能力，而有「目盲、耳聾、口爽」及「視不見、聽不聞、搏不得」之說。〔註26〕《漢志》所列名家第一人之鄧析，其〈無厚篇〉有云：「夫自見之，明；借人見之，闇也；自聞之，聰；借人聞之，聾也。」「誠聽能聞于無聲，視能見于無形，計能規于未兆，慮能防于未然；斯無他也，不以耳聽則通于無聲矣，不以目視，則照於無形矣，不以心計，則達于無兆矣，不以智慮，則合于未然矣。」又云：「守虛責實而萬事畢。」〈轉辭篇〉有云：「視于無有，則得其所見，聽于無聲，則得其所聞，故無形者，有形之本，無聲者，有聲之母。」另《尹文子‧大道下》，更直接引用《老子‧五十七章》曰：「以正治國，以奇用兵，以無事取天下。」由此可見老子對鄧、尹二子之影響。

三、「無名」「無知」「不言」「無爲」之否定性方法轉化

老子書中許多否定性語詞：非、不、無等，皆爲表達其思想的方法，此法在否定性中仍含有肯定性作用，如「道可道，非常道；名可名，非常名」（一章），「道隱無名」（四十一章），「明白四達，能無知乎？（十章），「不言之教」

〔註24〕《老子》〈卅九章〉：「昔者得一者：天得一以清；地得一以寧；神得一以靈；谷得一以盈；萬物得一以生；侯王得一以爲天下貞。其致之。」

〔註25〕見《老子》〈四十七章〉、〈卅三章〉、〈十六章〉。〈四十七章〉「不見而明」，「明」原作「名」，現從張嗣成本，從蔣錫昌說而改，見註13，頁167。

〔註26〕見《老子》〈十二章〉、〈十四章〉，並參見註17，頁116～120。

（二、四十三章），「不言而善應」（七十三章），「爲無爲」（三，六十三章），「無爲而無不爲」（四十八、卅七章）。其中非、不、無等一方面否定了對象的可言說、有所爲之內涵；另一方面，則肯定對象在言說、行爲之外的性質。說其不可說，仍有所說，畢竟老子也用五千言說明了不可說之「道」的種種，是眞有所表達，正如其〈十四章〉所云：「是謂無狀之狀，無物之象」。是故，非、不、無等，仍指出了「非非」「不不」「無無」之境；這種否定性中帶有肯定性的表達方式，在名家著作中亦屢屢可見。諸如《鄧析子・無厚篇》所云：「夫達道者，無知之道也，無能之道也；是知大道，不知而中，不能而成，無有而足。」「意無賢，慮無忠，行無道，言虛如受實，萬事畢。」《尹文子・大道上》云：「道用，則無爲而自治。」再者，惠施的歷物十事以「無外」「無內」說明「至大」「至小」，用「無厚」界定「小一」，用「不可積」說明「無厚」等，皆是老子否定性方法之運用。此外，公孫龍子的〈指物論〉：「物莫非指，而指非指」「指非非指也，指與萬物非指也。」「天下有指無物指，誰徑謂非指？徑謂無物非指？」儘管「而指非指」，但公孫龍畢竟用兩百多字的〈指物論〉，指出了「物莫非指」的道理，當然，其中使用了近四十個「非」「道」的字眼，也與老子否定性之方法有關，且有更複雜之應用。〔註27〕

四、「有無相生、正反相成」之對比性方法轉化

　　老子思想常以相對之概念呈現，說明相反相因的道理，如「美、惡、善、不善，有、無、難、易，長、短，高、下，音、聲，前、後」（二章）「禍、福，正、奇，善、妖」（五十八章）「反者，道之動，弱者，道之用，天下萬物生於有，有生於無。」（四十章）此「有無相生、正反相成」之理，與其整體宇宙觀——合乃有分，雖分必合，以及「道」之律動規則——反乃有往，雖往必反，和表達上否定性方法——是乃有非，雖非有是等等都是同一理論系統，此種對比性方法、相對性概念，亦可見於名家思想。如鄧析的「兩可之說」，晉魯勝「墨辯注敍」解釋說：「是有不是，可有不可，是名兩可。」《晉書・隱逸傳》所謂「兩可」之說，從鄧析的某些遺聞舊事來看，大約是指同時斷定事物正反兩面的性質，或對反映事物正反兩面性質的矛盾判斷同時予以肯定。〔註28〕此「兩可」之說即爲老子對比性方法之轉化；另今本《鄧析

〔註27〕《公孫龍子・指物論》共計269字，其中「非」有25字，「無」有12字。
〔註28〕參見《呂氏春秋・離謂篇》記載，及孫中原著《中國邏輯史》，頁17～18。

子‧無厚篇》也有「忠言于不忠，義生于不義。」〈轉辭篇〉有「怒出于不怒，爲出于不爲」之說。尹文則有「專用聰明，則功不成；惠用晦昧，則事必悖，一明一晦，眾之所載。」（意林引）此亦不離老子正反相成之論。此外，惠施的「天與地卑，山與澤平，日方中方睨，物方生方死」等歷物之意，則是鄧析「兩可」之說的發展，﹝註29﹞亦可視爲老子對比性方法之轉化，故《荀子‧儒效篇》將惠施、鄧析相提並論，同評爲：「不恤是非，然不然之情。」至於公孫龍，《莊子‧秋水篇》中龍亦自云：「然不然，可不可。」

綜上所述，老子「無名」思想的確對名家思想有所轉化；同時，名家對老子的思想也有相當深入的反省，進而開出自家的風格。（一）老子以「道」爲本的整體宇宙觀，展示了其他方式思考、探討之可能性，從「以人爲中心」或「不以人爲中心」的不同思考型態，觸發了名家對人與人或人與萬物之主、客、己、他的相對分別﹝註30﹞進而有名家對「人如何認識、表達萬物」此一問題的探究。（二）由於人對「道」乃「無知」「無名」，而此不可言說之「道」又徧在萬物，若不走道家虛靜內修之路，「人是否可以全完認識、表達事物」此一問題亦含蘊在名家思想中，爲名家走出邏輯析理路向的轉折點。（三）倘若人畢竟有限，對事物無法盡知全表，那麼，人對不全之『知』、有限之『名』的態度爲何？名家對此亦有所省思，﹝註31﹞而開出其異於傳統型態的「名實」思想，但由於新型態的思想，仍須使用傳統文字，及受限於舊有之表達方式，因而造成名家思想在表達上，有所謂「苛察繳繞」（《史記自序》）及「鉤鈲析亂」（《漢書藝文志》）的情形出現。名家的「新」與老子「無名」思想有密切的關係，但名家之成「家」，仍有其獨特之內涵。

﹝註29﹞ 同註28之二，頁74。

﹝註30﹞ 《鄧析子‧轉辭》：「世間悲哀喜樂，嗔怒憂愁，久惑於此。今轉之：在己爲哀，在他爲悲；在己爲樂，在他爲喜；在己爲嗔，在他爲怒；在己爲愁，在他爲憂。」《尹文子‧大道上》：「今親賢而疏不肖，賞善而罰惡，賢、不肖、善、惡之名宜在彼；親、疏、賞、罰之稱宜屬我。」《公孫龍子‧名實篇》：「其名正，則唯乎其彼此焉。」其中可見有己、他、彼、我、彼、此之分別。

﹝註31﹞ 《尹文子‧大道上》云：「今即聖賢仁智之名以求聖賢仁智之實，未之或盡也。即頑嚚凶愚之名，以求頑嚚凶愚之實，亦未或盡也。使善惡盡然有分，雖未能盡物之實，猶不患其差也。故曰：名不可不辯也。」尹文持不患而深辯之態度。《公孫龍‧指物論》：「物莫非指，而指非指」及「且夫指固自爲非指，奚待於物而乃與爲指。」〈名實論〉：「夫名，實謂也。」公孫龍一方面肯定人的認識與表達作用，另一方面也指出此乃有限的，究極之物仍莫明所以。

第三節　立名思想的訾應

晉《魯勝‧墨辯注序》云：「墨子著書，作辯經以立名本。」依此，所謂「立名」思想即指墨子有關「名學」的思想。墨家的始祖墨翟，爲戰國時代魯人。據孫詒讓的墨子年表，墨子的生卒約在周定王元年（西元前 468 年）至周安王廿六年（西元前 376 年）之間，〔註 32〕其生活年代略後于孔子而先于孟子。〔註 33〕

《漢書‧藝文志》列墨子七十一篇，現存者僅有五十三篇，其中〈經上〉、〈經下〉、〈經說上〉、〈經說下〉、〈大取〉、〈小取〉六篇，爲墨子「名學」主要思想，又稱爲「墨辯」。方授楚認爲此六篇均爲墨家後學所著，〔註 34〕嚴靈峯教授認爲經上、經下爲墨翟自撰，因（一）此經不稱「子墨子曰」；（二）爲辭類定義之體，與墨子思想相合；（三）晉書《魯勝傳》有云其「作辯經以立名本」；（四）《莊子‧天下篇》有云墨子後學「俱誦墨經」。〔註 35〕李漁叔則強調魯勝是晉初人，其所聞見，自必遠較後世爲詳，而其《墨辯注序》有云：「墨辯有上下經，經各有說，凡四篇。」故經上下及經說上下四篇當爲墨子自著，或至少亦係及門弟子承講授者所記錄而成。〔註 36〕方孝博則主張，經上下、經說上下以及大取、小取這六篇文字既是墨翟和他的門人後學集體的著作，又是在較長時期中不斷研究增益組織加工而成的，總的說來，寫作年代應在西元前四百多年到 240 年之間。〔註 37〕此說大致綜合了上述各種不同之看法；倘若此說不差，則墨辯成書的年代也正是名家惠施、尹文子、公孫龍子活動立說的時期，〔註 38〕而墨家的立名思想也正在這個階段與名家有所交會訾應，〔註 39〕爲名家思想形成之一大觸因。

〔註 32〕參見註 22，頁 65。及嚴靈峯編著，《無求備齋選集》，經子叢著，第十冊，頁 147。

〔註 33〕錢穆著《先秦諸子繫年》，頁 89。另嚴靈峯說：「論語不言墨子，而墨子稱孔子；莊子剗剝儒、墨；孟子闢斥楊、墨；而墨子不及孟、莊。墨子生在孔孟之間，大抵可信。同註 32 之二。

〔註 34〕方授楚著《墨學源流》，頁 43；另蔡仁厚著《墨家哲學》，頁 99～102，也持相同看法。

〔註 35〕同註 32 之二，嚴著，頁 178～179。

〔註 36〕李漁叔著《墨辯新注》，頁 1～24。

〔註 37〕方孝博著《墨經中的數學和物理學》，頁 2～4。

〔註 38〕惠施生卒時間約於西元前 370 至 310 年。尹文生卒時間約於西元前 362 至 293 年。公孫龍生卒時間約於西元前 320 至 250 年。

〔註 39〕馮友蘭說：「墨經中雖亦有『堅白同異之辯』，『觭偶不仵之辭』，然其主要目

墨子之教，曰智與愛。〔註 40〕墨子思想的基本問題與孔、老及先秦諸子是共同的，同樣是在面對周文之疲弊，而謀重新改造，圖救亂世之局，以改善社會生活。〔註41〕故倡「兼相愛、交相利」之說，其書諸篇如兼愛、非攻、天志等，皆直接或間接論及教愛之言。而教智之學則主要在於墨辯六篇，六篇中除補充墨子兼愛相關理論外，有涉及初步科學技術者，有涉及邏輯、認識論問題者，其中又以後者對名家的影響最大。以下先論墨辯之立名思想，次析論名墨訾應的情形。

一、墨辯「立名」思想

（一）名的形成

戰國時期名實散亂為一普遍現象，墨子的「立名」亦為對治之法，但不同於孔子之「正名」與老子之「無名」，其「立名」是以認識論上的探討，確立「名」的根據。依〈經上〉的思想，認識必須經由感官的知覺能力，〈經上〉云：「知，材也。」〈經說上〉：「知材，知也者，所以知也，而必知，若明。」知材是吾人恃之以認識事物的本能，人之所以能知，乃須透過人天生的知覺官能，如目視、耳聞、口嚐、鼻嗅、手撫等，以達認識結果，如目視之明，得其所見。這裡對於認識的思考，是由認識的主體開始，先肯定人有感覺認識的能力，而認識的結果也是在認識的主體之內。

但知識並非在己之內的認識，而必須與外界有所接觸，故〈經上〉又云：「知：接也。」〈經說上〉：「知，知也者，以其知過物而能貌之，若見。」亦即感官能力須與外界的客觀事物有所接觸，如看到、聽到、嚐到、嗅到、摸到等，不僅有所接觸，並且還能保持印象，歷久不忘，回憶起來就如看見一般。這是講知的過程，已有主客之分、內外之別；且「貌物」已顯示了概念的形成。

但人認知能力並非全然被動地由外物之刺激而發生作用，其中也包含著認識主體心思慮求的主動企圖，故〈經上〉又云：「慮，求也。」〈經說上〉：

的，在於闡明墨學，反對辯者。」見馮友蘭著《中國哲學史》，頁 309。另勞思光亦云：「墨家後學之所以致力於邏輯問題之探討，主要問題在於與名家辯爭。」見勞思光著《中國哲學史》第一卷，頁 256。

〔註40〕虞愚著《中國名學》，頁 59。

〔註41〕勞思光說：墨子思想的基源問題乃為：「如何改善社會生活？」見註39之二，頁 235。

「慮，慮也者，以其知有求也，而不必得之，若睨。」此表明「慮」在認識過程中的能動作用，〔註42〕有心思動機、感官能力，方能有所知見，倘若兩者未能配合，或僅是無意的一瞥，則未必能得知事物。

主動的心志作用爲「恕」，〈經上〉云：「恕，明也。」〈經說上〉：「恕，恕也者，以其知論物，而其知之也者，若明。」「恕」是感覺之知以上的「統合與推理」的官能，能將外在官能的感覺認識更進一步的理解、判斷、連繫、綜合與推理，〔註43〕這種認識結果可更深一層地明白事理。

由上述可知，名的形成就是在肯定人有認識能力（知材）的前提下，透過慮求、接知、貌物的認識過程所得到的概念，此概念也是「恕明」推理、判斷等思考作用必須依賴的基本單元。

（二）名的本質

名，有謂「實」的功能，〈小取〉云：「以名舉實。」又〈經上〉云：「舉，擬實也。」〈經說上〉：「告以文名，舉彼實也。」「以名舉實」就是以文飾之圖象、符號以擬表所謂之物，〈經說上〉有云：「所以謂，名也；所謂，實也。」亦即所謂者稱爲「實」；此「實」一方面爲事物客觀之性質，另一方面亦爲認識主體「恕」所把握，因此，依其所謂「實」可以指個體事物，亦可概括個體之類，或其他抽象之事理。〔註44〕

以名謂實的目的在於表達，意即有所「言」，〈經上〉云：「言，出舉也。」〈經上〉說：「故言也者，諸口能之出名（民）者也，名（民）若畫虎也。言也，謂言由（猶）名（石）致也。」〔註45〕這是「以名擬實」的活動，「名」的作用如畫虎一般，要在腦海中圖繪出客觀事物的實質，經由口說出來，而「言」乃由「名」所組成，言的表達作用是從名所謂實的意義構成。

名不僅限於指涉事物的專名，亦能從「言」的意義組合而有指涉整體事態的作用。如〈經上〉云：「信，言合於意也。」〈經說上〉：「信，不以其言之當也，使人視城得金。」其中，人、城、金等名各有所指，而「使人視城

〔註42〕詹劍峯著《墨家的形式邏輯》，頁63。

〔註43〕同註22，頁67。

〔註44〕參見馮耀明著〈墨辯的名實觀〉，鵝湖月刊第十四卷第五期，總號一六一，頁2。

〔註45〕孫詒讓、梁啓超校兩「民」字一「石」字爲「名」，甚是。孫氏並云「猶」與「由」通，今從之。參見孫詒讓著《墨子閒詁》，頁306～307，及李漁叔著《墨辯新註》，頁73～75。

得金」之言，則爲描述一檢證「是否言而有信」的事態，進而知「信」的意義。

因此，從名以謂實的作用可確立「名」的本質爲指涉性，「名」爲代表「實」的符號或圖象，它蘊含著「實」的意義，但並不等同於「實」。就其爲代表符號而言，「名」亦含有一約定性。「名」雖然可以幫助吾人對於「實」的認識，但「實」的內涵並非由名來決定。亦即名是實的認識條件，而實則是名成立的根據。故〈大取〉云：「名，實名。實，不必名。」〔註46〕名以舉實，故爲實名，但實不必待名而立，倒是「立名」有待於「實」。

（三）名的類別

墨子把名分別爲三類，〈經上〉云：「名：達、類、私。」〈經說上〉：「名：物，達也，有實必待文多也命之。馬，類也，若實也者，必以是名也命之。臧，私也，是名也，止於是實也。」名分爲達名、類名、私名。達名是指萬物之通名，即《荀子・正名篇》所謂的「大共名」，乃綜合各類名而成，爲最普遍的全類概念，如：物。此達名凡存有者可謂之。類名是同類之物的共名，即荀子所謂之「大別名」，乃達名之外的普遍概念，如：馬。此類名包含各種、各色之馬。私名則爲獨一無二的個體之名，爲該個體所專有，如「臧」爲某奴僕之名，此名爲其人所專有，此名唯與此實相應，故曰：「是名也，止於是實也。」以上，是以「名」的概括性作爲分類的標準。

此外，在感知與否的條件下，名或類似名之語文項目亦可區分爲：形貌之名與非形貌之名。前者是以可感知的對象，爲名之所指；後者則是以非感知的事物爲名之所對。〔註47〕〈大取〉云：「以形貌命者，必智是之某也，焉智某也。不可以形貌命者，唯不智是之某也，智某可也。」又云：「諸以形貌命者，若山、丘、室、廟皆是也。」這裡，以形貌命者，指具體概念，這種概念所指之物，有形貌可察而易知，如山、丘、室、廟等概念。而不以形貌命者，則爲抽象概念，這種概念是概括事物性質和關係的，〔註48〕雖不像具形貌之對象那樣具體、確定，但仍是可以了解的。而性質之名與關係之名又有所分別，如〈大取〉云：「苟是石也白，敗是石也，盡與白同，是石也惟大，不與大同，是有便謂焉也。」此以白石爲例，「白」爲石之性質，滲盈於全石，

〔註46〕 參見註44，頁3。
〔註47〕 同註44，頁4。
〔註48〕 孫中原著《中國邏輯史》，頁213。

即使碎之，其每一部分仍是石、仍爲白。但稱此白石爲「大」，則是就此石與
彼石相對關係的比較而言，「大」並非此石本有之性質，故曰「不與大同」，
這種大、小、多、少等名乃是由於主觀之比較、取擇而得，故所使用之名只
是方便之謂。

以上性質之名、關係之名，形貌之名、非形貌之名及達名、類名、私名，
即墨辯中「名」的分類。

（四）名的意義

名的意義，除以名舉實之「實」爲其意義來源外，以名謂實的表達者，
其「謂」的意向也是決定意義的因素。〈經上〉論及同異的意義，其中「重同」
〈經說上〉云：「二名一實，重同也」，由於名有約定性，因此會由於約定的
不同而有二名一實、一名二實的情形出現，〈經下〉有云：「物盡同名」，亦論
及「異意同辭」或「實異而名偶同」的類似情形。〔註49〕那麼，如何確立名
在表達中的意義呢？〈經上〉云：「謂：移、舉、加。」〈經說上〉：「謂，命
狗犬，移也。狗、犬，舉也。叱狗，加也。」〔註50〕「謂」可分爲三種：「移」
是以此名命彼名，如以「犬」之命狗名，即以此語文項目移謂彼語文項目的
稱謂方式。「舉」〈小取〉所謂的「以名舉實」，即以狗犬之名舉狗犬之實，如
云：「孰爲狗，孰爲犬。」這是由語文項目指謂實在項目之名謂方式。「加」
則是主觀感受附加於客觀對象上的稱謂方式，如「叱狗」，其所指不僅謂狗，
於狗之外，尚有一「叱」之意在。〔註51〕由此可見，同一名，在不同的情況
下，其所謂可以是「名」、是「實」或主觀的情緒、評價等。因此，欲了解「名」
的意義必須考慮這些因素。

此外，語句脈絡也是確立名謂意義的重要因素。〈經下〉：「通意後對，說
在不知其誰謂也。」〈經說下〉：「通，問者曰：子知羈乎？應之曰：羈，何謂
也？彼曰：羈施。則智之。若不聞羈何謂，徑應以弗智，則過。」此即說明人
在問答時，必須通達其意，然後再與之應對，而通達其意則需要語詞或語句
脈絡的輔助，如有人問：「你知道羈嗎？」那就須追問：「是什麼羈？」他告

〔註49〕 此條經與說皆難讀，但其意旨是明顯的，孫詒讓說：「異意而辭同」，曹耀湘
　　　　 說：「實異而名偶同」。見註 42，頁 73～74。及孫詒讓著《墨子閒詁》，頁
　　　　 289。

〔註50〕 「命狗犬，移也」原作「狗犬，命也」今從伍非百校改，見伍非百著《先秦
　　　　 名學七書》，頁 277。

〔註51〕 參見註50，頁 77，註 36，頁 110，及註44，頁 2 各解。

訴你：「羈旅。」（客旅），如此即可知其名之意義。〔註52〕

綜合上述，名之意義，除須就名之為擬實的作用，由認識上其所謂之「實」或從某「名」之定義、界說加以確定外，還須配合表達時的情境之「謂」，或該名所出現之脈絡，如此方可確立名的意義。

（五）正 名

由於立名有在於「實」，因此正名亦在於「以實正名」，倘有名不符實者，謂之「過名」，〈經下〉：「或，過名也，說在實。」〈經說下〉：「或，知是之非此也，有知是之不在此也；然而謂此南北，過，而以已為然，始也謂此南方，故今也謂此南方。」此肯定了「實」的變化，「實」若已變，而名未隨之改變，則成過錯之名，而令人迷惑，如尋常所稱之南北，當過北，則北已成南；過南，則南已成北，如此則不宜再以原有南、北之名稱之，〔註53〕此即循實以正名。

墨家主張「實」是不依賴思維而獨立存在於客觀的現實，並先於思維而存在，〔註54〕〈大取〉云：「名，實名；實不必名。」是先有其實，後有其名，以實正名就在於根據事物的實情，使名復得其正。〈大取〉云：「復次察聲端名，因情復正。」〈經說上〉：「聲出口，俱有名。」名出於表達者之口，然其名是否正確，即在於該名是否符合其實，而這種符合的關係又有幾種不同的情形，墨子以「彼」「此」兩概念來說明名與實、名與名、實與實的部分別。〈經下〉云：「彼此，彼此，與彼此同，說在異。」〔註55〕〈經說下〉云：「彼，正名者彼此。彼此可：彼彼止於彼，此此止於此。彼此不可：彼且此也，彼此亦可：彼此止於彼此。」

（一）正名者循實立名，彼名止於彼實，此名止於此實，可也。

（二）設有二名，彼名止於彼實，此名止於此實，則謂彼為此，不可也。
　　　如：牛是牛，馬是馬，則謂牛為馬，不可也。

（三）設有二實，彼此有類屬包含的關係，彼為彼且為此，則謂彼為此亦可。如：白馬為白馬且為馬，則謂白馬為馬亦可。故曰：「彼此亦可。」

〔註52〕「覊」即「羈」字，「施」當作「旅」，形近而誤，見高晉生著《墨經校詮》，頁159～160。楊家駱主編《名家六書・墨經校詮》。

〔註53〕參見註36，頁172，及註42，頁76。

〔註54〕見註42，頁17。

〔註55〕原作「循此循此與彼此同，說在異」，今從伍非百校改，見註50，頁324。

由此可見，以名謂實，在於循實以正名。此外，另有一類屬道德意義、或其名之實爲可實踐者，當其名已立，則可「以名察實」爲正名之法。如〈非攻下〉云：「是有譽義之名而不察其實也。」如何以名察實？〈貴義篇〉指出：「今瞽者曰：『皚（鉅）者白也，黔者黑也。』雖明目者無以易之。兼白黑，使瞽者取焉，不能知也。故我曰：『瞽不知白黑者，非以其名也，以其取也。今天下之君子之名仁也，雖禹湯無以易之。兼仁與不仁，而使天下之君子取焉，不能知也；故我曰：『天下之君子不知仁者，非以其名也，亦以其取也。』」此顯示：人雖用其名，然未必知其實；是否知其實，應以其行爲來判定。〈經上〉論及知之相關概念有：「名、實、合、爲」，〔註56〕其中最後一項即強調行爲的重要，因志蘊於心，行必見於事，故以名察實之法即在於觀察用名之人是否有如實之行爲表現。

總之，墨子正名在「以實正名，以名察實。」

二、墨、名的訾應

若將儒、道、墨三家對名家的影響作一概略的比較，孔子的「正名」偏重在思想動機與目的上，老子的「無名」偏重在思考方式與方法上，墨子的「立名」則偏重在思想內容與取材上了。墨、名皆探討許多相類似的命題，如同異、堅白、名謂……等問題，彼此的訾應有時站在相反的論調，有時則又處於相同的立場，各有高下，對於先秦名家思想的形成，有十分重要影響，現分別就公孫龍、惠施、尹文與墨辯思想之訾應，析論如下：

（一）墨辯與公孫龍子

1. 白馬論

〈小取〉曰：「白馬，馬也。乘白馬，乘馬也。驪馬，馬也，乘驪馬，乘馬也。」此乃由〈經說下〉「彼且此也，彼此亦可」的原則而來，採約定俗成之日常用語觀點而論，而公孫龍子則以色、形之異爲其論點。其〈白馬論〉云：「白馬非馬，可乎？曰：可。曰：何哉？曰：馬者所以命形也，白者，所以命色也，命色者非命形也，故曰：白馬非馬。」

〔註56〕〈經上〉云：「知：聞、說、親。名、實、合、爲。」〈經說上〉云：「知，傳授之，聞也。方不㢮，說也。身觀焉，親也。所以謂，名也。所謂，實也。名實耦，合也。志行，爲也。」

此顯然與墨辯「白馬，馬也」之論相反；但詳究之，「白馬」與「馬」既然可以「彼」、「此」之名稱之，則其「實」，必然有所別異。而公孫龍「白馬非馬」之「非」正是不等、異於之意。鄧析〈無厚篇〉云：「故談者別殊類，使不相害，序異端，使不相亂，論志通意，非務相乖也。」因而有公孫龍「白馬非馬」之析論。

2. 指物論

從墨辯「名」的本質為「指涉性」而言，名為實的認識條件，則凡物皆須透過名的指涉方有所知，故公孫龍〈指物論〉有云：「物莫非指。」其「指」正含有「概念」之意。

另從墨辯「名」的本質為「約定性」而言，「實」雖為「名」成立的根據，但「名」不等同於「實」，故〈指物論〉又云：「而指非指。」公孫龍認為「實」來自「物」，為客觀存在的「有」，而「名」來自「指」，為主觀概念的「無」，故〈指物論〉云：「指也者，天下之所無也；物也者，天下之所有也；以天下之所有，為天下之所無，未可。」而有進一步的理論伸展。

但〈經下〉云：「有指於二而不可逃，說在以二絫。」又云：「所知而弗能指，說在春也、逃臣、狗犬、遺者。」顯示雖有所不能指，但無害於知，不能以此推翻「有指可知」之事。〔註57〕故對「指」之作用仍持肯定的態度。而〈指物論〉云：「且夫指固自為非指，奚待於物而乃與為指？」公孫龍對「指」的作用則較傾向懷疑的態度，此又為兩者之不同。

3. 通變論

〈經下〉云：「一，偏棄之，謂而固是也，說在因。」〈經說下〉：「二，與一亡，不與一在，偏去未，有文實也，而後謂之，無文實也，則無謂也。」此與〈通變論〉所云：「二有一乎？曰：二無一。」之理相同；「二」的名在成立時雖與「一」相關，但在該名成立之後，則與「一」無涉，為獨立謂「二」實之概念。

〈經下〉云：「狂舉不可以知異，說在有不可。」〈經說下〉：「狂，牛與馬惟異，以牛有齒、馬有尾，說牛之非馬也，不可。是俱有、不偏有、偏無有。曰之與馬不類，用牛有角、馬無角，是類之不同也。若舉牛有角、馬無角，以是為類之不同也，是狂舉也；猶牛有齒、馬有尾。」〔註58〕「狂舉」就此例而

〔註57〕參見註50，頁522～523。
〔註58〕狂牛二字原誤倒為「牛狂」，狂字乃朦經之文，參見譚戒甫編著《墨經分類譯

言有兩種情況：（1）狂舉不可知異物。如牛、馬爲異物，則不可用兩物之共有特徵，作爲區別的根據。因牛、馬皆有齒、有尾，而應用兩物之相異特徵：有角、無角加以區別。（2）狂舉不可知異類。如：牛、馬同爲獸類，則又不可以同中之異的有角、無角，而忽略它們同屬一類的其他特質，而證牛或馬非獸類。由此可見，即使同爲「類」概念，仍有等級的不同，正、狂之舉乃視其是否對應其「類」之論域而定。《公孫龍子‧通變論》中也有相似之思想：「羊與牛唯異，羊有齒、牛無齒，而牛之非羊也，羊之非牛也，未可；是不俱有，而或類焉。羊有角、牛有角，牛之而羊也，羊之而牛也，未可，是俱有，而類之不同也。」

此外，通變論中還有其他「正舉」「狂舉」之例，可見墨辯與公孫龍思想的密切關聯。

4. 堅白論

《墨經》上：「堅白，不相外也。」〈經說上〉：「於石（尺）無所往而不得，得二，（堅）異處不相盈，相非，是相外也。」〔註59〕又〈經下〉云：「於一，有知焉，有不知焉，說在存。」〈經說下〉：「於石，一也。堅白，二也，而在石，故有智焉，有不智焉，可。」此正符合公孫龍子〈堅白論〉中客難的論點：「得其所白，不可謂無白，得其所堅，不可謂無堅，而之石也之於然也，非三也？」公孫龍則主張：「視不得其所堅而得其所白者，無堅也。拊不得其所白而得其所堅，無白也。」

又〈經下〉云：「不堅白，說在無久與宇，堅白，說在因」〔註60〕〈經說下〉：「無堅得白，必相盈也。」此即〈通變論〉中客難所謂「其白也，其堅也，而石必得以相盈，其自藏奈何？」的論點。公孫龍子答客難曰：「得其白、得其堅，見與不見與不見離，一一不相盈，故離，離也者，藏也。」由此可見「堅白」問題在墨辯與公孫龍子相對詰應的激烈。

5. 名實論

「名」有約定性，但以名謂實之「謂」則常隨表達者觀念的轉換而有「同名異謂」或「異名同謂」的情形出現，故公孫龍強調「唯謂」的思想，亦即

　　注》，頁152～153，及註36，頁207及52，頁187。
〔註59〕此條經文從孫詒讓、譚戒甫校改，原「石」作「尺」，「堅」爲堅牒字。見註52，頁70。及孫詒讓著《墨子閒詁》，頁312。
〔註60〕此條從李漁叔校改，見註36，頁150。

一名專用於一實，其〈名實論〉云：「其名正則唯乎彼此焉，謂彼而彼不唯乎彼，則彼謂不行。謂此，而此不唯乎此，則此謂不行。」墨經則指出這種「唯謂」若不守「名」的約定性，彼有彼之謂，我有我之謂，而成任意的「獨謂」，導致各說各話，各是其是，則反而不可。故〈經下〉云：「唯吾謂，非名也，則不可，說在仮。」〈經說下〉：「惟，謂是霍可，而猶之非夫霍也，謂『彼是』是也，不可。謂者毋惟乎其謂，彼猶惟乎其謂，則吾謂不行，彼若不惟其謂，則不行也。」

就正名思想而言，〈名實論〉云：「夫名，實謂也；知此之非此也，知此之不在此也，則不謂也。知彼之非彼也，知彼之不在彼也，則不謂也。」此從物實與變化的觀點強調一名一實的對應性，若「實」有所「非」或「不在」時，則不可謂。《墨經》下則從概念的類屬包含關係上指出，「實」即使有所「非」亦可謂。〈經說下〉：「彼，正名者，彼此、彼此，可。彼彼止於彼，此此止於此，彼此不可。彼且此也，彼此亦可。」由於「彼且此也，彼此亦可」故允許「白馬是馬」，公孫龍則以「白馬之實」非「馬之實」，故曰「白馬非馬」。

（二）墨辯與歷物之意

1. 論時空的認識

〈經上〉云：「久：彌異時也。宇：彌異所也。」〈經說上〉：「久，古今且莫。宇，東西家南北。」《淮南子・齊俗訓》亦云：「往古來今謂之宙，四方上下謂之宇。」墨經中的「久」即「宙」、即綿延不絕的時間，宇即可無限延伸的空間。惠施歷物之意在探討「天地萬物之整體」的問題上，進一步以無內、無外說明宇宙的無限性，其第一事云：「至大無外謂之大一，至小無內謂之小一。」

再者，「久，彌異時也」顯示整體之「宙」概括了一切「異時」，而一切異時之「異」乃有賴於人設定始、止之時間單位，方有所謂的古、今、且、莫之別。「東西家南北」之「家」即「室」，為定方位的基準點，〔註61〕亦即對於空間方位的認定，必須先有設定的中點，始有所謂的東西、南北。因此，惠施就人在宇宙整體中，於認識上的設定轉換而論及第七事的「今日適越而

〔註61〕高晉生詮說云：「家謂人所處之室也。人處於室，自其室以言，始有東西南北。」同註52，頁53。

昔來。」及第九事的「我知天下之中央，燕之北，越之南是也。」

又〈經下〉云：「行脩（循）以久，說在先後」〔註62〕〈經說下〉：「遠近，脩也；先後，久也。民行脩必以久也。」此謂時空計量有先後、遠近的差別，〈經上〉云：「日中，缶南也。」天體運行也有一定的軌跡、方位。惠施則從變化、比較的觀點探討時、空的相對性關係，而有第四事的「日方中方睨，物方生方死」及第三事的「天與地卑，山與澤平」等不同看法。在時空的認知上，墨辯持肯定的觀點而有明確的定義；惠施則強調認知的設定性與相對性。

2. 論時空的性質

〈經上〉云：「厚有所大也。」〈經說上〉：「厚，惟無所大。」又〈經說上〉：「次，無厚而後可。」「盈，無盈無厚。」可見「厚」一方面指物的體積擴延性，另一方面指「整體的厚」為：「其大無所加。」〔註63〕故云「厚，惟無所大」，此與〈經說上〉對「久」「宇」的整體加以定義相類。惠施則從現象中萬物必佔體積的「有厚」，反面伸說之所以能容「有厚」，其空間性質為「無厚」，故歷物第二事云：「無厚不可積也，其大千里。」

此外，墨辯對時空性質的相關概念皆有定義，如〈經上〉：「窮，或有前不容尺也。」〈經說上〉：「窮，或不容尺，有窮。莫不容尺，無窮也。」〈經說下〉：「南者有窮則可盡，無窮則不可盡。」惠施則由整體與個別而並舉時空的相對性質，其歷物第六事有云：「南方無窮而有窮。」及第七事：「今日適越而昔來。」

3. 論同異的關係

〈小取〉云：「夫辯者，將以明是非之分，審治亂之紀，明同異之處，察名實之理。」何謂同？〈經上〉云：「同：重、體、合、類。」〈經說上〉：「同，二名一實，重同也。不外於兼，體同也。俱處於室，合同也。有以同，類同也。」何謂異？〈經上〉云：「異：二、不體、不合、不類。」〈經說上〉：「二必異，二也。不連屬，不體也。不同所，不合也。不有同，不類也。」又〈經上〉云：「同、異而俱於之一也。同異之得，知（放）有無。」〔註64〕以上墨

〔註62〕張惠言謂「循」當為「脩」，孫詒讓云「張校是也」，現從之。見註36，頁205。及孫詒讓著《墨子閒詁》，頁297。
〔註63〕畢沅云：「唯其大無所加，是謂大也。」見註36，頁92。
〔註64〕孫詒讓云：「放，疑當為『知』，說云恕有無，恕當為恕之譌，知恕字同」。見

辯不但對同異各有所定義、分類，並指出同、異彼此矛盾對立、相反相成的關係。惠施則針對同、異爲萬物在比較下之共同性質，而可作爲歷物之方法，其第五事指出：「大同而與小同異，此之謂小同異；萬物畢同畢異，此之謂大同異。」進而就「畢同」引申出第十事之「氾愛萬物，天地一體」之結論；此皆與墨辯中之同、異思想有關。

（三）墨辯與尹文子

墨辯與尹文子思想的相互訾應，不若公孫龍與惠施的明顯，但在內涵上有所關聯、影響，則是可肯定的。

〈大取篇〉在「名」的分類中有所謂「形貌之名」與「非形貌之名」，其論同異推比亦舉「將劍與挺劍異，劍以形貌命者也，其形不一，故異。」可見墨辯重視形與名的關係。《尹文子·大道上》則云：「羣形自得其方圓，名生於方圓，則眾名得其所稱。」且云：「有形者必有名，有名者未必有形。」此亦將名區分爲有形之名與無形之名。並強調名與形相互對應的重要性：「今萬物具存，不以名正之則亂；萬名具列，不以形應之則乖。」

在正名思想方面，〈經說下〉指出「正名者，彼此……」《尹文子·大道上》亦云：「名稱者，何彼此而檢虛實。」墨子的正名在「以實正名，以名察實」，尹文子正形名亦有：定名、檢形、檢名、定事之分，如其云：「故亦有名以檢形、形以定名，名以定事，事以檢名。察其所以然，則形名之與事物，無所隱其理矣。」汪奠基云：「墨辯學者認爲物類的存在，因所指形色性質而顯，故察類正名，即可檢出不同概念的性質。」〔註 65〕可見墨、尹思想亦有所通。

以上論列墨辯「立名思想」及與名家三子訾應情形，以說明先秦名家思想在形成上，墨辯所佔有之重要地位。名家的思想特質雖與墨辯相類，但其立場、觀點往往不同而爲論敵，故其主張仍有自家之獨特旨趣。

《墨子閒詁》，頁 286。

〔註 65〕同註 8，頁 381。

第三章　名家名實思想的主要內涵

第一節　公孫龍之名實論

　　公孫龍是戰國末年趙國人，〔註1〕生卒年代約爲西元前320年至250年，〔註2〕他曾爲平原君客，與其生處同一年代者有：孟子、惠施、莊子、荀子、鄒衍等人，〔註3〕孟軻、莊周、惠施比他略長，而荀卿、鄒衍等人則稍晚，〔註4〕曾與孔穿、鄒衍等論難於平原君所，〔註5〕到過魏、燕等國，並曾勸燕昭王、趙惠文王偃兵，〔註6〕還勸平原君勿以存邯鄲而受封。〔註7〕公孫龍子的生平事蹟，除見於《公孫龍子‧跡府篇》、《孔叢子‧公孫龍子篇》外，在《莊子‧秋水篇》、〈天下篇〉，《列子‧仲尼篇》，《呂氏春秋‧審應覽》：〈審應篇〉、〈淫辭篇〉、〈應言篇〉，《戰國策‧趙策》，《淮南子‧道應篇》、〈詮言

〔註1〕 據《史記》卷七十四孟子荀卿列傳之說，及何啓民著《公孫龍與公孫龍子中的考辨》，頁1～13。

〔註2〕 據錢穆著《先秦諸子繫年》，頁619，及楊俊光著《公孫龍子蠡測》，頁1。

〔註3〕 見徐復觀著《公孫龍子講疏》，頁10、11。及汪奠基著《中國邏輯思想史料》分析，頁190。

〔註4〕 同註2之一。

〔註5〕 見《史記》卷七十六集解引劉向別錄：「齊使鄒衍過趙，平原君見公孫龍及其徒綦母子之屬，論白馬非馬之辯，以問鄒子。」另與孔穿論難見公孫龍子〈跡府篇〉。

〔註6〕 見《呂氏春秋‧應言篇》及〈審應覽〉。

〔註7〕 見《史記》卷七十六平原君虞卿列傳。

—35—

篇〉，《史記・平原君列傳》、〈孟荀列傳〉等書中均有片斷的記載。

公孫龍子之書，最早的記載是《漢書・藝文志》諸子略名家：「公孫龍子十四篇」，之後一直到《舊唐書・經籍志》才再出現，爲三卷，《新唐書・藝文志》亦爲三卷，又陳嗣古、賈大隱注各一卷，至《宋史・藝文志》列名家，一卷；到《四庫全書》總目提要則云：「漢志著錄十四篇，至宋時八篇已亡，今僅存跡府、白馬、指物、通變、堅白、名實凡六篇。」〔註8〕今本之公孫龍子爲唐時所傳，除〈跡府篇〉爲後人所輯外，其餘五篇之可靠性幾經爭議，〔註9〕經近代學者考證結果已可證實確爲眞而無疑。〔註10〕其書或有部份亡佚，但成書必在戰國末期，最遲不會遲於秦統一前。〔註11〕這也是先秦名家思想資料最眞實、內容最完整的一部份。至於版本方面，本文主要根據明末葉方疑刊十二子本及清嘉慶壬戌年烏程嚴可均校道藏本，〔註12〕並參酌元陶宗儀輯，張宗祥重校之說郛本。〔註13〕

公孫龍子曾對趙惠文王說：「偃兵之意，兼愛天下之心也。兼愛天下，不可以虛爲之，必有其實。」〔註14〕在〈跡府篇〉中有云：「欲推是辯，以正名實，而化天下焉。」又〈名實論〉亦云：「至矣哉，古之明王，審其名實，愼其所謂，至矣哉，古之明王。」由此可見，公孫龍子的思想是與當時政治問題有關的，然而，他之所以能成一家之言，則在於他更重視名實的根本問題，認爲人們唯有先解決名實問題，才能實現政治理想。

〔註8〕 參見《中國子學名著集成》，名家輯要，珍本八十二，頁555。及龐樸著《公孫龍子研究》，頁52。

〔註9〕 如清人姚際恆云：「漢志所載而隋志無之，其爲後人僞作奚疑！」另鄭樵、陳振孫、馬端臨等人亦有疑議。參見《龐樸著公孫龍子研究》，頁52。

〔註10〕 如杜國庠引劉向別錄所記鄒衍批評公孫龍子的話，證明「現存六篇之非僞作」。見杜著《先秦諸子的若干研究》，頁4～5。另欒調甫列舉五點理由證明隋志道家之〈守白論〉即爲公孫龍子書，且蕭登福亦舉證公孫龍子書不僅唐初尚在，魏晉六朝時原書也應當還在。見蕭登福著《公孫龍子與名家》，頁9～12。此外，龐樸更以結構嚴整、體系周密爲據，而認今本公孫龍子即古本公孫龍子。見龐著《公孫龍子研究》，頁51～70。

〔註11〕 參見楊俊光著《公孫龍子蠡測》，頁5～8。及蕭登福著《公孫龍子與名家》，頁12～14。

〔註12〕 同註8之一，頁555～616。其他相關版本請參閱何啓民著《公孫龍子與公孫龍子》，下篇第三，頁222～229。

〔註13〕 見註2之二，楊著，頁277～302。

〔註14〕 見《呂氏春秋・審應覽》，〈審應篇〉。（林品石註譯《呂氏春秋今註今譯》下冊，頁551。）

　　有關名實的問題，公孫龍子書有「名實論」一篇專論，許多註本對於此篇都特別強調它的重要性，認為它是全書的緒論或總論，〔註15〕並且除〈指物論〉外，〈白馬〉、〈堅白〉、〈通變〉各篇都是用對話、彼此論難的方式寫成，而名實論則是完全用直敍的方式，把個人對名實問題的見解加以闡述，且把它擺在最後，有總結前面各篇之意。〔註16〕〈名實論〉，涉及認識與表達的問題，表達所「表」者乃主體認識的結果，至於是否能「達」則涉及了表達對象的認知問題；因此認識與表達乃密切相關之事，在公孫龍子思想中，另一篇非對話論難式的「指物論」即是他強調指向性的認識理論。〔註17〕因此在探討名實問題時必須將「指物論」「名實論」兩篇一併討論。〔註18〕

　　以下，將以〈指物〉、〈名實〉兩篇的思想為主軸，參酌另三篇的相關內容，用基源問題法予以總統性建構公孫龍有關名實問題之思想。

一、「物」是什麼？

　　對於「物」，公孫龍子從兩方面來思考：（一）物的定義。（二）物的認知。就（一）而言，〈名實論〉云：「天地與其所產焉，物也。」可見「物」乃指「能產之天地與其所產之萬物兩者」；〔註19〕包含了生於天地之間者，亦包括了天地。然何為天地？何為萬物？《莊子‧則陽篇》云：「天地者，形之大者也。」〈達生篇〉云：「凡有貌相聲色者，皆物也，物與物何以相遠？」公孫龍子論堅白石之認識作用時，亦舉拊與視之感官作用為例說明「物」。〔註20〕可見「物」乃是吾人感官所可把握的認識對象，具有形體之客觀存在者，如〈指物論〉所云：「物也者，天下之所有也。」〔註21〕

　　次就（二）而言，「物」既然是認識的對象，於是〈指物論〉云：「物莫非指，而指非指。」意即：凡是對象物必須透過指涉作用而呈顯，但這被指

〔註15〕如註8之二，龐著，頁47。及陳癸淼註譯《公孫龍子今註今譯》，頁143云：「研究公孫龍子，從其各篇次第而言，應先通過〈名實論〉，而後再及他篇，才能有一個總持的瞭解。」
〔註16〕同註15陳癸淼著，頁144。
〔註17〕參見李賢中著「公孫龍子有關認識問題之研究」，頁18～47。
〔註18〕參見蕭登福著「公孫龍子與名家」，頁173所云：「公孫龍『名實論』和『指物論』兩篇，同樣是在探討名與實兩者間之問題。……」
〔註19〕參見尉遲淦著「公孫龍哲學的理解與批判」，頁137。
〔註20〕見〈堅白論〉：「白以目（見）……堅以手（知）」。
〔註21〕見陳癸淼著「公孫龍子今註今譯」，頁41。

出而呈顯之物（謂物），已不同於對象物。〔註 22〕那「呈顯之物」（謂物）與感官所可把握的對象有何不同？《荀子·正名篇》：「故萬物雖眾，有時而欲徧舉之，故謂之物，物也者，大共名也。」又公孫龍子在〈白馬論〉中所舉命色、命形之「白馬」「馬」等概念亦為透過指涉作用所呈現之謂物，「謂物」即普遍之概念，乃不定無形，為感官所不能把握者。

普遍的概念不僅呈現某些具體的對象物，如：馬、牛、雞、石之類，也可呈現某物之性質，或物與物之間的關係，如：白馬之「白」、堅石之「堅」、白馬非馬之「非」、堅石白二之「二」或「夫名，實謂也」之「名」「實」「謂」等抽象之對象物。「物」兼做「事」與「物」解乃是先秦典籍的共同用法，如：易家人卦：「（象曰）君子以言有物，而行有恆。」孔穎達疏云：「物，事也。」《禮記·中庸》：「誠者，物之始終，不誠無物。」鄭玄注云：「物，萬物也，亦事也。」《孟子·盡心》：「萬物皆備於我矣。」趙岐注云：「物，事也。」《荀子·大略篇》：「志卑者輕物。」楊倞注云：「物，事。」《呂氏春秋·貴公篇》：「其於國也，有不聞也；其於物也，有不知也。」高誘注云：「物，事也。非其職事，不求知之也。」公孫龍子的「物」當兼指「事」與「物」兩者而言的，其「物」乃指天地，及天地間所有的物與事之意，而非僅指具有形體的物質解。〔註 23〕

二、「指」是什麼？

根據歷來註解，「指」的意義素有不同之理解，可概分為下列六種：（一）視為與議論有關之「是非」。〔註 24〕（二）與空間有關之「方向」。〔註 25〕（三）與本體有關之「共相」。〔註 26〕（四）與現象有關之物德、表德。〔註 27〕（五）與感覺有關之映象。〔註 28〕（六）視為與認識有關之「概念（名）」。〔註 29〕

〔註 22〕同註 17，頁 31。
〔註 23〕同註 18，頁 64～65。
〔註 24〕謝希深註：「相指者，相是非也」「指，皆謂是非也」，見四部備要，子部公孫龍子、尸子（全）中華書西據守山閣本校刊，頁 6。
〔註 25〕見呂思勉著《經子解題》，頁 140～141。
〔註 26〕見馮友蘭著《中國哲學史》，頁 257。
〔註 27〕見景昌極著《哲學論文集》，頁 323。及胡適著《中國古代哲學史》二冊，頁 101。
〔註 28〕徐復觀云：「指，係認識能力及由認識能力指向於物時所得之映象。」見《公孫龍子講疏》，頁 13。

以上所舉，對「指」皆欲以一義為主，貫之為解，然〈指物論〉中「而指非指」一句，明以「非」字串聯二「指」字，若兩「指」之意義無異，則必導致矛盾，可見「指」在公孫龍子思想中必為多義性之概念。

「指」就其字源義而言，甲骨文無「指」字，但有「旨」，其意於卜辭乃田獵之對象。〔註30〕小篆「指」，依說文手部：「从手、旨聲，本義作『手指』解。」次就衍申義而言，《爾雅・釋言》：「觀、指，示也。」郝懿行《爾雅義疏》：「華嚴經音義上引倉頡篇云：「示，現也。……觀者，見之示也。……指者，手之示也。」按此，則所謂指者，乃以手指指向某物，使某物得顯現出來。〔註31〕再就其他同時代人之使用義觀之：今文尚書（漢隸）盤庚有云：「王播告之，修不匿厥指。」指「指」乃旨意。〔註32〕《孟子・告子篇》：「軻也，請無間其詳，願聞其指。」其「指」為大旨、大意。盡心篇：「言近而指遠者，善言也。」其指為意向、旨趣。〔註33〕《莊子・齊物論》：「以指喻指之非指，不若以非指喻指之非指。」〈則陽篇〉：「指馬之百體而不得馬，而馬係於前者，立其百體而謂之馬也。」其指為「指而謂之」之意。〔註34〕《荀子・正名篇》：「名足以指實」「制名以指實」其「指」字作動詞用，有指出、指示之意。〔註35〕又〈王霸篇〉：「君者論一相，陳一法，明一指，以兼覆之，兼炤之，以觀其盛者也。」楊倞注云：「指，指歸也。一法一指皆謂綱綱也。」故其「指」作指歸、綱要解。

總之，「指」字包含了手指、意向、指出、大意、指而謂之……等意義，歸結而言，「指」乃對認識活動某一關係過程各個階段，或某幾個階段的指稱。「而指非指」的第一「指」乃指而謂之的普遍概念，第二「指」則為認識之對象物。而手指之意引申為認識主體之認識能力，即「物莫非指」中「指」含意之一，其與所指之對象物互相關聯，而成「物指」，亦即〈指物論〉「使天下無物指，誰徑謂非指」之「物指」，乃意謂後忍識能力及於對象物此一認識過程關係之指涉作用。「指」就其為「概念」義而言，為感官能力所無法把握者，乃不同於有形具體之物的存在，故〈指物論〉有云：「指也者，

〔註29〕同註19，頁74～80。
〔註30〕見甲骨文集釋第五卷，頁1643。
〔註31〕同註3之一，徐著，頁47、48。
〔註32〕吳璵註譯《尚書讀本》，頁56～60。
〔註33〕蔣伯潛《廣解四書》，頁133、135。及史次耘註譯《孟子今註今譯》，頁315、316。
〔註34〕見伍非百著《先秦名學七書》之四，頁522。
〔註35〕同註8之二，龐著，頁21。

天下之所無也。」

三、吾人如何認識對象物？

公孫龍子認為吾人的認識必須有一定的條件、經歷一段過程，及過程中方法的自覺，才能得到正確的認識結果。

（一）認識的條件為何？

首先就認識的條件言有三：（一）為「能指」，即認識主體的認識能力。（二）為「所指」，即指涉之對象物。（三）為「物指」，即能指與所指相關的指涉作用。

「能指」在〈指物論〉中，經常是隱藏在行文中某一「指」之內涵之中，如「物莫非指」之「指」、「而指非指」之第一「指」皆包含「能指」之意。〔註36〕另在堅白論中，「能指」則包含視、拊等感官能力，如「視不得其所堅而得其所白者，無堅也。拊不得其所白而得其所堅者，無白也。」這些感官能力有限，各有所得，亦有所失；且須客觀條件的配合才能發揮作用，如「堅以手而手以捶」「且猶白以目、以火見，而火不見，則火與目不見而神見。」因此「能指」除了感官的作用之外，亦包括精神的能力。

「所指」為認識之對象物，〈指物論〉中「而指非指」之第二「指」即是。〔註37〕又「物也者，天下之所有也」及「天下無物，誰徑謂指」中之「物」亦為「所指」。認識的對象不僅是可感的客觀存在物，同時，也包含了無形的事態或概念，如〈指物論〉中：「天下無指，而物不可謂指也，不可謂指者，非指也？」其意謂：物「不可謂指」，這也便是一種「指」。〔註38〕因此，「所指」在公孫龍子各篇中，其認識的對象也包括：指、物、名、實、二、一、白馬、馬、堅、白、石等等概念。

「物指」為能、所相關的指涉作用，如〈指物論〉：「使天下無物指，誰徑謂非指？」「天下有指無物指，誰徑謂非指？徑謂無物非指？」中之「物指」，為認識的必要條件，含括能指與所指，一方面為認識主體具備的指涉能力指歲到對象物；〔註39〕另一方面為對象物所呈現之貌相聲色或其內涵種種訊息

〔註36〕同註34，頁521。伍云：「上指字謂能指，下指字謂所指也。」
〔註37〕同註18，頁50。蕭云：指非指，意謂指並不是真有實體；物實，指虛。可見第二指為有實體之對象物。
〔註38〕同註35，頁22。
〔註39〕同註17，頁26。

為認識主體所把握。〔註40〕

（二）認識的過程如何？

　　認知的活動過程有橫向與縱向兩種方式，就橫向而言，對同一對象物可以由許多不同觀察角度，或從不同觀點的比較，來對它加以描述，如在〈通變論〉中對「牛」的描述：牛是有角、無毛尾（與馬比較）、無上齒（與羊比較）、有毛、無羽、四足之材類（與雞比較），〔註41〕經如此描述吾人對「牛」此一對象有某種程度的認識，但這種認識並不是完全的，仍舊有許多觀察、比較的角度對此一對象物言是未被觀察到的，如今日動物學家對「牛」還可以有：哺乳類、反芻、偶蹄、胃分四囊、適於負重或耕田的動物……等描述，〔註42〕其認知過程隨著觀點的不斷增加而有更廣泛的認識。

　　就縱向而言，則是對指謂物之概念，再用其他的概念加以說明，如「牛」為材類，「材類」乃「可供人役用」。又如在〈名實論〉中，以「位」來說明「正」，以「實」來說明「位」，以「物」來說明「實」，及指物論以「有」來說明「物」等。〔註43〕在〈指物論〉中透過公孫龍子對「物莫非指，而指非指」的證立，亦可發現這種縱向式的認知過程。如「天下無指，物不可以謂物。」意即天下若沒有「物指」的指涉作用，則對象物就不可用概念來稱謂它。又「天下無指，而物不可謂指也。」意即：天下若沒有「物指」的指涉作用，則指謂物的概念（謂物）也不能再用其他的概念（謂「謂物」）來說明它了。〔註44〕由此可知，縱向的認知過程以對象物的「所指」經第一次「物指」得「謂物」，再以「謂物」為「所指」經第二次「物指」得「謂謂物」，再以「謂謂物」為「所指」，經第三次「物指」得「謂謂謂物」……如此可不斷進行下去，而有更深入的認識；這種認識也不是完全的，隨著新的「所指」與「物指」而有新的「謂物」出現。

〔註40〕　對象物所呈現種種訊息乃物名，即〈指物論〉「天下無指者，生於物之各有名，不為指也」之「物名」。

〔註41〕　材指材用。此處材類指牛與雞相較，前者可為人役用故為材，雞不可役用故屬不材。見註18頁87～88。

〔註42〕　參見註21，頁43。

〔註43〕　〈名實論〉原文：「天地與其所產焉，物也。物以物其所物而不過焉，實也。實以實其所實而不曠焉，位也。出其所位，非位；位其所位焉，正也。」〈指物論〉：「物也者，天下之所有也。」

〔註44〕　同註17，頁25～28。

（三）認識過程方法的自覺為何？

認識過程中方法的自覺，即在公孫龍子所使用「非」字的操作性。「非」乃在於否定「是」，「非」一方面有否定性，另一方面亦含有肯定性，亦肯定其所否定者。「非」乃相對於「是」而呈現其意義，故以下將「是」「非」之四種意義並舉以說明。

（1）「是」表某物性質之肯定。如：這朵花是紅色的。

「非」表某物性質之否定：如：這人不是黑髮。

此乃由實體與依附體的關係而定。

（2）「是」表繫屬關係的肯定。如：牛是動物。

「非」表繫屬關係的否定。如：牛非白馬。

此乃依「類」概念的相互關係而定。其「是」乃「包含於」之意。

（3）「是」表某一特定對象的肯定。如：張三是人。

「非」表某一特定對象的否定。如：這隻狗不是人。

又如：「非人類」，吾人可將不屬於此一類的一切個體歸入其中，此「非人」即成一概念。此乃由「類」與「個體」之間的關係而定。

（4）「是」表相等之意。如：牛是牛、馬是馬。

「非」表不等、相異之意。如：白非黃、能指非所指〔註45〕

「指物論」中的「而指非指」，與「白馬論」中的「白馬非馬」其「非」都是第四種意義下的否定。而「非指」中的「非」又具備有第三種意義下「非」的作用。如：「指與物，非指也」「使天下無物指，誰徑謂非指？」及「且夫指固自為非指，奚待於物而乃與為指」中之「非指」。

就動態的認識過程而言，經認識者所把握片面、固定的概念與變化中對象物的整體已有差異，故公孫龍以等同之否定性「差」來說明「指」，云：「而指非指」。而這種否定的作用又肯定了有一「非指」所可指向的對象之存在，故云：「物莫非指」。「非」本身雖有所肯定，但其肯定者乃「不定之物」。亦即認識雖為可能，可有許多「指」，能有新的「謂」，但卻不能有完全的認識，這就是「物莫非指，而指非指」中「非」方法的操作性所呈現認識的有限性，若無此一方法之自覺，必無法正確地了解「認識」的問題。因為指涉作用一旦發生，「能指」與「所指」主與客的距離也就產生了，故〈指物論〉之結語

〔註45〕參閱註21，頁 16、17。及勞思光著「公孫龍子指物論篇疏證」，頁 27～28。

有：「且夫指固自爲非指，奚待於物而乃與爲指」這種疑惑的慨嘆了！這也正是《列子・仲尼篇》中引公孫龍曰：「有指不至，有物不盡」和《莊子・天下篇》引桓團公孫龍辯者之徒所謂的「指不至，至不絕」之義也。〔註46〕

（四）認識的結果

公孫龍的〈指物論〉雖然無法達到「指至物盡」的地步，但隨著更廣泛、更深入的指、謂過程，而能得到一些較精確的認識結果，這些認識的結果乃由「指」所獲得，亦即「概念」，它的性質是「兼」，如〈指物論〉中「且指者，天下之所兼」〔註47〕及〈堅白論〉中「物白焉不定其所白，物堅焉不定其所堅，不定者兼，惡乎其石也？」又云：「堅未與石爲堅而物兼」的「兼」，「指」本爲眾物之所兼，概念的性質是普遍的，它指稱物，但不專屬於某一物；〈白馬論〉亦云：「白者，不定所白」，這些普遍、不定的概念即「名實論」中的「名」。若概念爲普遍與不定，那麼認識的結果將如何呈顯呢？

四、認識的結果如何呈顯？

〈名實論〉云：「夫名，實謂也。」亦即認識的結果必須透過以名謂實的方式來呈顯，如此，「謂」的作用則爲認識結果表達的關鍵。「謂」就字源意義觀之，甲文「謂」字闕，石文謂與小篆謂略同，小篆「謂」；從言、胃聲，本義作「報」解（說文許著），乃稱論人得其當，事得其宜之詞，故從言。又以胃本作「穀府」解，乃人體中容納五穀，取其精粹，遺其粗穢以供週身營養者；稱論人事亦在品其精粗，故謂從胃聲。〔註48〕因此，「謂」在表達上有進一步分辨之意，亦即在眾多紛雜的認識對象中分辨恰如其分的「名」來謂「所指」。

《墨經》說上云：「所以謂，名也。所謂，實也。名實偶，合也。」故「謂」的作用必須藉「所謂」與「所以謂」兩者來完成，在《公孫龍・名實論》中，「所謂」即是「實」，「所以謂」即是「名」，在表達中「實」是就對象而言，「名」則是就認識主體而論。

〔註46〕參見註34，頁520。
〔註47〕此處俞樾將「兼」校改爲「無」，龐樸、屈志清等多本註本皆從之，然錢穆云：此兼字實不誤。依堅白論前後對照，及公孫龍思想之整體觀之，錢穆所云甚是！參見錢著《中國學術思想史論叢》（二），頁497。
〔註48〕見《正中形音義綜合大字典》，頁1709。

雖然「名」是不定與普遍的，但公孫龍指出以「名」謂所指之對象物，應有該類事物的共同限定，如白馬、白石、白羽之「白」雖然為普遍不定之概念，但以「白」為名，謂所指之物，該物必須確有「白」的性質，方可稱其為「白」。故〈名實論〉云：「物以物其所物而不過焉，實也。」其中第一「物」字即「天地與其所產焉，物也」對物所下的定義，包括有形可感的客觀存在物，以及無形的事態概念。〔註 49〕第二物為動詞，表事物之所以成其為事物這一過程；〔註 50〕就認識主體言，包含了指涉、描述、界定的認識作用，就對象物而言，則為該物呈現人所能認識、把握的種種性質。「物」不論有形、無形皆有其自性或本質，〔註 51〕第三「物」字為名詞，即經認識作用界定之呈顯者；「不過」乃指不增減構成某物之所以成為某物的必要條件（自性或本質），這就是「實」。如蕭登福所舉之例：就有形之物而言，具有馬之性、相者為馬，若在馬的性相外加加狗之性相則為過，既過「馬」之實則不得再謂之馬。就無形之事而言，以「忠」為盡責於某人某事為忠，此為忠之「實」，若在忠的特質上再加上孝的特質，則此時已逾越了忠之「實」，不能再單以忠一詞來涵括它，而必須忠孝並稱。〔註 52〕此與董仲舒〈春秋繁露〉，〈深察名號篇〉「名物如其真，不失秋毫之末」相似，其「實」含有「真」之意。〔註 53〕

「實」即「物」的限定，為「名」之「所謂」；故概念雖為普遍、不定，但因「實」的確立，認識結果仍可透過「所以謂」之「名」而呈顯、加以表達。

五、怎樣才是正確的表達？

首先應訂立正確表達的標準，此即「位」；其次符合其標準，此即「正」。如〈名實論〉云：「實以實其所實不曠焉，位也。出其所位非位，位其所位焉，正也。」其中，第一「實」字即前述由物而來，被定義的「實」，第二「實」字為動詞，即「所指」內涵之完全展露，特別強調可認識內容的「完整性」

〔註 49〕 參見前述第一問：物是什麼？
〔註 50〕 見註 18，頁 155。及註 28，頁 39。
〔註 51〕 見王琯著《公孫龍子懸解》云：「凡名某物，與其名某物之自性相通相符合而不過分，其某物之自性相，即謂之實。」又見註 19，頁 114，云：「萬物之存在各有其正位，顯示其有限定之本質。」
〔註 52〕 同註 18，頁 156。
〔註 53〕 同註 28，頁 39。

與「限定性」意義；第三「實」則爲充分展露之內容。此內容可從表達爲「名」的含意解了。所謂的「不曠」即在「名」的意涵中不減損「實」之內容，譬如：若以「白馬爲馬」，則「白馬」之名即有所「曠」於「馬」概念之外延。同樣，「馬」之名亦有所「曠」於「白馬」概念之內涵。故「實以實其所實不曠焉」即「位」的定義。〔註54〕「位」就其字源義觀之，「位」原本即含有一正確的秩序性。〔註55〕實之「位」繫乎人之謂其名，「位」即「名」與「實」相符合的正確關係。〔註56〕

　　然而，在實際生活中，人的表達常會有名不符實的「非位」情形，造成溝通的阻礙，因此必須使「非位」導正爲「位」，而使「名」「實」相符的作用即是「正」，「正」即是〈名實論〉：「不出其所位，且位其所位」之意，「不出」與「且位」乃是認識主體主動的辨識與調整。其調整所依據的標準即「位」，而使其達到此一標準的方法即是「正」。

六、如何達成正確的表達？

　　「正」，本義作「是」解，其字源義有：「正鵠」「征行」之意，〔註57〕故含有朝向一定的方向行進，以達成目標而止之意。「正」一方面是達成了正確表達的狀態，即前述名實相符之「位」；另一方面則是達成正確表達的方法。

　　「正」的方法，依名實論可分爲下列七項步驟：

（一）正　實

　　如原文：「其正者，正其所實也。」因爲正確的表達必須先有正確的認識，確立了「物」之自性、本質爲何，才可以該「實」作爲表達是否正確的準據。

（二）定　實

　　如原文：「以其所正，正其所不在，疑其所正。」「疑」乃作「定」解，〔註58〕由於對象物的變化、認識作用本身又是動態的，若以正確認識之「實」

〔註54〕同註17，頁52。

〔註55〕小篆「脃」從人立，乃古代君臣相聚於廟堂之上，各人所著之位置，上下左右皆有一定，不得零亂，故「位」本義，許慎《說文》解作：「列中廷之左右」。

〔註56〕見郭宏才著「公孫龍子研究」頁47。師大國文研究所集刊，廿二號，頁527。

〔註57〕同註48，頁780。

〔註58〕胡適於「疑其所正」上，據〈經說下〉，補「不以其所不正」六字，曰舊脫。王琯、陳柱本從之。另馬驌繹史本補「以其所不正」五字，伍非百、譚戒輔從之。此乃對「疑」字意未能把握所致。金文「疑」，林義光氏曰：从矢，从

來作爲「名」的準據，則其本身必須被固定下來，如此才有可能正名。

（三）以實正名

如原文：「正其所實者，正其名也。」名的成立乃是以「實」爲根據，實正、實正則名定，使名恰與實相應。

（四）分別彼此

如原文：「其名正，則唯乎其彼此焉。」要能使「名」得正，就在於各「名」所符應之「實」各有彼此的分別。不但各物、各實有別，表達爲名亦有分別，使此名謂此實、彼名謂彼實，而有一一對應之關係。

（五）唯　謂

如原文：「謂彼，而彼不唯乎彼；則彼謂不行。謂此，而此不唯乎比；則此謂不行。其以當不當也，不當而亂也。故彼彼當乎彼，則唯乎彼；其謂行彼。此此當乎此，則唯乎此；其謂行此。其以當而當也，以當而當，正也。」「謂」在前述第四問中已指出，其包含有進一步分辨之意，認識者透過彼、此的分辨而取恰當的「名」來代表「實」，即「實」。「唯」則是獨或專於之意，〔註59〕由於現實生活中常有異名同謂或同名異謂的情形發生，因此公孫龍特別強調，正確的表達必須是由一名唯一地對應、代表一實才能完成。

（六）止　於

如原文：「故彼彼止於彼，此此止於此；可。彼此而彼且此，此彼而此且彼，不可。」止於，乃「名」專用於其「實」且不得移動、變更之意，〔註60〕此乃對「唯乎」之意作進一步的強調。當從彼、此分辨而名符其實之後，不可再變更其「名」所相應之「實」、其「實」所相應之「名」。當然，若「實」隨「物」而有所變動時，「名」亦必須隨「新實」轉變，不過這已是另一次的「謂」，而原本之「舊名」仍止於「舊實」。

（七）不　謂

如原文：「知此之非此也，知此之不在此也，則不謂也。知彼之非彼也，知彼之不在彼也，則不謂也。」其中「非」爲「物」在性質上的變化，「不在」則

疋（此字變體，此，所止也）……本義當作「定」，見註48，頁1067。又俞樾云：疑當讀如詩「靡所止疑」之疑，《毛傳》曰：疑，定也。徐復觀、陳癸淼從之。故本文亦採此合理之解。

〔註59〕見註3之一，徐著，頁41。

〔註60〕同註8之二，龐著，頁49。

爲時空、位置上的變化，如《荀子・正名篇》所謂：「有異狀而同所者」及「物有同狀而異所者」。不謂，是指當表達者無法以「名」對應上變化中、未呈顯之「實」時，則寧可不謂，而勿強予之名，這也是達成正確表達的方法之一。

總而言之，公孫龍子的名實思想可以四個原則來統括：

一、實隨物變

由於「物莫非指，而指非指」，「物」的究竟所是，不能完全把握，故以「非」說明認識的有限性，雖然不能「指至物盡」地完全認識，但透過「指」能將所認識到的天下萬物表達出來，並且在認識的程度上可以有較精確的界定，此即有賴「物以物其所物而不過焉」之「實」的確立，「實」是隨著「物」的變化而變化，亦隨著「爲物之認識主體」，在認識的深廣程度下而變化。雖然有變，但因「疑」的固定，構成「所謂」的一端，因而正「實」。

二、名隨實轉

實定則名定，實以定名、名以謂實，名、實間的正確關係即在於「實以實其所實不曠焉」之「位」，所以謂之「名」即以「位」爲準，隨「實」轉變以正「名」。

三、一名一實

故分彼此；亦即「其名正，則唯乎其彼此焉。」物、實、名三者不同，且實、名司予確立、固定，進而皆有彼此之分，以構成表達上之邏輯關係。

四、名符其實

故正其謂。亦即「唯乎」「止於」彼此之謂，故「審其名實，慎其所謂」以達成正確之表達，進而使名正、言順、事成而可天下化。

第二節　惠施之「歷物十事」

惠施，姓惠名施，爲戰國時宋人，[註61]約生於西元前 370 年，卒於西元前 310 年，[註62]他爲魏國宰相時，曾主謀折節朝齊的策略；[註63]之後，因受張儀之排擠，離魏去楚，又轉至宋國。[註64]不多時又返回魏國，爲魏

[註61] 見高誘注《呂氏春秋淫辭篇》。
[註62] 見錢穆先秦諸子繫年第一二五條惠施卒年考，頁 380。
[註63] 見《戰國策》魏策二及《呂氏春秋・愛類篇》。
[註64] 見《戰國策》楚策三及《韓非子・內儲說上》。

王出使楚國，且爲伐齊存燕而出使趙國。〔註65〕

惠施嫻於辭辯，學問甚淵博，據《莊子・天下篇》云，他有書五車，可惜失傳；他大約是在宋時與莊子會晤而相論學，於出使楚國時與南方倚人黃繚論天地風雨雷霆之故，〔註66〕能徧爲萬物說，且說而不休。他是戰國中期一位知識豐富的科學家，同時也是一位重要的邏輯學家。〔註67〕

《漢書・藝文志》名家列惠子一篇，隋書經籍志已不著錄，惠施之書雖久佚，但有關惠施的記載，除見於《竹書紀年》、《戰國策》、《史記外》，《莊子》、《荀子》、《韓非子》、《呂氏春秋》等書許多篇章亦有所提及。〔註68〕

如今，論惠子學說者多本於莊子書，特別是在《莊子・天下篇》的歷物十事。〈天下篇〉有云：惠施多方，其書五車，其道舛駁，其言也不中，歷物之意：

1. 至大无外，謂之大一；至小无內，謂之小一。

2. 无厚，不可積也，其大千里。

3. 天與地卑，山與澤平。

4. 日方中方睨，物方生方死。

5. 大同而與小同異，此之謂小同異；萬物畢同畢異，此之謂大同異。

6. 南方无窮而有窮。

7. 今日適越而昔來。

8. 連環可解也。

9. 我知天下之中央，燕之北、越之南是也。

10. 氾愛萬物，天地一體也。

這是先秦名家哲學史料中，惠施思想最爲確定的一部份。

馮友蘭雖然把〈天下篇〉中辯者廿一事當中的八事：卵有毛、郢有天下、犬可以爲羊、馬有卵、丁子有尾、山出口、龜長於蛇、白狗黑等列人惠施合同異範圍之中，〔註69〕而將其餘十三事劃歸於公孫龍爲首之離堅白的其他辯者思想。〔註70〕但此畢竟是在劃分了離、合兩派之後的解析背景下所作的推

〔註65〕見《戰國策》魏策二及趙策三。

〔註66〕見汪奠基著《中國邏輯思想史料分析》，頁130。

〔註67〕見溫公頤著《先秦邏輯史》，頁27。

〔註68〕見《中國子學名著集成》，名家輯要（珍本082），惠子提要，及李慕如著《莊惠考異》，頁33。

〔註69〕見馮友蘭著《中國哲學史》，頁271～274。

〔註70〕同註69，另十三事爲：雞三足。火不熱。輪不輾地。目不見。指不至、至不絕。矩不方、規不可以爲圓。鑿不圍枘。飛鳥之影未嘗動也。鏃矢之疾而有

測，有不少學者就反對這種分法。〔註71〕因此，探討惠施思想較無爭議且可靠的僅有資料，即此〈天下篇〉的歷物十事。

再者，牟宗三並不認為歷物之意共有十事，他將第 6、7、8 合為一事，所持的主要理由為：〈天下篇〉述惠施歷物之意，自「至大無外」起，無單辭成一事者，皆是若干句合成一小段，為一意，故一起僅有八事而已。〔註72〕此亦似有其道理。然而，牟氏在斷句上雖將 6、7、8 事合而為一，但在解析上各句仍有不同的意義，牟氏僅特別強調出它們在理路上之貫串罷了，故本文仍採歷來大多數註家所分之十事。

對於歷物十事，一般而言，有兩種看法，一種認為它只是惠施著作中迄今仍保留的一些殘存部份，乃不可究解；另一種認為它是惠施思想中十個具有內在結構性的主要命題，而加以分類解析。〔註73〕

如一、章炳麟在所作國故論衡的「明見篇」裡將十事分為三組：

第一組　論一切空間的分割區別都非實有（此包括1、2、3、6、7、8、9七事）

第二組　論一切時間的分割區別都非實有（此包括1、4、7三事）

第三組　論一切同異都非絕對的（此為第5事）

而第十事的「氾愛萬物，天地一體也」則是上述三組的結論。章氏的分類，之後有胡適、渡邊秀方、慮愚、張其昀等人從之並加以引申發揮，以自圓其說。〔註74〕

另二、嚴靈峰教授在「惠施等者歷物命題試解」中，參照儒、墨、道三家某些共通的觀點和採取綜合的方法，分條縷析地作有系統的解釋和說明，而將之分為：

一、大、小（有限和無限）　其中包括惠施1268四事，及天下篇辯者第21事。

不行不止之時。狗非犬。黃馬驪牛三。孤駒未嘗有母。一尺之棰，日取其半，萬世不竭等。

〔註71〕見江鄭基《中國邏輯思想史料分析》，頁148～156。及溫公頤著《先秦邏輯史》，頁33。

〔註72〕見牟宗三著《名家與荀子，惠施與辯者之徒之怪說》，頁3～24。

〔註73〕見《哲學論集》十九期，丁原植著《惠施邏輯思想之形上基礎》，頁83～125。

〔註74〕見胡適《中國古代哲學史》第二冊頁82～90。及渡邊秀方著《中國哲學史概論》，頁172～176。及虞愚著《中國名學》，頁102～109。及張其昀「辨析名理的名家」文藝復興月刊102期，頁11～13。

二、動、靜（時間和空間）　其中包括惠施 47 二事及辯者 91516 三事。

三、同、異（彼和此）　其包中括惠施 35910 四事及辯者第 1 事。

四、名、實（是和非）　其中包括辯者其餘 16 事。〔註75〕

再者，丙、丁原植教授的「惠施邏輯思想之形上基礎」一，則將惠施的十個命題加以歸納性的整理，分為七項：

一、邏輯性表達範域的設定。（此為第 1 事）

二、現象存在之基本性質與此性質在邏輯中所形成之兩極序列。（此乃第 5 事前半）

三、藉現象物個別差異性的取消而逼現邏輯序列的無限。（此包括 3479 四事）

四、說明序列極限之不可界定。（此包括 26 兩事）

五、要求對於現象物探討之「物論」可解。（第 8 事）

六、齊一性原理的提出。（此乃第 5 事後半）

七、齊一性原理的根源與道德原理之提出。（第 10 事）

並認為歷物十事極可能是惠施物論中十個具有結論性的命題，並嘗試重新建立其推演的系統架構。〔註76〕

以上列舉近人代表性之解析，各人觀點不同，解械亦異；就甲、乙對比，他們同是以分類的範疇架構來包括惠施歷物十事之內容；此比傳統注解僅就字意作支離的說明，頗勝一籌，且已隱含惠施思想應有其理論內在結構之預設。章炳麟等人是用空間、時間、同異的三組範疇來囊括十事，而嚴靈峰教授則是以大小、動靜、同異、名實四組範疇來包容惠施的思想。其中嚴教授的範疇就其包容性而言又廣於章氏的三組範疇；因動靜一組已包含了時間與空間在內，且除同異一組同於章氏等人之外，另有大小、名實兩組範疇。

次就甲、乙與丙兩者相對比，他們共認歷物十事是合理的（雖然違一般常識）且皆欲呈現其「理」或其「理路」。但是在方法上，甲、乙是以分類範疇來包容再提出解析；丙則是以推演的方法呈現各結論命題的推導過程及相互之關連性，這又是甲、乙與丙之不同。

以上的兩種解析方法亦為本人所取，但在建立之範疇與系統之呈現上則

〔註75〕見嚴靈峰編著《無求備齋選集》，經子叢著著十冊，〈惠施等辯者歷物命題試解〉，頁 202～231。

〔註76〕見《哲學論集》第十九期，丁原植著《專施邏輯思想之形上基礎》，頁 83～125。

有不同，基本上，惠施思想的確立，並非僅是原典材料的蒐集齊全，加以羅列，或進一步逐項解釋而止，這僅是哲學探討的初步工作，更重要的是能將之納入一思想架構而予以系統之呈現，並發掘其中哲學問題，就惠施歷物十事的思想觀之，可以下列三大範疇予以統攝：歷、物、歷物。現分述如下：

一、歷，就字源的意義觀之，甲骨文「𣥆」乃「經歷」之象，〔註77〕金文「厤」，除「經歷」之義，「厂」還有「推移」之象。〔註78〕小篆「歷」，本義作「過」解，乃行而過之之意；又作「治」解。〔註79〕就歷來的註解觀之：成玄英疏云：心游萬物，歷覽辨之。唐陸德明《經典釋文》云：分別歷說之。大陸學者孫中原云：什麼叫「歷物之意」呢？「歷」有分辨、治理之意；「意」即「以辭抒意」之「意」，指思想上的斷定、判斷。「歷物之意」即惠施對萬物觀察分析所得出的一些基本判斷或結論。〔註80〕綜合上述各解，「歷」有：經歷、推移、過、歷覽、分辨、治理、判斷等意義，因此，「歷」包含了人心思活動的一段過程，其結果即是一種「知」；就認識主體而言，內肯定了分辨、推演、比較整合等作用、外肯定了「物」的存在。此「歷」即屬思想界之範疇。

二、物，可指天地萬物，包含有形、無形之事物，有形者諸如：天地、山澤、生物等，無形者如：大小、中睨、同異、今昔等，就歷物之意觀之，「歷」的對象即是「物」，此「物」並不同於先秦諸子所關切的對象，因他們的注意力都集中在人文世界中的政治、道德、教化、生活等問題上，而專施的歷物之意都與這些問題風馬牛不相及，而是將眼光從人文世界移轉至自然世界、物理世界，欲探求自然宇宙中萬物之理。〔註81〕此「物」乃屬現象界之範疇。

三、歷物，此乃是現象界中之對象物在思想界中呈現的一種方式，對象物雖不因人而存在，但欲是因人而被認知。天地萬物以「知」來探求，其方式有二：或就其為對象物而作客觀性質料的分析，或就其在「知」（思想界）中之呈現方式形成此「知」之邏輯性表達；惠施的「歷物」即是採取了後者

〔註77〕見《正中形音義大字典》，頁191，羅振玉氏以為从止从秝，足行所至皆禾也，以象經歷之意。

〔註78〕同註77，林義光：當即歷之古文，過也。歷為經歷之義，故从二禾，二禾者禾再熟也。厂，推移之象。

〔註79〕見許慎《說文》，同註77。

〔註80〕見孫中原著《中國邏輯史》（先秦），頁80。

〔註81〕參見陳癸淼著「惠施之學術生涯」，鵝湖66、9，頁22。

的邏輯性處理方式，故此「歷物」即屬於表達界之範疇。〔註82〕

　　惠施所面對的對象是「物」，並且欲處理的是「物之整體」，以下再以基源問題法，〔註83〕用問題的串聯形成思想系統，展現其思想理路，並參酌前述之思想界、現象界、表達界三大範疇，作爲解析之背景座標，加以確立惠施之思想內涵：

一、天地萬物的整體爲何？

　　此一基源問題之所以成立，其線索來自第十事「泛愛萬物，天地一體」中的「一」，亦即第一事中統合大一、小一的整體「一」。有不少註解都認爲第十事爲惠施思想的總結論，〔註84〕從惠施整個思想看來，亦可確定此爲其思路的發起點。「一」在中國哲學中是指第一對象或是對象之整體，但不論是指「第一」或「整體」，在哲學的處理中均是指涉所探討之對象成立之基礎或原理。因此，此基礎的確立就必須只能以兩種方式求其可能，一是來自於對象物的歸納、一是來自於人主體的設定。〔註85〕

　　惠施是如何思考此一問題呢？首先，有兩點預設必須先提出來：

（1）凡是現象界中可感之物都佔有一定之空間、並經歷一段時間，故此種現象物之整體乃是時間的整體與空間的整體。

（2）凡是整體之所以爲整體，必然須對此一整體的邊際範圍有所確立，不然就不成其爲整體。

　　然而，在現象界中，以人的能力實無法經驗到此一邊際，因此，僅從對象物的歸納中，仍不足以確立此一邊際，必須透過人在思想界中的設定，方可確立邊際、呈現整體。〔註86〕既然無法直接由現象界說明物之整體，故惠施在思

〔註82〕同註73，頁84。

〔註83〕即第一章第二節所引述之勞思光〈基源問題法〉。

〔註84〕如胡適《中國古代哲學史》二冊，頁89結論部份；虞愚《中國名學》，頁109；李石岑《中國哲學講話》，頁182；錢穆《中國學術思想史論叢》（二）頁478，等皆稱第十事爲一斷語、結論、總結、正旨。

〔註85〕見丁原植著〈惠施邏輯思想之形上基礎〉，哲學論集十九期，頁97。

〔註86〕高亨、莊子今箋頁84曰：經驗中之大，未必爲至大；經驗中之小，未必爲至小。故名家論至大、至小於經驗之外，乃以無外爲至大之定義，以無內爲至小之定義，此定義甚合於邏輯矣。以大一爲至大之假名，以小一爲至小之假名，此假名足表其概念矣，此名家專決於名也。」另馮契著《中國古代哲學的邏輯發展》頁225、牟宗三著《名家與荀子》頁6～10，亦皆肯定此一問題

想界中下手，從個別物的共通性（時、空）探討，又由於時間的被認知是透過空間的說明而獲得，因此，其思路的進展焦點匯集於「空間」的思考上。

在現象界中任一個別之物，其所佔空間之被認知，必有內外之分與大小之別；亦即任一個別物Ｘ必須在和非Ｘ的相對比較下才能呈現其為該物，由於比較而有內、外、大、小之差異。但是，若欲說明「物之整體」時，也由現象界中經驗到比較出的內外、大小等概念來加以說明，〔註87〕則不足以說明「物之整體」，因其有內外有大小，又使之淪為現象界中之一物。因此，惠施提出了具有辯證性的概念「無」與「至」來限定此一不確定的邊際問題。一般而言，「無」概念具有四個性質：

（1）它是對「有」的否定，因此說明一不可界定者。

（2）它以其被操作性而提出，具有一肯定的作用。

（3）它既具有否定與肯定的性質而構成辯證的作用。〔註88〕

（4）因其具有辯證的作用而可超越對現象界各種事物的描述，而使思想界之範疇有超於現象界之可能。

「無外」「無內」既具有「無」的否定性，亦具有「無外」「無內」的肯定性，因而確立了「物之邊際」。再者，大、小是兩物相比較而獲得之概念，但「物之整體」已無另一可比較的對象，因此，至大、至小之「至」即是（1）取消了大、小兩概念之所以產生的現象情境；「至」是對「比較」的否定，說明有一不可比較者，亦即排除了「其他大」「其他小」的可能；（2）「至」又隱含了「非比較」和「比較」兩者之間的比較，因此，惠施一方面使用由現象界所從出的概念（大、小），來說明「物之整體的兩端」相對於現象界中任一物為大，為小，另一方面用「至」來取消這種說明的限制，而表達出非現象界的「物之整體」乃是「無對」與「獨一」的。

至於「至大無外」和「至小無內」則是說明「物之整體」乃是無限的；其中透過「無」和「至」兩概念的辯證性質，從有限之現象界的觀察翻轉至無限之思想界的「物之整體」，最後再由「謂」進入表達界，「至大無外謂之大一；至小無內謂之小一。」周云之說：「惠施從內涵方面揭示了自然科學某

乃超經驗，須用抽象思維或名理加以把握。

〔註87〕此處隱含：非現象界之事物在表達時不得不借用由現象界所從出之概念而加以說明，但由於不足以說明，故必須引出「無」「非」等具有辯證性的概念加以遮撥。

〔註88〕見李震著《中外形上學比較研究》（上），頁83，及註85，頁95～96。

些「名」的確定性，如：「至大無外」就是「大一」的內涵，實際也反映了「大一」的外延。「至小無內」就是小一的內涵。這就使「大一」和「小一」之名具有了確定性（規定性），揭示了世界極大和極小的無限性本質。〔註89〕「大一」「小一」即是對「物之整體」的邊際所作之定名，而綜合至大、小之「一」即是「物之整體」，此「物之整體」是獨一的，綜合無內、無外，它是無限的；亦即是無限的空間、無限的時間。

以上即是惠施對其基源問題的回答。以下是衍生的其他主要問題：

二、何謂「小」？其與「大一」的關係如何？

此是純就思想範疇中之物的思考，承續前一問答針對所謂「小一」「大一」而提出的問題。雖然是兩個問題，但實際上是相關的同一個問題。

惠施所思考的重點不在現象界中之個別物，而是容納萬物的空間，亦即使某物X得以呈現的非X，這空間乃為無厚，無厚者自不可積，因其不可積則不致阻礙任一物之存在，亦即容納得下任一個別之現象物；而就現象物運動、變化觀之，任一個別現象物可從甲地移至乙地，或於同一處成長、凋萎，所佔空間由小變大、由大變小，故稱無厚不可積之「容者」其大千里〔註90〕其大千里乃虛說之辭，僅是形容「容者」之大。

其中，「大一」即此「容者」之整體，小一即指這「容者」的基本質點，對這質點的說明，「無厚」乃是說明其非體，「不可積」是說明其非面且非線，而「無厚不可積」則是說明其為「點」，〔註91〕但此「點」並非有量點，倘其仍有質量，則必為可積者，這就違反了「不可積」之內涵，〔註92〕故「無厚不可積」乃是對「小一」此理想模型性質的說明。現象界中的「至小」之物，如毫末之類〔註93〕皆非此模型自身。這是思想界對現象事物的分析與設定而得。

〔註89〕見周云之、劉培育著《先秦邏輯史》，頁57。

〔註90〕陸德明經典釋文引晉人司馬彪云：「物言形為有，形之外為無。無形與有，相為表裡。故形物之厚，盡于無厚。無厚與有，同一體也。其有厚大者，其無厚亦大。高因廣立，有因無積，則其可積，因不可積者。苟其可積，何但千里乎？」《莊子集釋》，頁1103。

〔註91〕歷來以幾何學中「點」概念來加以解析此句者頗不乏其人，如：孫中原、周文英、馮契、周云之等人。並參見李石岑著《中國哲學講話》，頁179。

〔註92〕同註72，頁7～8。

〔註93〕《莊子‧秋水篇》有云：「何以知毫末之足以定細之倪，又何以知天地之足以窮至大之域！」

大一、小一既為無量之純形式模型，因此吾人倘若探問「小一是如何構成大一的」則無意義，因為它們並非整體與部份的關係，而是同一物的不同觀察角度。

「無厚」相對於現象界而言，即「小一」與「大一」之所同一的共通性，惠施以現象界中萬物之有厚的否定來加以說明。胡適說：「『無厚不可積』和那『其大千里的』只是一物，只是那無窮無極，不可割斷的『空間』。」〔註94〕此亦強調：從「無厚」演繹出的不可分割性，亦即「物之整體」乃是不可分割的，或任何因人而有的分割區別，都非實有。

三、宇宙中物與物之間的關係如何？

前面已就「物之整體」與「容物者」作了說明，然而整體之「容者」之中、現象界個別物之間的關係，則是惠施思路接下來所欲進展的方向。

萬物間的關係是因認知主體──人的比較而來，凡是比較必然涉及關係的兩端，而兩端之物又因物之不同或不同的觀察角度而呈現不同的關係。如：空間的高、下，大小；時間的中、睨，今、昔；價值上的：美、醜，好、壞，人際間的長、幼，男、女……。由於惠施所關懷的對象物是自然界之物，故他所舉之例有第三事：天與地卑，山與澤平。第四事：日方中方睨，物方生方死；有關物在空間和時間的相對關係。

物與物的關係透過比較而定，凡是比較，其比較者必先立一比較之標準，而此一標準又常是主觀且無定的，如某人之身高就小孩而言，稱他為高；就一籃球選手則又成為矮，因此比較出的結果，往往是相對於比較之標準而呈現其意義。以空間而言，「天與地卑，山與澤平」之意，惠施是以「至大無外」之無限性空間整體為比較之標準，故天、地、山、澤在高度上的差異即可略而不計為等平矣。《莊子‧齊物論》云：「天下莫大於秋毫之末，而泰山為小。」〈秋水篇〉云：「以差觀之，因其大而大之則萬物莫不大，因其小而小之則萬物莫不小。」將天地、山澤與「至大」相比，因其小而小之則天地為稊米也。循此理解者，如馮友蘭、虞愚等學者。〔註95〕

以時間而言，「天與地卑，山與澤平」之意，惠施是以「時間整體」為比較標準，循宇宙變化、萬物成毀觀之，天有與地卑之時，山有與澤平之時，

〔註94〕同註74之一，頁85。
〔註95〕同註69，頁247，另虞愚著《中國名學》，頁106。

這些變化的一段時間或長或短，但與整體的時間相比又可略而不計了。依此理解者有李石岑、汪奠基等人。〔註96〕

又，比較的標準雖然常是主觀與無定的，但其主觀又常隨客觀的環境，與某些思想背境相涉而有所定。〔註97〕亦即在現象界萬物常是變動不居的，然而人於思想界必然以有所定之概念加以推理、思考；而知現象界中物與物的關係乃是相對的。

四、「歷」與「物」的關係如何？

現象界中物與物的關係是相對的，但此相對性乃是因人之判分而有，人的判分又來自思想界中概念的作用，故此問題即是惠施對「原本之有」與「因人而有」兩者關係的探討，因而呈現思想界與現象界間的關係。

現象界的事物總是處在不斷變化的過程中，它們前後性質上的差異入於思想界是相對的。〔註98〕「日方中方睨，物方生方死」依前述理路，是指以時間整體的無限性觀之，中、睨、生、死所佔之時間並無差異。〔註99〕但是就概念之內涵而言，「中」並不等於「睨」，「昔」不同於「今」，此中、睨、今、昔，即在思想界構成了時空概念的相對性定義。〔註100〕

「方」乃是界於思想界和現象界的中介者，「方」有適、正、當之意，〔註101〕乃人對於現象物當下之把握，「物」與「歷」的關係即在於「方」。「物」為連續不斷地運動，而「歷」則為間斷性的理解。錢穆說：「凡言變，不能一時，必兼古今。然深言之，方言今而今則既古矣；方思今而今則既古矣；

〔註96〕 參見李石岑著《中國哲學講話》，頁180，汪奠基著《中國邏輯思想史料分析》，頁163。

〔註97〕 循實然現象之觀察析論者有孫中原著《中國邏輯史》，頁81～82，周云之著《先秦邏輯史》，頁59，及周文英著《中國邏輯史稿》，頁4，以登高遠眺，地平線處，天地相接，海天一線；或認自然界中本有高原湖泊與低地丘陵等高解之。另胡適於《中國古代哲學史》第二冊，頁86，則是以近代科學常識之地圓說、地動說解之，認為地圓旋轉，故上面有天，下面還有天；上面有澤，下面還有山等予以說明。

〔註98〕 見周文英著《中國邏輯思想史稿》，頁5。

〔註99〕 參見胡適《中國古代哲學史》二冊，頁88。

〔註100〕 同註89，頁57。

〔註101〕 如《左傳》定四年：「國家方危，諸侯方貳，將以襲敵，不亦難乎？」又《論語‧季氏》：「及其壯也，血氣方剛，戒之在鬥。」又《史記‧陳涉世家》：「趙方西憂秦，南憂楚，其力不能禁我。」之「方」表「當下」。

方覺知有今，而今所覺知又古矣。豈惟我之言思覺知？一時之變，方至於今，而所至即已古矣。故中睨死生，異變而同時。」〔註 102〕透過至、覺、知、思、言之「方」，將現象界中物之運動、變化作片斷性的把握，以形成概念、構成思想，加以表達。

時恆動、物恆變，凡是對「物之整體」所做的任何因人而有之分割區別皆非實有，而為動、靜相對者，此即「歷」與「物」，思想界與現象界之關係。

五、如何「歷」物？

物之整體是無限的、是無厚的，其中之萬物又是變動不居的，它們的關係是相對的，那麼間斷性與片段性的概念，如何能認知對象物呢？此乃是探討思想界面對現象界的方法問題。

惠施從「物」的關係中找出了共同的性質，發現了「同」「異」兩大共通性，亦即就萬物的關係言，皆有同、異兩項共同的比較特徵，依此，可將「物」納入「歷」之中，同時也確立了宇宙萬物彼此的聯繫性，將它們納入思想的序列中。

惠施為何選擇此一認知方法的進路？因他肯定了現象界中個別物X的認識必須在與非X的比較下方能得知。孤立地由X本身探討，絕不可能真正認知X。若從「關係」入手，必然隨著對象物的變化與複雜性而必須層層擴大此一關係網的探究，以至於無窮極；這正是基源問題「物之整體」探討之由來。

對於「物之整體」的把握，其實也就是對於「歷之整體」把握的主體要求，「物之整體」可以容納宇宙萬物，「歷之整體」可以容納所有相對於萬物之概念及其關係；如此，將「物」與「歷」形成對應關係，而使「歷物之論」成為可能。

「大同而與小同異，此之謂小同異，萬物畢同畢異，此之謂大同異。」汪奠基云：「這是歷物的邏輯中心問題，理論上包括惠施對於概念種類的一種看法。」〔註 103〕而惠施認為：概念的種類即在於同異的比較而有離、合的判分，形成因同異而區別的一一概念，以納入「歷」的系統。

其方法推演的步驟如下：〔註 104〕

〔註 102〕見錢穆著《中國學術思想史論叢》（二），頁 476。
〔註 103〕同註 71 之一。汪奠基著，頁 164。
〔註 104〕步驟的說明本身也是在思想進行過程中截取一段歷程加以說明；故有所謂第

（1）「大同」是第一次的比較，比較兩物有所同，如：牛、羊皆爲動物、同屬獸類，此兩物之所同，設立於（甲）觀點而得。

（2）「小同」是第二次的比較，比較兩物亦有所同，如：牛、羊皆有角，同屬有角獸，此兩物之所同，設立於（乙）觀點而得。〔註105〕

（3）第三次的比較，比較獸類與有角獸兩概念，此兩概念皆是牛、羊兩物之所「同」，但由於「有角獸」之內涵較「獸類」多了「有角」此一元素，故「有角獸」的外延必小於「獸類」；因此，就牛、羊兩物而言，「獸類」爲「大同」，「有角獸」則爲「小同」。

（4）大同而與小同「異」，此「異」乃是就（甲）、（乙）兩觀點之不同的比較。將這種差異賦予一名，稱之爲「小同異」，當其用「小」則表示又相對於另一種更大的比較而來。

（5）另一種大的比較爲何？乃是萬物間的比較，如：A與B，C與D，E與F……等兩物間的比較，也包括了比較結果之比較，這種比較相當繁複，甚至可延伸至無限，因爲A、B、C、D、E、F……可能是彼此不同之物，如牛、羊、雞、鶴、松、柏等物，也可以是彼此相關之物，如：C爲A、B等合成之類概念，如由牛、羊等歸納抽象而成之獸類，再與雞、鶴等歸納、抽象而成之禽類相比較；或以獸類、禽類等合成之「動物」，再與松、柏等合成之「植物」相比……這種比較是無法窮盡列舉的。如此，萬物相比，在比較的觀點上會朝「同」與「異」兩個方向開展，莊子·德充符有云：「自其異者視之，肝膽楚越也；自其同者視之，萬物皆一也。」〔註106〕

（6）「畢」是兩方向所有觀點的整合，將所有「同」者匯聚成一「觀」而見萬物皆有所同，如皆爲「物」；故云「萬物畢同」。「畢」又將所有「異」者匯集成一「觀」，而見萬物皆相異，如：一一個別之物，故云「萬物畢異」。再將「萬物畢同畢異」之觀點，賦予一名，

一次、第二次之分。

〔註105〕參見馮契著《中國古代哲學的邏輯發展》上冊，頁224。云：「大同」屬於一大類，「小同」屬於一小類，例如以動物爲大同，獸類則爲「小同」，這種種屬關係來考察事物之間的同異，叫做「小同異」。

〔註106〕如「天與地卑，山與澤平」及「日方中方睨、物方生方死」自同者觀之，天、地、山、澤皆有所同；倘就異者觀之，則天、地、山、澤，中、睨、生、死，又各不相同。

此即「大同異」，取其「大」即在與（4）觀點之「小」相對比而得。

畢同、畢異即思想界邏輯序列之兩極，「大同異」構成了「歷」之整體邊際。大同、小同則是大類、小類，依其概念同、異之離合而排比入兩極中之序列上；故「小同異」則構成了「歷」之整體內容。

思想界的「異同」「畢異」即相似於由現象界而來之「大一」「小一」兩極，且「大同」「小同」則相應於宇宙中天、地、山、澤，鳥、獸、蟲、魚等萬物之關係。如此，現象界的萬物，可依其在思想界中同、異分類，而在思想界的邏輯序列中取得定位。

故惠施「歷」物的方法即在於設法建構思想界與現象界對應的關係，肯定萬物同中有異、異中有同，再由主體觀點的轉換，以取同去異、擇異捨同的比較方法來「歷」物。同、異的判定，相對於主體的觀點取擇，主體的觀點若有其自身的理則與一致性，則即使現象界中萬物是變動不居的，且思想界中概念又為間斷性之片段掌握；主體仍可以其「歷」的邏輯一致性，來保障認知對象的相對正確性、相對系統性與思想概念的可運作性和可表達性。

六、「歷物」的性質如何？

「物」透過「歷」而成為「歷物」，現象界的事物經思想界的處理，而加以表達；表達不僅是「表」，更重要的是「達」，表達的目的在於呈現主體的思想，而其前提則在於使表達的對方能夠明瞭其所使用之「名」的意義，如此方能達成真正的溝通效果。此問即在說明「歷物」之「名」的性質與意義問題。

依前述，任何思想界之概念，皆因相對於其他事物之關係而具備同、異兩性質，亦即至少有兩種觀點和比較標準，以「南方無窮而有窮」來看，惠施舉空間概念「南方」為例，吾人可就（一）大同異、一體觀之，則「南方」為無窮，因物之整體、空間之整體是無限的，無論長、寬、高任何一維，或東、南、西、北、上、下各方，都可無限延伸，沒有盡頭，[註107] 故曰：「南方無窮」。

（二）另就小同異、一一個別物的比較言，「南方」之名在不同的人，或一人的不同觀點，此南方與彼南方並不相同，相對而為有窮，如台灣之南方為屏東，廣東之南方為雷州半島，當某人達其目的地，則南方盡矣。因此，當某人謂往南方，則可依其所指之範域而為有窮。

〔註107〕同註80，頁 85。

「今日適越而昔來」亦然，惠施舉時間概念「今」「昔」爲例予以說明。（一）自大同異、一體觀之，「今」「昔」並無差別，因爲相對於整體時間的無限性而言，今即昔，昔即今，並且人們所假定的今、昔，都離不開這無限的時間，同屬於宇宙整體發展之時間長流之中。〔註 108〕故可云「今日適越而昔來」。

（二）另就小同異，相對於一一設定之時間而言，則今、昔又有不同，按周髀算經說：「日運行處北極，北方日中，南方夜半；日在東極，東方日中，西方夜半；日在南極，南方日中，北方夜半；日在西極，西方日中，東方夜半。」依此，如日在西極，則東方人今日適越，而在西方人即可謂之昨日已來了。〔註 109〕但就東方人或西方人各自所設定的「今」「昔」則各有不同，亦即東方人之「今」不同於東方人之「昔」，故「名」之界定仍有其作用。

故「歷物」於小同異觀點的比較中，吾人可以得出：

（1）同一「名」，於不同觀點下，會呈現不同意義。如：（此）南方，不同於（彼）南方。（此就「歷」而言）

（2）同一事件，於不同觀點下，可以用不同之「名」加以指謂。如：同是至越國一事，東方人謂之「今」，西方人謂之「昔」。（此就「物」而言）

因此，「歷物」就其形式言，皆有同、異之性質，並且必須在運作中、在表達裡，相對於主體之觀點而呈其意義。

七、物論是否可解？

現象界中「物」變動不居，思想界中「歷」的觀點又轉換不定，並且在第五問中，吾人已知僅可依靠主體「歷」之邏輯一致性，來保障認知對象的相對正確性，依此而成之「物論」在表達界中是否可以使人明瞭所論之物？此問即是在探討表達如何可能的問題。

《莊子·齊物論》有云：「物無非彼，物無非是。自彼則不見，自知則知之，故曰彼出於是，是亦因彼……是亦彼也，彼亦是也。彼亦一是非，此亦一是非。」萬物有其關連性，若點有其相對性，然而各人有各人的論點，各論有各論之是非，如何能明瞭其論域、理解其所論物之意義呢？

〔註 108〕參見李石岑著《中國哲學講話》，頁 181。

〔註 109〕同註 66，頁 167。

惠施在歷物第八事指出：「連環可解也。」在先秦哲學中「環」是一個具有哲學意義的概念，它是指現象世界的象徵，〔註110〕它也是指無窮的空間整體，如胡適指出：「一切空間的區別，都不過是我們為實際上的便利，起的種種區別，其實都不是實有的區別，認真說來，只有一個無窮無極不可分斷的『宇』，那『連環可解也』一條，也是此理。」〔註111〕此外，「連環」也是指無限的時間整體，錢穆云：「夫時無起迄，無方既，是連環也。析而言之曰今世，則一世為今，有起迄，有方既。更精而析之曰今歲今月今日，則歲月日各為今，各有起迄有方既。惟所言以謂之今，是連環可解也。」〔註112〕可見「物論」之成立，首先必須在小同異的觀點下，設定、確立概念、名言的意義。

「物」是充滿變化，無窮無極的整體，「歷」是間斷性的片段認知，而「物論」又是由這些片段的概念所形成的，既然種種分辨、區別都非實有，如此形成之「物論」是否足以反映「物」之真象呢？或者如何保障認識的客觀正確性呢？

惠施認為連環可解，就是認為「物論」必得其解，表達是可能的；其理由涉及第九事：「我知天下之中央，燕之北越之南是也。」此處「我」是在歷物十事中唯一出現的主詞，它代表著惠施面對整個知識或「物論」的一種態度。

所謂的「中央」必須是在確立了一定的範圍之後才有意義，若探討天下的「中央」，亦必須確立天下的範圍，才能討論，然而天下（物之整體）是無邊際、是無窮的，根本無法確立其範圍，〔註113〕因此探討「中央」正確與否的問題，正如「物論」面對「物之整體」而欲尋求其可解一般。

自大同異、一體觀之，天下並無所謂絕對的「中央」，又由於宇宙無限，因此無處不可成為「中央」。〔註114〕既然無處不可為中央，那麼任何「物論」只要在「歷」中確定了觀點、設定出範圍，並且在思路上有其邏輯之一致性，那麼凡是在此範圍內的概念、思想、言論，都可以相對其觀點、論域而有了確定性的意義而可解。正如設定出一定的範圍之後，「中央」必可獲致一般。

〔註110〕同註73，頁112，引《莊子·齊物論》、〈則陽〉、〈寓言〉等篇內容說明。

〔註111〕同註74之一，頁87。

〔註112〕同註102，頁477。

〔註113〕若以「歷」中確立的「大一」「小一」為邊際，仍可得出天下之中央，如「與大一、小一等距處」，但此定義實際上仍為不定；此處惠施並未朝此思路前進。

〔註114〕《莊子集釋》，頁1105，司馬彪云：「天下無方，故所在為中；循環無端，故所在為始也。」另同註108，頁182，李石岑云：「天下之中央」是實際上的假定，整個宇宙無處不可作「天下之中央」。

當然，若使表達成為可能，還必須使人人有共認的觀點與範圍才行；但每個人的觀點常不一致要如何？惠施並不像荀子採取「約定俗成」的辦法，〔註115〕而是採取一種廣包的心態，如「容者」般無限，所以他說：「我知天下之中央，燕之北越之南是也。」「燕之北」與「越之南」代表了兩種不同的觀點與設定，但都被「我知」所包容下來，惠施這種包容各種不同觀點的胸懷，其可包容性即為一一物論可解的基礎。

「物之整體」是絕對的，各種相對性物論都因相對於此絕對而成其為相對；唯有體悟「物之整體」的獨一、無對與無限性，才能理解各種相對於因人而設立有限之觀點、範圍所形成之一一物論。這種廣大無所不容的胸懷，其根據即在於惠施歷物十事結論中所提出的「天地一體」，這是他經過層層辯證而導出的究極肯定，在此肯定下：「歷」在人中，「歷物」因人而有，而人亦為天地一體之「物」，如此，泯除人我之分、物我之別，現象界、思想界、表達界通達為一，則物論可立，連環可解矣。

八、如何體悟「天地一體」？

天地一體的廣包胸懷是解、立「物論」的前提，如何方能獲致這種面對整個宇宙、整個知識的基礎心態呢？惠施曰：「氾愛萬物，天地一體」，亦即必須「氾愛萬物」才能體悟天地一體，〔註116〕因而具備面對整全的基礎心態。錢穆先生在惠施鈎沉一文中指出：惠施的尚用、重功、勤力、明權種種皆有所本，其所本即本於「愛」，〔註117〕可見「愛」在惠學中之重要性。

惠施的愛是氾愛，「氾」有廣、博之意，「愛」本義作「行惠」解，〔註118〕亦即懷福萬物之心，有利萬物之行。其「氾」不同於孟子之有等差親疏之別，如盡心篇所謂「親親而仁民，仁民而愛物」，惠施主平等而「去尊」。〔註119〕其「愛」不同於墨子之兼愛，墨子兼愛本於天志，而惠施則於辨物、應物而

〔註115〕見《荀子・正名篇》云：「名無固實，約之以命實，約定俗成，謂之實名。」
〔註116〕此解法與傳統之「因為天地一體，故氾愛萬物」的說法不同，如成玄英注疏、胡適、李慕如等均採此說。依惠施理路，天地一體是經人選擇後所立之觀點，相對於此觀點，才可說「一體」，並非實然一體，故如何使人願意立於此觀點，則須某些修養，以抵其境界。
〔註117〕同註102，頁482。
〔註118〕同註77，氾，頁808～809，及愛，頁291。
〔註119〕見《呂氏春秋・愛類篇》有：匡章謂惠施曰：「公之學去尊。」

出。並且其所愛之對象並不止於人，更及於萬物。如釋文李云：「愛出於身而所愛在物，天地爲首足，萬物爲五藏，故肝膽之別合於一人，一人之別合於一體也。」〔註120〕

　　爲何氾愛萬物可體悟天地一體，而具廣包萬有以應物之胸懷呢？因「愛」可連繫人與人之疏離，打消人與物之隔閡，通達人與己之迷障。唯有同情的了解諸事萬物，設身處地的爲對象物著想，如對方之思想，方能包容各種不同之物論，瞭然各論有限之觀點，及其相對觀點下所論之物。故惠施亦主「有情」，認爲「人而無情，何以謂之人」（莊子・德充符）。

　　故惠施的思想以「歷物」始，透過層層轉折而以「愛物」終。一言以蔽之：「若想認識這個世界，先愛這個世界吧！」

〔註120〕同註114之一，頁1105。

第四章　名家名實思想的相關內涵

第一節　尹文之形名分析

尹文子，姓尹、名文，戰國時代齊人，〔註 1〕約生於西元前 362 年，死於西元前 293 年，〔註 2〕大約與惠施、莊子、宋鈃同時，而略早於公孫龍子。為齊稷下士，與鄧析同為名家者流，〔註 3〕其生平事蹟略見於錢基博之《尹文子傳》，其中引《莊子・天下篇》、《漢書・藝文志》、《山陽仲長氏原序》、《說苑・君道篇》、《公孫龍子・跡府篇》、《呂氏春秋・先識覽》、〈正名篇〉等處所云。〔註 4〕

《莊子・天下篇》在批評尹文子時說：「不累於俗，不飾於物，不苟於人，不忮於眾，願天下之安寧以活民命，人我之養畢足而止，以此白心，古之道術有在於是者；宋鈃、尹文聞其風而說之，作為華山之冠以自表，接萬物以別宥為始；語心之容，命之曰心之行，以聏合驩，以調海內，請欲置之以為主。見侮不辱，救民之鬥，禁攻寢兵，救世之戰。以此周行天下，上說下教，雖天下不取，強聒而不舍者也。故曰上下見厭而強見也。雖然，其為人太多，其自為太少；曰：『請欲固置五升之飯足矣，先生恐不得飽，弟子雖饑，不忘天下。』……以禁攻寢兵為外，以情欲寡淺為內，其大小精粗，其行適至是

〔註 1〕見高誘《呂氏春秋正名篇注》，高注云：「尹文，齊人，作名書一篇，在公孫龍前，公孫龍稱之。」
〔註 2〕見唐鉞著〈尹文和尹文子〉，清華學報第四卷第一期，頁 1166。
〔註 3〕見《名家輯要》，珍本 082，〈尹文子提要〉，頁 1〜2。
〔註 4〕見錢基博著《名家五種校讀記》，〈尹文子傳〉，頁 1〜3。

而止。」〔註5〕唐鉞認爲上述這段文字是尹文思想最可靠的材料，也是最有系統的記載，他並且依此將尹文的學說分析爲五點：

1. 接萬物以別宥爲始。
2. 情欲寡淺。
3. 見侮不辱。
4. 禁攻寢兵。
5. 願天下之安寧以活民命，人我之養，畢足而止。〔註6〕

另馮友蘭則將尹文、宋鈃之學說析爲六點，除上述五項之外，再增：語心之容，命之曰心之行。〔註7〕若以基源問題法加以處理，可試解如下：（1）尹文的根本問題是如何達到天下太平，人民衣食無缺，自給自足？在當時戰亂頻仍的時代裡，唯有先止息戰爭，故（2）如何做到禁攻寢兵？此唯有先除掉導致戰鬥的原因；尹文認爲其因緣自人們受到欺侮而感到屈辱，爲爭而子、出口氣而戰鬥不絕，故（3）如何做到「見侮不辱」？而侮辱之事，往往是因自己所擁有之名聲、財富遭受毀謗、掠奪，然之所以如此又因人之欲望貪得無厭，故（4）如何使人「情欲寡淺」？亦成爲他宣傳之重點，然而要改變人們習以爲常的想法，必先掃除他們心中積非爲是的種種成見，同時爲避免自己所宣傳的理論也淪爲某種主觀成見，故（5）面對萬物的態度應如何？此即：「接萬物以別宥爲始」。〔註8〕「宥」既涉及各人主觀成見，故語「心之容」「心之行」則必然爲尹文「別宥」所要關注的層面了；此即其思想之大要。

其他幾處尹文子與齊王的對話，有涉及見侮不鬥者，〔註9〕有涉及人君之事者，〔註10〕另有言及尹文幻化之術者，〔註11〕可略見其言論辯巧之外，有

〔註5〕其中「請欲置之以爲主」，梁啓超說：「請欲置是情欲寡之誤。」唐鉞則改「請欲置之」爲「情欲寡少」。下文之「請欲固置」，梁、唐皆認乃「情欲固寡」之誤，見黃錦鋐《新譯莊子讀本》，頁372、376，及註2，頁1158。

〔註6〕見註2，頁1159。

〔註7〕見馮友蘭著《中國哲學史》，頁188～189。其中「見侮不辱」一條下加救民之鬥；「禁攻寢兵」一條下加救世之戰；「情欲寡淺」一條無「淺」字。

〔註8〕宥同囿，有所蔽叫囿，別囿就是去蔽，不爲主觀成見所蔽。見黃錦鋐新譯《莊子讀本》，頁372、376。另《莊子集釋》，成玄英疏：宥，區域也。頁1082、1083。可見宥同囿，又，尸子、廣澤云：「囿其學之相非也。」囿誤爲拘泥，見《正中形音義綜合大字典》，頁257、258。另「別囿」參見《呂氏春秋·去宥篇》；「鄰父有與人鄰者……別宥則能全其天矣。」

〔註9〕參見《公孫龍子·跡府篇》，及《呂氏春秋·先識覽正名篇》。

〔註10〕參見《說苑·君道篇》。

關尹文思想學說的材料，至今僅存《尹文子・大道上下》兩篇。

有關尹文子書，《漢書・藝文志》有：尹文子一篇，注云：說齊宣王，先公孫龍。隋書經籍志以下的書志皆爲兩卷，《四庫總目提要》又說是一卷，其言曰：尹文子一卷，周尹文撰。前有魏黃初末，《山陽仲長氏序》，稱：條次爲上下篇，文獻通考作二卷。此卷（按即今本）亦題〈大道上下篇〉，與序相符，而通爲一卷，蓋後人所合併也。〔註12〕至於今本文文子之眞僞，近代聚訟紛云；有胡適以爲眞書，但不無後人加入的材料，〔註13〕王夢鷗亦認爲今本尹文子雖有抄襲他書之疑，但只是補輯，並非皆出於僞託。〔註14〕王啓湘則以爲尹文子有經後人因其文多而分篇，並自加篇名，雖有脫誤，然並未肯定其書爲僞。〔註15〕蕭登福認爲尹文之書眞僞莫辨，所論述者並非全是名家之言。〔註16〕另認爲今本乃全然僞撰而非補輯者亦有唐鉞列舉十項理由爲證，並指出其內容抄襲自論語〈陽貨篇〉、〈呂氏春秋愼勢篇〉、〈壅塞篇〉、《荀子・儒效篇》等。〔註17〕蒙傳銘更列舉十三項理由確認其書爲後人僞作，並述及姚際恆的古今僞書考、顧實的重考古今僞書考、馬敘倫的《莊子義證天下篇》、張詠霓的《諸子大綱》、王叔岷的《尹文子襲用莊子舉正》等書皆認爲尹文子爲僞書。〔註18〕

綜上所述，今本尹文子有所雜僞是眾所公認的事實，其不同者，在於或認全僞、或認部份爲僞；認爲全僞者，其舉證涉及：與古本相關記載之比較、再《莊子・天下篇》中尹文思想的比較，以及引語、用字、文體的比較等等，〔註19〕所列舉的項目雖多，但皆是引述今本尹文子中的一段內文加以批評、挑剔，而對於有利於證明尹文子部份內容非僞者，則避而不談，或予曲解，〔註20〕即

〔註11〕 參見《列子・周穆王篇》。
〔註12〕 《四庫總目提要藝文本》，卷一七七，頁6〜7。另亦見王啓湘，《周秦名家三子校詮》，頁42。
〔註13〕 見胡適著《中國古代哲學史》，第一冊，頁12。
〔註14〕 見王夢鷗著〈戰國時代的名家〉，中研院史語所集刊四十四本三分，頁512〜518。
〔註15〕 見王啓湘著《周秦名家三子校詮》，頁21。
〔註16〕 見蕭登福著《公孫龍子與名家》，頁1。
〔註17〕 同註2，頁1167〜1174。
〔註18〕 見蒙傳銘著〈尹文子辯證〉。師範大學國文研究所集刊，第四號，頁77〜86。
〔註19〕 見註18，頁77〜87。及註2，頁1167〜1174。
〔註20〕 羅根澤曰：「《公孫龍・跡府篇》、《呂氏春秋・正名篇》亦言尹文稱『見侮不鬥』之義，其學說如何，略可概見，而今本尹文子，殊不如此。」唐鉞曰：「上

使如唐鉞、蒙傳銘等人所舉之十數項目理由都能成立，〔註21〕亦不足以完全推翻今本尹文子有部份為眞的可能性，這種以偏蓋全的證明方式，其效力仍然是薄弱、不足的。

吾人認為眞偽相雜或為後人補輯而成的看法較為平實，如汪奠基說：尹文的形名學說，在當時完成了一套系統理論，今本尹文子當非形名論全文，他並據郭沫若分析《呂氏春秋・正名篇》採自尹文遺書的兩段話：「名正則治，名喪則亂……」「凡亂者形名不當也……」與今本《尹文子・上下篇》的形名之說頗為一致，故認為今本尹文子形名之辯的大部份材料，都是可以肯定的。〔註22〕另王夢鷗也據文獻通考經籍考引述周氏涉筆所看到劉向對尹文子的敘語替證以今本內容，仍可見有相符合的地方，他說：「今本尹文子與鄧析子，其流傳的經過情形相似，大抵都是經過後人大量補輯而成，唯因鄧析子的原書殘落過甚，而補輯之文太多，形成喧賓奪主，便更像是一部偽書。至於尹文子，因原文頗存大略，所以胡先生（胡適）倒認是眞書了。」〔註23〕羅光教授說：「尹文子的書和鄧析子一樣，也屬偽作，為後人集合名家、法家和道家的言論而成的，這些言論也有可能是鄧析和尹文的思想。」〔註24〕在眞偽相雜的尹文子中，到底那些才是他本人的思想呢？

從上面的分析，吾人（1）首先可排除近代學者所指出明顯非尹文子的部份思想。（2）根據〈天下篇〉中尹文的思想，特別是「語心之容，命之曰心之行」的內心思想。（3）根據汪奠基所肯定尹文子中大部份有關名形之辨的

篇『見侮不辱』、見推不矜：禁暴息兵，救世之鬥。」按《莊子・天下篇》：『見侮不辱，救民之鬥；禁攻寢兵，救世之戰。』意思在分開說：以『見侮不辱』，止個人間之鬥狠；以禁攻寢兵，止國家間之戰爭。今乃忽插入『見推不矜』，止管裁對，而大失原意。」見註18，頁80。此顯然是未證明尹文子為偽書，而勉強湊成的理由，何以見得多加『見推不矜』即非尹文子思想？其原文為：「接萬物使分、別海內使不雜，見侮不辱、見推不矜，禁暴息兵，救世之鬥，此人君之德，可以為主矣。」此不正與《莊子・天下篇》尹文子思想相符之證乎。

〔註21〕 同註2，頁1167～1174。及註18，頁77～86。
〔註22〕 見汪奠基著《中國邏輯思想史料分析》，頁70～71。
〔註23〕 同註14，頁514～515。周氏涉筆曰：「尹文子，稷下能言者，劉向謂其學本莊老，其書先自道以至名，自名以至法。以名為根，以法為柄，芟截文義，操制深實。必謂聖人無用於救時，而治亂不係於賢不肖……。」王夢鷗云：「劉向敍原本尹文子其學在『名』與『法』，就這點已可看作鄧析的眞傳了。」
〔註24〕 見羅光著《中國哲學思想史》，〈先秦篇〉，頁688。

材料。（4）根據先秦名家目前可考較爲確定的材料，參考前述公孫龍、惠施的思想，尋溯其可能發展之思路，來確立尹文子的思想內涵。所參考之相關版本包括《明萬曆四年刊本》、《明天啓間蔣氏三徑齋刊本》、《明末葉方疑刊十二子本》，〔註25〕伍非百《尹文子略注原文》，〔註26〕及王啓湘《尹文子校詮原文》。〔註27〕以下即以問題串聯之方式將其思想鋪陳如下：

一、如何確立宇宙萬象的秩序性？

此承續前述《莊子·天下篇》中尹文思想，有關面對萬物之態度問題：「接萬物以別宥爲始」此乃面對萬物的一個起點，今本尹文子則進一步指出，就人而言，如何使宇宙萬象可有序不亂。

〈大道上〉云：「大道無形，稱器有名。」又云「大道不稱，眾有必名。」尹文首先區分出形上之「道」與形下之「器」兩大範疇，〔註28〕由於形上之「道」無形、無狀，不可稱謂，因此尹文所面對的對象乃是有形之「器」，並以正名與正形的方式來處理此一範疇內之眾有。如其云：「今萬物具存，不以名正之則亂，萬名具列，不以形應之則乖；故形名者，不可不正也。」故宇宙萬象之所以能有序不亂，即在於形名相符：以名正形、以形應名。

二、「名」有那些類別？

尹文將「名」分爲三類：「名有三科，法有四呈。一曰命物之名，方圓白黑是也；二曰毀譽之名，善惡貴賤是也；三曰況謂之名，賢愚愛憎是也。」

（一）命物之名：是依對象物外形特徵而定立之名，此對象物必爲視、觸等感官所能把握的具體有形之器物。故常以形（方圓）、色（黑白）爲命名之根據。

（二）毀譽之名：是由對象而來之主觀評價所定之名。其對象常爲抽象無形之事態，而非具體有形之器物，並且，其名之定立必然涉及

〔註25〕同註3，頁151～252。
〔註26〕見伍非百著《先秦名學七書》，頁472～497。其尹文子原文，係據汪繼培校本，并參合道藏本、萬曆本、守山閣本、涵芬樓翻印本、百子全書本、諸子品節本（明版），擇善而從，並未一一注其出處。
〔註27〕同註15，頁22～40。
〔註28〕《繫辭傳》上云：「形而上者，謂之道；形而下者，謂之器。」《韓非子·揚搉篇》曰：「夫道者，弘大而無形。」《淮南子·詮言訓》曰：「大道無形。」

定名者主觀內在之評價標準。故常以價值概念之善惡、社會地位之貴賤爲命名之根據。

（三）況謂之名：此包含了由對象而來之主觀評價及依其評價而與之對應的相對態度，依此兩者分別所定之名。其對象亦常爲抽象無形之事況，並且其名之定立除涉及定名者主觀之評價標準外，亦涉及各人個性上好惡觀感之差異性。故常以相對評價之賢愚、主觀好惡之愛憎爲命名之根據。

嚴格說來，尹文這種分類方式有其混淆之處，特別是在毀譽之名及況謂之名，〔註29〕就其分析重點觀之，則尹文是由所指之對象立言，而不是從「名」自身性質來分類，〔註30〕也因其從「名」所指之事物分類，這種分類是無法完全窮盡的。〔註31〕

不過，從尹文子對「名」的分類中也可以看出他所關切的領域，仍脫離不了政治、倫理之範疇；同時在他的這種分類中，「名」的定位一方面涉及事物的種種客觀性質，另一方面，也無可避免地涉及了定名者許多主觀的因素。

三、「名」的作用爲何？

「名」的作用在於「正形」與「定分」。

〈大道上〉云：「名也者，正形者也，形正由名，則名不可差，故仲尼云：『必也正名乎，名不正則言不順也』」。「名」的作用在於正形，而正形之名乃不可乖誤之名，亦即在正形之前，應先正名。尹文的正名思想與孔子的正名思想相似，因此，其「名」亦含有「名分」之意，如〈大道上〉云：「君不可與臣業、臣不可侵君事，上下不相侵與，謂之名正。」君臣各有其本分，各盡其職，各守其分，君享君名，臣有臣名，則爲正名，若君臣不務其本然所是之形，〔註32〕

〔註29〕汪奠基說：「如果視命物之名屬具體的，毀譽之名屬於抽象的，況謂之名屬於相對的，則各類中所舉例證多有未合。」見註22，頁76。

〔註30〕伍非百云：「尹文一派之形名家，與其他墨儒辯者之「形名家」根本不同。墨辯分名爲達、類、私三種，荀子分名爲單、兼、共、別四類，皆從名之自身性質立言。而尹文則從名所指之對象立言。」見註26，頁476。

〔註31〕若以「名」所指事物分類，則如：文學之名、藝術之名、地理之名……可不斷增加，而非尹文子分的三類所足以含括的。

〔註32〕此「所是之形」乃指君臣應有之行爲表現，包括服飾、儀態、用詞、應對、進退之宜等外顯之形態。

則需以正名來正形矣。故其云:「大要在乎先正名分,使不相侵雜。」又云「失者,由名分混;得者,由名分察。」可見正名的重要。

「正名」一方面可以糾正事物之形,使不正之形導正,另一方面亦可定分,確立轉趨為正的標準分圍,使各人私心私欲不會毫無限制,互相爭競殘害無休。如〈大道上〉云:「名定,則物不競。分明,則私不行。物不競,非無心;由名定,故無所措其心。私不行,非無欲;由分明,故無所措其欲,然則心欲人人有之,而得同於無心無欲者,制之有道也。」如其所舉之例:「雉兔在野,眾人逐之,分未定也;雞豕滿市,莫有志者,分定故也。」可見尹文子是在心欲人人皆有的前提下,發揮「名」的作用,正形、定分乃是為了建立社會秩序,求治的要求仍重於求知的傾向。〔註33〕

四、「名」與「形」的關係如何?

「名」與「形」是互相對應的兩個概念,但是兩者並不相同;形、名的關係,一屬在彼,一屬在我,原非同物,故人雖以名命形,而形非名;物雖以形應名,而名非形,形之與名,不可密合為一,又不能分離為二,即名求實,未必是實,但舍名求實,而實又不可見。〔註34〕〈大道上〉:「名者,名形者也;形者,應名者也。然形非正名也,名非正形也,則形之與名,居然別矣;不可相亂,亦不可相無。」〔註35〕

「名」既然是命「形」者,則名的產生即是來自「形」;而羣物之「形」本身即有其客觀性,並不因人是否以名命之而有所增益、減損。如大道上云:「道生於不稱,則羣形自得其方圓,名生於方圓,則眾名得其所稱也。」〔註36〕依此,名乃依物形而立,亦即先有物、再有名;由於名有:命物、毀譽、況謂之名的不同,因此,名與形的對應關係也有所不同。如其云:「有形者必有名,有

〔註33〕　同註26,頁476。
〔註34〕　在尹文看來,「形」即「實」是第一性的,乃不依人的稱謂而轉移的客觀實在。見孫中原著《中國邏輯史》,頁136。另見註26,頁478。
〔註35〕　上海涵芬樓景印正統道藏本文尹文子,「名非正形也」下,有「則形也」三字,錢基博曰:「明翻宋本、守山閣本,及湖北崇文官書局刻百子全書本,無『則形也』三字,此衍。」見註4,頁1。
〔註36〕　「道生於不稱」句,各本無「道」字。王啟湘《尹文子校詮》曰:「句首疑脫道字,道生於不稱,與下文名生於方圓句一律。」據以增道字,同註15,頁22。另蒙傳銘《尹文疏證》、汪奠基選釋亦依王增「道」字,同註18,頁95。及註22,頁73。

名者未必有形，形而不名，未必失其方圓白黑之實；名而無形，不可不尋名以檢其差。」〔註37〕其中「有形者必有名」其名是得自客觀具體有形的實物，既使不予以指正，仍不會影響該物存在之實然所是。而「有名者未必有形」其名則是得自事物的關係、概念的定義、主觀的評價或其他無形的事態、概念等，為「抽象名詞」，亦即毀譽、況謂之名。抽象之名並無客觀實物可指，因此，這種名詞必須嚴加分析、確立界說，或依其定義的形式，來檢驗它們的差異性。〔註38〕

「名」與「形」不同，而互相對應，但兩者是否能完全符合，精確無誤呢？依上述的分析，命物之名因有客觀實存之物為據，或許較為容易判斷是否相符，但毀譽、況謂等抽象概念則未必盡然；如其云：「善名命善，惡名命惡，故善有善名，惡有惡名。聖賢仁智，命善者也；頑囂凶愚，命惡者也。今即聖賢仁智之名，以求聖賢仁智之實，未之或盡也；即頑囂凶愚之名，以求頑囂凶愚之實，亦未或盡也。」由此可見，尹文子已發現名實相符的困難，名為善人的行為未必盡善，名為惡人的行為未必盡惡。名未必盡然符實。名與形亦未必相互精確對應無誤。〔註39〕如此，是否應捨棄「名」的處理方式呢？尹文子認為「名」雖然未能盡物之「實」，但此不足為患，因「名」仍然有其分別的作用，不可盡廢，而應接受這種名、實間可能的差距，以使萬名萬形不致乖亂，故其云：「使善惡畫然有分，雖未能盡物之實，猶不患其差也。故曰：名不可不辯也。」〔註40〕「名」雖然不能百分之百的符合其「實」，但是在相當的程度上仍有分別的作用以使萬名、眾形有序不亂，所謂「今萬物具存，不以名正之則亂，萬名具列，不以形應之則乖。」

尹文子在面對「名不符實」的態度上，雖然是消極的接受而「不患其差」，但他也積極地，以「正名」「辯名」的方式，努力使名與形、名與實的差距減

〔註37〕原文「名而不可不尋名以檢其差」句，陶小石曰：「『名而』下，當有『不形』二字。『名而不形』，與『形而不名』相對為文，即上所謂『有名者未必有形』也。」此外，孫詒讓、陳仲荄、蒙傳銘、汪奠基等人亦據增「無形」二字，見註18，頁97，註22，頁75。

〔註38〕具體名詞與抽象名詞之意義請參見註26，頁474～475。

〔註39〕尹文子之「形」與「實」並無嚴格區分，參見註34。此處略可分析為：「形」為命物之名所對應的，而「實」則用在無形的毀譽、況謂之抽象名詞所指謂者。

〔註40〕「畫然有分」，畫，舊作盡，形近而誤，畫然，分別貌。《莊子‧庚桑楚》：其臣之畫然知者去之」即其義。見註26，頁478。又陶小石曰：「盡然當作畫然，以形似，又涉上下文盡字屢見而誤。」見註18，頁99。

至最小。故曰：「形名者，不可不正也。」

五、如何正形名？

　　就正形名的程序而言，首先必須正名，然後方能將已正之名來正形；正形名涉及了「正」之意義，「形」的不同及名的性質、名的使用之分辨，亦即所謂的「辯名」。這些問題尹文子中均有所探討。

　　「正」的意義按說文，本義做「是」解，乃極當之稱；依此，名符其實之「名」即該物之所「是」。「正」亦作「得」解；故含有：因某物之形實呈現而有所得之意。又「正」亦作「定」解，即確定、定立某一名之內涵之意。此外，「正」亦有「治」意，即：使某物之形實符合該名之內涵。〔註41〕其中「得」「定」而「是」即正名之「正」之意，「是」而後「治」即正形之「正」意。

　　天地之初，萬物森然，各有其形，原本無名，後經人得物之形、實，定立種種具體之名、抽象之名，而有命物要毀譽、況謂等名的產生，當這些「名」定立而是其所「是」後，以其指稱其他器物或人物、事態，而形、實不符時，即可「治」之而「正形」。故所正之「形」並非原先定名所依之「形」，而是新遇之（物）形或再造、新生之（物）形。此即尹文子一方面說「名生於方圓（之形）」另一方面又說「形正由名」，實際上是指兩個不同的層次，其中並無矛盾，〔註42〕（物）形先於名而存在，但正形必先正名。

　　由於形、名有別，名之所指又分「有形」「無形」之別，因此「正名」之法亦包含一「覆驗」之程序。如〈大道上〉云：「故亦有名以檢形，形以定名，名以定事，事以檢名。察其所以然，則形名之與事物，無所隱其理矣。」其中：

　　（一）「形以定名」，指名的產生由（物）形而來，為求其「正」，故須回溯覆驗該名之內涵是否精確符合該物。如：一白圓之物，以「白圓」之名命之，則應在色、形上檢驗是否的確名符其實，此即「名以檢形」。

　　（二）「名以定事」，「事」指抽象之名，乃由概念所構成之概念，如：此善

〔註41〕《如易・乾》：「乾道變化，各正性命」之「正」即「得」之意。又《周禮・天官》：「歲終則令正歲會，月終則令正月要，旬終則令正日成」註：「正，定也。」另《呂覽・順民》：「湯克夏而正天下」，其「正」即治也。參見《正中形音義綜合大字典》，頁780。

〔註42〕汪奠基認為其中有矛盾，見註22，頁73～74。

事、彼善事……眾善事所形成之「善」概念，或恭、寬、信、敏、
惠……眾善事所形成之「善」概念所形成之「仁」概念，〔註43〕此
「事」由其他概念所構成，故曰：「名以定事」。事既然由名而定，
為求其「正」，也須回溯覆驗該事之內涵是否與相關之名的內涵相
符，此即「事」與檢名。

再者，由於名實未必盡然相符，故尹文子對名之使用、性質亦加以分辨：

（一）名稱在主、客的適用性上有所差異

1. 命物、況謂之名

名宜屬彼，分宜屬我。如其云：「名宜屬彼，分宜屬我。我愛白而憎黑，
韻商而舍徵，好膻而惡焦，嗜甘而逆苦。白、黑、商、徵、膻、焦、甘、苦，
彼之名也。愛、憎、韻、舍、好、惡、嗜、逆，我之分也。定此名分，則萬
事不亂也。」〔註44〕其中在彼者為命物之名，在我者為況謂之名。

2. 毀譽、況謂之名

名宜在彼、稱宜在我。〈大道上〉又云：「今親賢而疏不肖，賞善而罰惡，
賢、不肖、善、惡之名宜在彼；親、疏、賞、罰之稱宜屬我。我之與彼，又
復一名，名之察者也。名賢、不肖為親、疏，名善、惡為賞、罰，合彼我之
一稱而不別之，名之混者也。故曰名稱者不可不察也。」

（二）抽象之名乃隨具體之名而分立，分立之後各不相同

如其云：「語曰『好牛』，不可不察。『好』則物之通稱，『牛』則物之定
形，以通稱隨定形，不可窮極者也。設復言『好馬』，則復連於『馬』矣。則
『好』所通無方也。設復言『好人』，則復屬於人矣，則『好非人』『人非好』
也。則『好牛』『好馬』『好人』之名自離矣。故曰名分不可相亂也。」

總之，正形名，首在正名，而名在形成上由形而定，或由名而定，在「正」
的過程上，經得、定、檢（覆驗）而為「正名」，有此「正名」方可「正形」，
以名之「實」治之。另在「名」的使用上，須知彼、我之分與通稱、定名之
別，此即尹文子正形名之大要。

〔註43〕《論語·陽貨篇》：「子張問仁於孔子，孔子曰：『能行五者於天下為仁矣。』
請問之，曰：『恭、寬、信、敏、惠。恭則不侮，寬則得眾，信則人任焉，敏
則有功，惠則足以使人。』」

〔註44〕「名宜屬彼，分宜屬我」二句，藏本無「分」字，錢基博曰：「守山閣本、百
子本『宜屬我』上有『分』字，此脫。」同註4，頁1。

六、名、實不符之謬誤如何產生？

有關名實不符的謬誤，從尹文子書中可分析爲四點，而造成這些謬誤的原因，主要是在「名」的使用時發生；〈大道上〉：「世有因名以得實，亦有因名以失實。」因名得實是名實相符；因名失實則因名實不符，如其所舉之例：

（一）悅名而喪實

如「宣王好射，說人之謂己能用強也；其實所用不過三石，以示左右，左右皆引試之，中關而止。皆曰：『不下九石！』宣王悅之。然則宣王用不過三石，而終身以爲九石。三石，實也；九石，名也。宣王悅其名而喪其實。」〔註45〕名實不符並非全然由於人的認識不清，而是人在不同的情境中，基於某種動機，故意不去嚴格檢證、清楚確認，或故意說出言不由衷的話，而使名失其實，上例的「情境」與當時的社會階級有關，「動機」則與人的虛榮心、自利心或種種欲望有關。〔註46〕

（二）違名而得實

如「齊有黃公者，好謙卑。有二女，皆國色。以其美也，常謙辭毀之，以爲醜惡。醜惡之名遠布，年過而一國無聘者。衛有鰥夫，時冒娶之，果國色。然後曰：『黃公好謙，故毀其子，不姝美』，於是爭禮之，亦國色也。國色，實也；醜惡，名也。此違名而得實矣。」〔註47〕謙虛是一種美德，但也是造成名實不符的因素之一，此與各人價值觀有關，就「價值」而言，名實相符未必高於某種德行；但在探究名實不符的原因時，則必須承認謙虛的確會造成誤會而使名實不符。

〔註45〕「中關而止」句，明萬曆四年刊本及明末葉方疑十二子本作「關」，明天啓間蔣氏三徑齋刊本作「聞」，同註3，頁165、234、199。王啓湘云：「關當爲關之譌，音彎，即孟子越人關弓之關也。」同註15，頁30。另《呂氏春秋·貴直論》〈雍塞篇〉亦作「關」，高誘注云：關謂關弓，弦正半而止也。」見林品石註釋《呂氏春秋今註今譯》，頁759～760。

〔註46〕此處就宣王而言，乃虛榮之心欲立君威；就左右臣下而言，則爲自利之心爲求富貴顯達，此皆與人之欲望相關，故尹文子亦強調「情欲寡淺」的重要。

〔註47〕孫詒讓曰：「宋本『不姝美』作『姝必美』，是也。據上文黃公有二女，衛人所娶者是其長，故人意其妹必美；而爭禮之。今本作不姝美，屬上毀其子爲句，則下二語，文無所承矣。」見註18，頁114。

（三）誣名而失實

如「楚人有擔山雉者，路人問：『何鳥也？』擔雉者欺之曰：『鳳凰也。』路人曰：『我聞有鳳凰，今直見之。汝販之乎？』曰：『然。』則十金，弗與；請加倍，乃與之。將欲獻楚王。經宿而鳥死。路人不遑惜金，惟恨不得以獻楚王。國人傳之，咸以為眞鳳凰，貴欲獻之，遂聞楚王。楚王感其欲獻於己，召而厚賜之，過於買鳥之金十倍。」其中名實不符的原因在於蓄意的欺騙、無知以及謠傳。此外，「魏田父得寶玉而棄之」〔註48〕也是由於矇騙和無知而導致名實不符的例證。

（四）名義歧解

如〈大道下〉：「鄭人謂玉未理者為璞，周人謂鼠未臘者為璞。周人懷璞謂鄭賈曰：『欲買璞乎？』鄭賈曰：『欲之。』出其璞，視之，乃鼠也，因謝不取。」此乃「同名異實」之例，顯示名的意義乃約定俗成者。另有「同名異謂」之例，如〈大道下〉：「康衢長者字僮曰『善搏』，字犬曰『善噬』，賓客不過其門者三年，長者怪而問之，人以實對，於是改之，賓客復往。」又如「莊里丈人，字長子曰盜，少子曰毆；盜出行，其父在後追呼之，曰盜盜。吏聞，因縛之，其父呼毆喻吏，遽而聲不轉，但言毆毆，吏因毆之，幾殪。」名在成立時，有其一定的內涵，倘若故意違反俗約，造成誤解是無法避免的，由於在日常生活中確實存在許多歧義名詞，且俗約又有地域性而非全盡普遍的，故尹文子亦指出「名」在使用上的多變性。

依上述，造成名實不符謬誤的因素有：情境、動機、價值觀、欺騙、謠傳、無知，及「名」在使用時的多義性等；亦即「名」的意義要透過上列種種相關因素的考慮才能確定。

總而言之，今本尹文子中將「道」「器」對揚，以「名」來處理形器世界，以形名相應的方式來確立宇宙萬象的秩序性，進而分辨「名」之種類與作用，釐清形、名之關係以正形名，並尋索名實不符的原因以求治。在原文中或言

〔註48〕〈大道上〉：「魏田父有耕於野者，得寶玉徑尺，弗知其玉也，以告鄰人。鄰人欲圖之，謂之曰：『此怪石也，畜之弗利其家，弗如復之。』田父雖疑，猶錄以歸，置於廡下。其夜玉明，光照一室，田父稱家大怖，復以告鄰人。鄰人曰：『此怪之徵。遄棄，殃可銷。』於是遽而棄於遠野。鄰人無何，盜之以獻魏王。魏王召玉工相之。玉工望之，再拜而立，『敢賀王得此天下之寶，臣未嘗見。』王問其價，玉工曰：『此無價以當之。五城之都，僅可一觀。』魏王立賜玉者千金，長食上大夫祿。

形名、或言名實，「形」「實」兩概念並無嚴格區分〔註49〕但尹文子的形名分析顯然已從具體存在進至抽象存在，在他之前，鄧析雖然能通達具體的「事」中抽象之「理」，但未清楚說明；他雖不及後來公孫龍的苛察繳繞，但定名、通稱之別已爲公孫龍「白馬非馬」之先聲，所以他可說是先秦名家承先啓後的一個關鍵人物。〔註50〕

第二節　鄧析之循名責實

鄧析，春秋末年鄭國人，約生於西元前545年，卒於西元前501年，〔註51〕生處時代約與老子、孔子、子產同時，而較惠施、尹文、公孫龍子爲早。劉向別錄說：「鄧析好形名之學，操兩可之辭，設無窮之辯，數難子產法，子產無以應。」〔註52〕由此可略見其性格。

關於「兩可之辭」見於《呂氏春秋‧審應覽‧離謂篇》：「洧水甚大，鄭之富人有溺者，人得其死者，富人請贖之，其人求金甚多，以告鄧析，鄧析曰：『安之，人必莫之賣矣。』得死者患之，以告鄧析，鄧析又答之曰：『安之，此必無所更買矣。』」

有關「數難子產之法」亦同見於〈離謂篇〉之兩段文字：「鄭國多相縣以書者，子產令無縣書，鄧析致之；子產令無致書，鄧析倚之；令無窮則鄧析應之亦無窮矣。」又「子產治鄭，鄧析務難之。與民之有獄者約，大獄一衣，小獄襦袴，民之獻衣襦袴而學訟者，不可勝數。以非爲是，以是爲非，是非無度，而可與不可日變。所欲勝，因勝；所欲罪，因罪。」正因鄧析有此言行，因此歷來對於鄧析的批評，除《左傳》作者記當時輿論對鄧析之死大有憐才之意，因此不滿意執政者之處置外，〔註53〕其他大多毀之而無譽。〔註54〕

〔註49〕　參見註34及39。

〔註50〕　參見註14，頁516。

〔註51〕　鄧析卒年，據《左傳》記他死於魯定公九年（西元前501年）各相關論著皆無異議，如錢穆、汪奠基、孫中原、周云之、溫公頤、王夢鷗等人。至於生年除孫中原著《中國邏輯史》，頁11，爲西元前560年外，其餘或未論及，或定爲西元前545年，如錢穆、周云之、汪奠基等人之主張。

〔註52〕　除劉向別錄、校上鄧析子敍外，《列子‧力命篇》亦云：「鄧析操兩可之說，設無窮之辭……」等語。

〔註53〕　見《明睢陽朱氏刻本》，〈鄧析子序〉云：「於春秋左氏傳，昭公二十年，而子產卒，子太叔嗣爲政，定公八年，太叔卒。駟歂嗣爲政。明年乃殺鄧析，而用其竹刑，君子謂子然於是乎不忠，苟有可以加於國家，棄其邪可也。靜女

如此，鄧析的思想是否有研究之價值呢？《漢書・藝文志》敍九流十家，以鄧析列爲名家之首，可見鄧析的思想在當時必有相當的影響力和重要性。《荀子・非十二子篇》云：「不法先王，不是禮義，而好治怪說，玩琦辭，甚察而不惠，辯而無用，多事而寡功，不可以爲治綱紀，然而其持之有故，其言之成理，足以欺惑愚眾，是惠施、鄧析也。」其他書篇亦多所批評，不勝枚舉。〔註55〕鄧析雖然飽受歷代學者批評，但「其持之有故，其言之成理」的思想却是值得研究的，如南宋晁公武讀書志云：「九流皆出於晚周，其書各有所長，而不能有所失……然則析之書，豈可盡廢哉？《左傳》云：『馴歂殺析而用其竹刑。』班固錄析書於名家之首，則析之學蓋兼名法家也。今其大旨訐而刻。眞其言，無可疑者。」〔註56〕

鄧析的思想既不可盡廢，其「理」其「故」亦值得探討，然現在鄧析之史料是否可取呢？現存的鄧析子一書，自南宋學者懷疑其可靠性以後，便迭遭批駁，到了現代，幾乎被說得一文不値。〔註57〕今考《漢書・藝文志》著錄鄧析子，只有兩篇；《隋書・經籍志》爲一卷，《舊唐書・經籍志》及《新唐書・經籍志》亦爲一卷；至《宋史・藝文志》則復爲二卷。《四庫提要》之言曰：「其書漢志作二篇，今本仍分〈無厚〉、〈轉辭〉二篇，而併爲一卷。然其文節次不相屬，似亦掇拾之本也。」又晉魯勝說：「自鄧析至秦時，名家者世有篇籍，率頗難知，後學莫復傳習；於今五百餘歲，遂亡絕。」由此可見，今本鄧析子極有可能爲後人附益補綴之書，其中所掇拾者，經伍非百整理，有出於：管子、鬼谷子、淮南子、文子、愼子、莊子、韓非子等諸條。〔註58〕雖然如此，王夢鷗則認爲其中某些掇拾者，很難斷定是誰抄誰的，他並且詳細舉證，從今本〈無厚〉、〈轉辭〉兩篇之內容與鄧析生平意旨相通，又其理

之三章，取彤管焉，竿旄何以告之？取其忠也。故用其道不棄其人。詩之『蔽芾甘棠，勿翦勿伐，召伯所茇』，思其人猶愛其樹也，況用其道，不恤其人乎？」見《名家輯要》，珍本082，頁29～30。

〔註54〕鄧析的相關事蹟及褒貶見於《列子・力命篇》、〈仲尼篇〉、〈楊朱篇〉；《荀子・非十二子篇》、〈儒效篇〉、〈宥坐篇〉；《淮南子・氾論篇》、〈詮言篇〉等。

〔註55〕同註54，又如：高氏子略、宋濂諸子辯、王世貞鄧子序等書所云。見伍非百著《先秦名學七書》，頁865～866。

〔註56〕見伍非百著《先秦名學七書》，頁864。

〔註57〕見王夢鷗著〈戰國時代的名家〉，中央研究院歷史語言研究所集刊四十四本三分，頁508。

〔註58〕同註56，頁859～860。

路又與尹文、公孫龍相通。周云之亦云鄧析子中的內容有些思想與《呂覽》中保留的鄧析思想是相通的，以證明今本鄧析子仍有眞實部份，並非全然僞託。〔註59〕

　　再者，唐人李善注文選，前後引用今本鄧析子文字達十三條之多，引文大都與今文相同。〔註60〕李注向爲學術界所重視，〈無厚〉、〈轉辭〉兩篇不及四千字，竟被引用十三條，可見唐人對今本《鄧析子》並不視爲全屬僞書。〔註61〕在面對此一不十分確定之史料的態度方面，王啓湘亦云：「然其書雖僞，究非隋唐以前人不能爲，以其深明古訓，非近代人所能及也。……古人有言，與其過而廢也，無寧過而存之。」〔註62〕此外，汪奠基亦云：「我們合起秦、漢前的散篇記載與今本《鄧析子》來選錄分析，也可能還是接近歷史事實的。」〔註63〕

　　基於上述種種分析，可見今本鄧析子作爲研究先秦名家思想之材料而言，仍有其可取者，故特將此節置於最後，回溯前述公孫龍、惠施、尹文子思想之理路發展，並參考近代學者之研究成果，擇取與名、實問題相關之內容，以問題串聯方式，將鄧析子思想鋪陳於後。〔註64〕

一、如何成明君以治世？

　　凡思想言說必有對象，觀鄧析子〈無厚篇〉有多處論及「明君」「明王」之事，如「循名責實，君之事也；奉法宣令，臣之職也。下不得自擅，上操其柄而不理者，未之有也。」又云：「循名責實，察法立威，是明王也」及「治世，位不可越，職不可亂。百官有司，各務其形。上循名以督實，下奉教而不違」。以上三處論及明君治世的問題，都涉及「循名責實」，可見循名責實爲明君治世的基本方法，其「名」含有名位、名分之意，而「實」則可由「各務其形」得見，〈無厚篇〉有云「明於形者，分不過於事」，〔註65〕

〔註59〕同註57，頁508～512。及周云之、劉培育著《先秦邏輯史》，頁24。

〔註60〕所引各條條文的內容，參見註56，頁861～862。

〔註61〕見汪奠基著《中國邏輯思想史料分析》，頁29。及溫公頤著《先秦邏輯史》，頁8。

〔註62〕見王啓湘撰《周秦名家三子校詮》，頁3～4。

〔註63〕同註61之一，頁29。

〔註64〕相關版本以《中國子學名著集成》，《名家輯要》，珍本082，宋、明、清等五種版本爲主，頁1～150。並參酌伍非百《鄧析子辯僞》、王啓湘《鄧析子校詮》等書。

〔註65〕「分不過於事」之過，各版本作「遇」，今從伍非百之疑，改爲「過」。見註

〈轉辭篇〉云「緣形而責實，臣愼其重誅之至，于是不敢行其私矣」。可見「實」由「形」而顯，乃指：職事或行爲之事實。此名實觀與孔子正名思想頗近，但孔子是以倫理道德的觀點重新安立周文本身之有效性，〔註66〕而鄧析子則將其眼界擴及於萬物，如〈無厚篇〉有云「明君審一，萬物自定」，〔註67〕指出名與實互相限定的關係，故〈轉辭篇〉云：「循名責實，實之極也。按實定名，名之極也，參以相平，轉而相成，故得之形名。」而有「形名」之論。

二、如何循名？

〈無厚篇〉云：「名不可以外務，智不可以從他，求諸己之謂也。」可見循名之要，乃在於求諸己，然而爲何須求諸己呢？〈無厚篇〉又云：「夫自見之，明；借人見之，闇也。自聞之，聰；借人聞之，聾也。明君知此，則去就之分定矣。」於是，循名之所以求諸己而不外務，乃爲使自己耳聰目明，能有正確的判斷，而不受旁人的干擾、誤導。亦即掌握名實的認識活動，只有依統治者主觀的智慧來完成，〔註68〕「名」若靠主觀的智慧來完成，故〈無厚篇〉又云「有物者，意也。」〔註69〕

三、如何求諸己？

〈轉辭篇〉「緣身以責名」，名以謂物，而物又因人之「意」而有，因此，求諸己即在於己「意」之作用。「身」本義作「躬」，有人、物居中之主體義，「意」字從心從音，本義作「志」解，乃心所著想者或以「心之起爲意」，〔註70〕「意」即心的種種活動。〈轉辭篇〉云：「心欲安靜，慮欲深遠。」「意」應如何作用呢？〈無厚篇〉云：「意無賢、慮無忠、行無道，言虛如受實，萬事畢。」可見「意」的作用方向即在於「無」，不論意、慮的內心活動或發而爲外顯之語言行爲，皆以「無」爲原則。此「無」即老子的「無爲」思想，羅光教授說：「無爲在人生之道的意義就是：不要在人性之上，加上人爲的因素，

56，頁 846。
〔註66〕 見尉遲淦著《公孫龍哲學的理解與批判》，頁 28～33。
〔註67〕 「一」即萬物自定的規則，有名實相合，分不過事之意。見註 61 之一，頁 33。
〔註68〕 同註 61 之一，頁 33。
〔註69〕 汪奠基說：「這是意識第一性論。」同註 61 之一，頁 33。
〔註70〕 「身」見《正中形音義綜合大字典》，頁 1820～1821，「意」見頁 510。

並且貴靜而不貴動。」〔註71〕嚴靈峯教授說：老子由於「用無」而進一步提出「無為」的理論，而「用無」又是依據「有無相生」的原理，〔註72〕而世間種種美、惡，是、非的相對性都是憑主觀的成心所造成，〔註73〕因此「無」亦含有在一切有聲、有形、已兆、已然的種種現象之前，內心處於無成見之價值中立、順其自然之狀態，如此方能有所真見，〈轉辭篇〉：「為出於不為，視於無有，則得其所見。聽於無聲，則得其所聞。」然如何才能達此境界呢？〈無厚篇〉云：「誠，聽能聞於無聲，視能見於無形，計能規於未兆，慮能防於未然；斯無他也，不以耳聽，則通於無聲矣，不以目視，則照於無形矣，不以心計，則達於無兆矣，不以知慮，則合於未然矣。」可見「求諸己」不僅在於超越一切感官之「意」的作用，更須超越一切思想意慮，而導源於無為之自然大公胸懷，如〈轉辭篇〉最後的一段話所云：「目貴明、耳貴聽、心貴公，以天下之目視，則無不見；以天下之耳聽，則無不聞，以天下之智慮，則無不知，得此三術則存於不為也。」

　　鄧析子指出「己」必須有此深厚內涵，方可做為「名不可外務而內求諸己」之基礎。

四、如何責實？

　　責實在於循名，「而循名」之法依前述乃緣於己身之「意」，而意所本之「心」又須以大公、無為之胸懷為基礎，故《鄧析・無厚篇》云「守虛責實，而萬事畢」，亦即循名之心乃以「虛」為境。然則循名責實的過程又如何呢？〈無厚篇〉云：「見其象、致其形、循其理、正其名、得其端、知其情。」

　　《繫辭傳》云：「易也者，象也。象也者，像也。」這是說一切變遷進化都只是一個象的作用，象，有象效之意，凡象效之事與所仿效的原本，都叫做象。〔註74〕見其象之「象」引申其意，應含蓄著；自然界之種種現象、萬物各自之形象，以及人行為舉措之貌相等義。上述之象，就「有物者，意也」觀之，亦包含因物象而引起之意象，即是概念。

　　「形」本義作「象形」（見說文徐箋），乃畫成其物之意，以其為畫文，

〔註71〕見羅光著《中國哲學思想史》，〈先秦篇〉，頁207～209。
〔註72〕見嚴靈峯著《老子哲學中若干重要問題》，經子叢書第九冊，頁85。
〔註73〕見嚴靈峯著〈老莊哲學之長短〉，東吳大學哲學系傳習錄第四期，頁288～289。
〔註74〕見胡適著《中國古代哲學史》第一冊，頁76。

－81－

故而从彡，又以开从「二干」有合二爲一之意，形爲畫成物象，必求與物之實體肖似如一。〔註 75〕羅光教授說：「形字的古義，和刑相通。刑字的原字爲型，即是模型，形字便也有模型的意義。」〔註 76〕「致其形」之「致」乃由物象而得意象之努力，若取形之「象形」義，乃使所生之意象與物象儘可能肖似如一。若取形之「模型」義，則物象雖眾，然各有其類，如〈無厚篇〉：「故談者別殊類」，各類之事物形似，故其等意象亦如一而同形。象與形兩字之涵意可通，就認識而言，象有形之意，而在形之先；象乃隱約之形，形乃清楚之象。

見其象、致其形爲事物之象、事物之形，故循其理之「理」亦爲事物之理，事物之理爲何？依鄧析子即爲事物的本性，現象的發展有其必然性，如〈無厚篇〉云：「體痛者，口不能不呼；心悅者，顏不能不笑；責疲者以舉千鈞，督跛者以及走兔，驅逸足於庭，求援捷于檻，斯逆理而求之，猶倒裳而索領。」此乃「理」之必然。再者，言談之內涵亦有其客觀性，「名」所指之「實」亦有所常，如〈無厚篇〉所云：「夫言榮不若辱，非誠辭也，得不若失，非實談也，不進則退，不喜則憂，不得則亡，此世人之常。」因此必須「循其理、正其名」。

當糾正、或賦予一事物恰當之「名」後，即可獲得對於該事物之思考、表達、溝通的起點，進而獲得該事物之「實」的理解，〔註 77〕此即「得其端、知其情」。見象、致形、循理、正名、得端、知情，即循名責實之過程，此一過程雖然是透過主觀的智慧來完成，但在責實的過程中亦透顯出鄧析子也肯定了客觀事物變化之「理」，他雖強調：「有物者，意也」，同時於〈無厚篇〉中亦云：「因勢而發譽，則行等而名殊……其所以然者，乘勢之在外。」

由上述可區別出鄧析子兩種不同的思考進路：

　　（一）就「勢」觀之：當事物之名尚未定立時，即其〈轉辭篇〉云所：「按實定名，名之極也。」而定名的基礎在於「緣身而責名」（轉辭），

〔註 75〕 同註 70，頁 434。

〔註 76〕 同註 71，頁 78。

〔註 77〕 「端」，本義作「直」解（見說文許著），「得其端」之「端」爲「始」之意，如《禮‧禮運》：「人者，天地之心，五行之端也。」注云：「端，始也。」又如《荀子‧正論》：「一物失稱，亂之端也。」故此處「端」解爲起點。「情」，本義作「發於本性謂之情」（見六書故）「知其情」之情乃「實」之意，如《孟子‧離婁》：「故聲聞過情，君子恥之。」故此處「情」解爲「實」。

故「名不可外務，智不可從他，求諸己之謂也。」(無厚)再由「己」來進行定名之過程：「見其象、致其形、循其理、正其名。」(無厚)。其象、其形、其理皆有所「外」。

(二)　就「意」觀之：當事物之名已按實、依形而定時，則「緣名而責形、緣形而責實。」(轉辭)由於定名的基礎在於己、緣於身，故又云：「守虛責實，而萬事畢」(無厚)，而責實的過程即：「正其名、得其端、知其情(實)」(無厚)，這也就是他在〈轉辭篇〉所謂的「循名責實，實之極也」。責實依其「內」。

鄧析子「循名」「責實」這兩種不同的思考進路，及人事上的名分、名位之「名」與自然界萬物之「名」的互相含容，對於在其之後的惠施、尹文子、公孫龍子的思想皆有極大的影響，亦因而開出名家的思想規模。

五、爲何言辯？

有了清楚的認識，方能有正確的表達；在認識上釐清名、實的關係之後，接下來即是探討在表達上言談辯論的相關問題。

鄧析子將辯分爲大辯與小辯。所謂的大辯在所辯的內容上包括了自然、社會、倫理諸事物，並且帶有一種整體的使命感和某種價值導向；小辯則在辯的目的上不一定是要讓別人了解他所說的內容，而是逞口舌之快，作膚淺的論爭，或以異道相非的詭辯之辭。如〈無厚篇〉所云：「所謂大辯者：別天下之行，具天下之物，選善退惡，時措其宜，而功立德至矣。小辯則不然；別言異道，以言相射，以行相伐，使民不知其要；無他故焉，知淺故也。」

言談辯論的目的爲何？可從「古之辯」得見，如〈無厚篇〉云：「故談者，別殊類使不相害，序異端使不相亂，論志通意，非務相乖也。若飾詞以相亂，匿詞以相移，非古之辯也。」因此，之所以言辯，乃在於分別天下萬物的種類、整理各家各派的思想，並注重表達上溝通的效果，及避免名實混亂造成的誤解；除此之外，言辯也包括了有益於政治之平治此一目的，故〈無厚篇〉云：「無益治亂，非所舉也。」〔註78〕過去有人認爲上述原文是戰國正名論者用以反對詭辯論者的說法，但吾人認爲此正是荀子所謂一般辯者「持之有故，

〔註78〕此處覆宋本爲：「無益亂，非舉也。」於理亦可通，因「亂」字源義乃亂絲以手治之，有「亂」義亦有「治」義，就其體言爲「亂」，就其用言爲「治」，故亂亦訓「治」。見註70，頁30。今從伍非百循文例校改，見註56，頁847。

「言之成理」的積極思想方法。〔註79〕

六、如何言辯？

關於表達上言辯的方法，依鄧析子〈轉辭篇〉的內容可分為下列諸項：

（一）名實相符

首先必須確立「名」（概念）在使用上的準確性，明白在不同對象上有主、客、己、他的差異性。如其云：「世間悲、哀、喜、樂、嗔、怒、憂、愁，久惑於此，今轉之：在己為哀，在他為悲；在己為樂，在他為喜；在己為嗔，在他為怒；在己為愁，在他為憂；在己若扶之與攜，謝之與讓，故之與先，諾之與已，相去千里也。」〔註80〕由此可見，鄧析必然十分詳細地分辨這些概念的內涵，即使是相類似的情緒反應，像悲哀、喜樂、嗔怒、憂愁，依鄧析看來，都必須依使用此一概念的主、客，己、他之分別而應有嚴格的界定。並且，即使在同一主體上，不同的情態、語氣，像扶、攜、謝、讓、故、先、諾、已，也都有差別；鄧析對於「名」所對應之「實」的分辨非常精微，其中已隱約透顯出一名一實的要求。

（二）確知對象

必須明確撐握對象的特性，依不同的對象而有不同的對應方式。如其云：「夫言之術：與智者言，依於博；與博者言，依於辯；與辯者言，依於安；與貴者言，依於勢；與富者言，依於豪；與貧者言，依於利；與勇者言，依於敢；與愚者言，依於說。」〔註81〕

（三）預先準備

應及早多方蒐集資料，充實言辨之內容。如其云：「不困，在早圖；不窮，在早稼。」〔註82〕

〔註79〕同註61之一，頁34。其中認為此段非鄧析思想者為伍非百，見註56，頁847～848。

〔註80〕「謝之與讓，故之與先」覆宋本作「謝之與議，故之與右」，現從中華書局據指海本校刊，頁9。依《淮南子・說林篇》改。《淮南子・說林篇》曰：「扶之與提，謝之與讓，故之與先，諾之與已，也之與矣，相去千里。」又「攜」之本義即「提」，故不必改。

〔註81〕「與辯者言，依於安」指海本作「依於要」，乃依《鬼谷子・權篇改》。

〔註82〕「不困，在早圖」各本皆作「不用，在早圖」。王啟湘云：「用，疑當作困。言不困在乎早圖，不窮在乎早稼也。用、困形近，是以致譌。下文云：『君子

（四）時機恰當

言辯舉措應以「宜」為準，而非以求勝為主，並且須以慎重的態度言談，以君子之心面對別人之言語。如其云：「非所宜言，勿言，以避其愆；非所宜為，勿為，以避其危；非所宜取，勿取，以避其咎；非所宜爭，勿爭，以避其聲。一言而非，駟馬不能追，一言而急，駟馬不能及。故惡言不出口，苟語不留耳；此謂君子也。」〔註83〕

（五）相反相成

應了解各種已發生之現象，有其未發生之狀態，能洞燭機先，方能使自己有正確的對應之道，如其云：「怒出於不怒，為出於不為，視於無有，則得其所見，聽於無聲，則得其所聞。故無形者，有形之本，無聲者，有聲之母。」此說明了矛盾相反與有無相成的認識；怒因不怒、為因不為，視聽皆須深入到無為視而視，無為聽而聽的本有。〔註84〕

（六）參以相平，轉而相成

此乃〈轉辭篇〉的核心思想，為上述五項之結論，亦即在表達言辯上，要以「己」「他」的不同主體相參照，以「智」「博」的不同辯辭相參照，以「宜言」「宜為」的不同言行相參照，以「視」「聽」的有無相參照。〔註85〕如此，正反相參、互相轉換運用，是非同異各得平實，必可不困、不窮。然而，表達言辯乃是以認識為基礎，認識又是因表達辯而深入，因此，鄧析子肯定名、實之間彼此限定、互相對應的關係，如其云：「循名責實，實之極也。按實定名，名之極也。參以相平，轉而相成，故得之形名。」宇宙萬物，不斷變化，新名、新實不斷湧現，在此動態的情境中，首先應確立名、實兩端，使名符其實、實符其名，〔註86〕如此「參以相平，轉而相成」的相互比較、轉換運用、各得平實方有可能，也才能達成「別殊類使不相害，序異端使不

者，不能自專而好任下，下則智日困而數日窮。』亦以窮、困並言，可以為證。」見註62，頁10。所言甚是，今從之。

〔註83〕此文皆以指海本為據，唯「以避其愆」各本皆無，王啟湘疑尚有「以避其口」四字，汪奠基則校增為「以避其愆」，現循前後文意，依汪奠基校增，見註61，頁40。

〔註84〕同註61之一，頁41。

〔註85〕同註61之一，頁42。

〔註86〕「名符其實」是就「按實定名」而言，此時名尚未定。
「實符其名」是就「循名責實」而言，此時名稱已定。

相亂」的言辯目的。

總之，鄧析子的思想以「如何成明君以治世」爲基源問題，而在他解決此一問題的探討中，則是以名實、言辯的問題爲主要內容，若總括其思想整體，則可謂：循名責實，因之循理，依類辯故，參轉不亂。

第五章　名實思想的基本架構

第一節　名家四子名實思想的關聯

　　《漢書·藝文志》將鄧析、惠施、尹文、公孫龍等人同列爲名家，經三、四章的說明已可略見他們思想的類似性、思路發展的相關性，及探討主題的一致性。本章探討名實思想在理論上的基本架構，是以四子名實思想的整體作爲探討之範圍，因此首節先凸顯名家四子名實思想的關聯性，以作爲擇取這種探討方式的合理根據。

　　本節以對比法，分三部份說明，分別以鄧析、惠施、尹文的名實思想爲主，與另三子之相關思想相互比較。

一、以鄧析子爲比較核心

（一）鄧析與惠施思想的關聯性

　　1. 鄧析論「如何循名？」其要在於「求諸己」，〈無厚篇〉云：「名不可外務，智不可從他，求諸己之謂也。」而求諸己又在於「意」，〈轉辭篇〉云：「有物者，意也。」〔註1〕此至惠施，論「如何歷物？」則是將「物」納於「歷」中，以思想界對現象界的掌握，建構彼此同異的對應關係，以「歷物」來處理「名」的問題。〔註2〕此「歷」與「意」其內蘊與作用雖有不同，然皆爲認知主體所具。

〔註 1〕見第四章第二節第二及第三問答。
〔註 2〕見第三章第二節第五及第六問答。

2. 鄧析「意」的內蘊以「無」為原則，在一切有聲、有形、已兆、已然的種種現象之前，內心處於無所成見、價值中立、自然大公之狀態，如此方能有所真見。〔註3〕惠施亦以廣容的心境，以「我知」包容一切因不同觀點、不同設定而成之相對物論，而「我知」則以大同異，大一之宇宙整體觀點為基礎。〔註4〕

3. 在如何責實方面，《鄧析‧無厚篇》有：「守虛責實，而萬事畢」，並以「見其象，致其形；循其理，正其名；得其端，如其情」為其循名責實的過程。〔註5〕此由惠施的歷物十事中無法窺見其詳，但從「連環可解」的解析中可引申出一種求實的態度，亦即在任何物論皆為相對有限的前提下，不排斥其成立之可能，並加以探討其理論內容；且「連環」亦隱含著：各種不同設定下所成立的物論，彼此間都有程度不一的關聯性，可用歷物的方法——比較其等之同、異而呈現出來。

4. 鄧析的「兩可說」在《列子‧力命篇》、〈呂覽離謂篇〉皆有所記載。〔註6〕《荀子‧儒效篇》亦云：「不恤是非，然不然之情……君子不若惠施、鄧析也。」從惠施的歷物之意中，也的確可以發覺「兩可」的表述方式，如第三事的「天與地卑，山與澤平」，第六事的「南方無窮而有窮」，第九事的「我知天下之中央，燕之北、越之南是也。」兩可說雖然違反一般常識與表達方式，但在相對於不同觀點下，皆可以有合理之解釋。鄧析兩可說的意義在於：1.指出同一事態可有不同的觀察角度，或在普遍通則下會有特例的出現。〔註7〕2.指出語言意含的可變性，亦即「同名異謂」，在「兩可」中此可與彼可雖同名為「可」，但所謂不同。3.展現「意」自然大公的超越視野，及「言虛如受實」（無厚）的實際運。

〔註3〕 同註1第三問答。
〔註4〕 同註2第七問答。
〔註5〕 同註1第四問答。
〔註6〕 《列子‧力命篇》云：「鄧析操兩可之說，設無窮之辭。」《呂覽‧離謂篇》云：「洧水甚大，鄭之富人有溺者，人得其死者，富人請贖之，其人求金甚多，以告鄧析，鄧析曰：『安之，人必莫之賣矣。』得死者患之，以告鄧析，鄧析又答之曰：『安之，此必無所更買矣。』」
〔註7〕 《鄧析子‧無厚篇》云：「天于人，無厚也；君于民，無厚也；父于子，無厚也；兄于弟，無厚也。何以言之？天不能屏勃厲之氣，全天折之人，使為善之民必壽，此于民無厚也。凡民有窮窬為盜者，有詐偽相迷者，此皆生于不足，起于貧窮，而君必執法誅之，此于民無厚也，堯、舜位為天子，而丹朱、商均為布衣，此于子無厚也，周公誅管、蔡，此于弟無厚也。推此言之，何厚之有？」

（二）鄧析與尹文思想的關聯性

1. 《鄧析子・無厚篇》云：「明君審一，萬物自定。」《尹文子・大道上》云：「萬事皆歸於一……歸一者簡之至。」可見兩人皆共認萬事萬物同有其所以然且共通之理。

2. 就循名責實之「理」觀之，鄧析子論「如何責實？」分為定名前、後兩面，當名尚未定，〈轉辭篇〉云：「按實定名，名之極也。」當名已定，則可「循名責實，實之極也。」又云：「參以相平，轉而相成，故得之形名。」尹文子論「如何正形名？」當名尚未定，則有所謂：「形以定名。」當名已定，則有「名以定事」，故〈大道上〉云：「故亦有名以檢形，形以定名；名以定事，事以檢名。察其所以然，則形名之與事物，無所隱其理矣。」〔註8〕

3. 就定名的過程觀之，《鄧析子・無厚篇》云：「見其象，致其形，循其理，正其名。」其中「象」有物象、意象之分，其「形」有物形、類形之別，就個別物象、物形而言，尹文子論「名與形的關係」有云：「有形者必有名。」再就意象或同類眾物合成之類形（普遍概念）而言，尹文子則云：「有名者，未必有形。」〔註9〕

4. 在名辯方面，鄧析子論「如何言辯？」提及主、客之分別，及在己、在他之差異性。尹文子對名的使用亦強調彼、我之分，名、稱之察，〔註10〕可見兩者思路發展的相關性。

（三）鄧析與公孫龍思想的關聯性

1. 鄧析之基源問題為「如何成明君以治世？」其所提出對治之法即「循名責實」，故〈無厚篇〉云：「循名責實，君之事也」「循名責實，察法立威，是明王也」及「上循名以責實，下奉教而不違」。〔註11〕公孫龍亦採同樣的主張而有進一步的理論發展，其〈名實論〉云：「至矣哉，古之明王，審其名實，慎其所謂，至矣哉，古之明王。」〈跡府篇〉亦云：「公孫龍，六國時辯士也，疾名實之散亂，因資材之所長，為守白之論……欲推是辯，以正名實而化天下焉。」

2. 對於「物」的認知，《鄧析子・無厚篇》云：「有物者，意也。」亦即

〔註8〕見第四章第二節第四問答，及第一節第五問答。
〔註9〕見第四章第一節第四問答。
〔註10〕見第四章第二節第六問答，及第一節第五問答。
〔註11〕同註1第一問答。

所謂的「物」皆源自於「意」。公孫龍則將此「意」之內涵豐富化，以「指」替代，〈指物論〉云：「物莫非指」「天下無指，物無可以謂物」。換言之，即「有物者，指也。」公孫龍以「指」來建構其指向性認識理論。

3. 鄧析的「名實觀」其主要內涵在〈轉辭篇〉所謂「循名責實，實之極也，按實定名，名之極也。」《公孫龍·名實論》則云「夫名，實謂也。」亦即名以謂實，何謂實？云：「物以物其所物而不過焉，實也。」此皆可見公孫龍子思想為鄧析之進一步伸展——由鄧析「按實定名，名之極也」，故有公孫龍「其正者，正其所實也；正其所實也，正其名也」；由鄧析「循名責實，實之極也」故有公孫龍對「白馬非馬」「二無一」等論題之闡述；從「白馬」「馬」「二」「一」等以責其名之實，有：實隨物變、名隨實轉、一名一實、名符其實的名實思想。〔註12〕

4. 鄧析論「如何言辯」首先的要求即名實相符，確立名在使用上的準確性，公孫龍論「如何達成正確的表達？」亦有分別彼此、唯謂、止於、不謂等方法，進而指出一名一實，名符其實的原則。此外，鄧析的「轉辭」為其「兩可說」的方法，〔註13〕在《呂覽·淫辭篇》中亦提及公孫龍子對此法的應用。〔註14〕

由上述可見鄧析與惠施、尹文、公孫龍等人思想，皆有理論的關聯。

二、以惠施為比較核心

（一）惠施與尹文思想的關聯性

1. 惠施探尋宇宙萬物的整體，以大一、小一之名定出宇宙整體在思想界「歷」中的邊際，以發展其相對性認識理論，尹文子亦有宇宙之整體觀，二分道、器兩大範疇，以「名」為眾有形器世界秩序性的基礎，而有進一步的形名分析，為其「心」之容、行的主要內涵。〔註15〕〈大道上〉云「大道無

〔註12〕見第三章第一節第六問答。
〔註13〕見汪奠基著《中國邏輯思想史料分析》，頁45。
〔註14〕《呂覽·淫辭篇》：「秦趙相與約，約曰：『自今以來，秦之所欲為，趙助之，趙之所欲為，秦助之。』居無幾何，秦興兵攻魏，趙欲救之，秦王不說，使人讓趙王曰：『約曰，秦之所欲為，趙助之，趙之所欲為，秦助之。今秦欲攻魏，而趙因欲救之，此非約也。』趙王以告平原君，平原君以告公孫龍，公孫龍曰：『亦可發使而讓秦王曰：趙欲救之，今秦王獨不助趙，此非約也。』」
〔註15〕第三章第二節第一問答及第四章第一問。又《莊子·天下篇》云：「尹文……

形，稱器有名」，又云「今萬物具存，不以名正之則亂，萬名具列，不以形應之則乖。」就尹文「有名者必有形」而言，其名必須應物，是「心」往外推；惠施的「至大、至小、無內、無外」等「名」則是更高的抽象推理，是「歷」之內求；此亦尹文所謂「有名者未必有形」的抽象之名。

2. 惠施「歷」中抽象之名與尹文所論毀譽、況謂之名雖然不同，但彼此所舉之名皆含有相對性，如惠施的大小、內外、同異、有無等；尹文的善惡、貴賤、愚賢、愛憎等。

3. 惠施以相對性之包容觀點以解物論，尹文論「形名關係」亦指出名實相符之困難而云：「今即聖賢仁智之名，以求聖賢仁智之實，未之或盡也」，進而採「猶不患其差」的辯名態度。〔註 16〕惠施是相對「知」而包容；尹文是不盡「知」而求知。

（二）惠施與公孫龍思想的關聯性

1. 惠施論「如何歷物？」主要集中在比較對象物的同異，而公孫龍論「如何認識對象物？」則涉及認識的條件、認識的過程及表述的方法等。〔註 17〕以「同異」觀公孫龍子〈指物論〉，物之所「同」即在於「物莫非指」之「指」，指之所「異」即在於「而指非指」；且指、物之所異即在於「指也者，天下之所無也；物也者，天下之所有也」之一無、一有。茲就惠施「小同異」觀之，《公孫龍·通變論》云：「羊與牛唯異，羊有齒，牛無齒；而牛之非羊也，羊之非牛也，未可；是不俱有，而或類焉。」此乃惠施之「大同」。另〈通變論〉又云：「羊有角，牛有角，牛之而羊也，羊之而牛也，未可；是俱有，而類之不同也。」此乃惠施之「小同」。再就惠施「大同異」觀之，〈指物論〉中「而指非指」雖呈現指、物之異，但就「而指非指」此一辭亦有所指而言，可含容於「物莫非指」之意，此乃惠施之「萬事畢同」。就公孫龍子論「達成正確表達」所要求的「分別彼此、唯謂、止於、一名一實、名符其實」，〔註18〕其所依循的觀點即惠施的「萬物畢異」。

2. 萬物之間有同異之別，名實之間有彼此之分，同異、彼此之間的離合，就惠施而言，是取「合」而捨「離」，故歷物十事的結論云「氾愛萬物，天地

接萬物以別宥為始；語心之容，命之曰心之行。」
〔註 16〕見第三章第二節第七問答，及第四章第一節第四問答。
〔註 17〕見第三章第一節第三問答，及第二節第五問答。
〔註 18〕同註 12。

一體。」而公孫龍則是取「離」而捨「合」，故其〈堅白論〉之結論云「離也者，天下固獨而正。」

3. 由於惠施是取「合同觀」，故能有包容不同觀點的相對之「知」，其對「物論是否可解？」持肯定的態度，第九事云：「我知天下之中央，燕之北、越之南是也。」以解物論連環。而公孫龍是取「離獨觀」，自然導向「有指不至，有物不盡」的懷疑之「知」，由於主、客的斷離，故其〈指物論〉以：「且夫指固自爲非指，奚待於物而乃與爲指？」爲結語。

三、尹文與公孫龍思想關聯性的對比

1. 尹文論「名與形的關係」，〈大道上〉云：「有形者必有名，有名者未必有形。」物不論有形、無形皆可有名。公孫龍論「物」包含有形、無形，皆可指而名之，故云「物莫非指」。《尹文・大道上》又云：「名者名形者也，形者應名者也。然形非正名也，名非正形也，則形之與名，居然別矣。」形爲所指之物形，名爲代表物形之符號，兩者有別，故《公孫龍・指物論》亦云「而指非指」。〔註19〕

2. 名雖可代表實，但這種名實關係並非完全的符合，因此《尹文・大道上》云：「今即聖賢仁智之名，以求聖賢仁智之實，未之或盡也。即頑嚚凶愚之名，預求頑嚚凶愚之實，亦未之或盡也。」公孫龍則從指向性認識的觀點指出認識的不完全，而云：「有指不至，有物不盡」（列子・仲尼）及「指不至，至不絕」（莊子・天下）。

3. 尹文子論「如何正形名？」其中雖以正名爲先，正形爲後，但所正之形已不同於定名所依之形，因「名生於方圓」故有「形以定名」，又因「形正由名」，故有「名以定事」。〔註20〕公孫龍則將尹文之「形」進一步以「實」取代，故其論「正名的方法」（名實論）云：「其正者，正其所實也，正其所實者，正其名也。」亦即先正實、定實，再以實正名，此正與尹文相同。另《尹文・大道上》又云：「名稱者，何彼此而檢虛實者也。」公孫龍子〈名實論〉亦云：「其名正，則唯乎其彼此焉。」更進一步提出「唯乎」的觀念。

4. 尹文子對通稱與定形有所分別，〈大道上〉云：「語曰：好牛，不可不察。好則物之通稱，牛則物之定形，以通稱隨定形，不可窮極者也。」公孫

〔註19〕見第三章第一節第一問答，及第四章第一節第四問答。
〔註20〕見第四章第一節第五問答。

龍的「白馬非馬」亦與此相類，白爲通稱、馬爲定形，故其〈白馬論〉云：「白者不定所白，忘之而可也。」〈指物論〉云：「且指者，天下之所兼」，〈堅白論〉云：「堅未與石爲堅而物兼」，此「兼」即通稱。又〈堅白論〉云：「白固不能自白，惡能白石、物乎？」其中之石、物即尹文所謂之「定形」。

5. 尹文子論「名實的謬誤」中有「名義歧解」一項，舉「玉未理者」及「鼠未臘者」皆名爲「璞」，涉及「同名異實」的問題，另舉「字子爲盜、毆」、「字僮、犬爲善搏、善噬」之例，涉及「同名異謂」的問題。公孫龍論「如何達成正確表達？」中，提出唯謂、止於、不謂等方法，力別名實彼此，以求一名一實、名符其實。此即對治尹文所謂之「名實的謬誤」。

綜合上述先秦名家四子思想的對比，呈現他們相互的關聯性後，四子的名實思想可以一整體視之，並可從中提煉出三項共通的主題及九個主要的概念，以作爲名家名實思想的基本架構。

基本上，名家四子的思想基調在於：「物」的認知、「實」的把握，與「名」的表達。因此，就「物」的認知而言，第 1 項主題集中在：認知的主體其能力與作用爲何？其中的主要概念爲：意、歷、指；亦即如何意物、歷物及指物？就「實」的把握而言，第 2 項主題集中在：所認知的對象爲何？其中的主要概念爲：物、形、實。亦即何者爲正確的認識？再就「名」的表達而言，第 3 項主題集中在：怎樣將正確的認識，無誤的表達出來？其中的主要概念爲：名、正、謂。以下分三節逐節論析。

第二節　意、歷、指

〈無厚篇〉云：「異同之不可別、是非之不可定、白黑之不可分、清濁之不可理，久矣。誠，聽能聞于無聲、視能見于無形、計能規于未兆、慮能防于未然，斯無他也；不以耳聽，則通于無聲矣，不以目視，則照於無形矣，不以心計，則達于無兆矣，不以知慮，則合于未然矣。」又云：「有物者，意也」。就鄧析子而言，認知主體的官能有：耳、目、知、心、意……等。這些官能的作用分別是：耳司聽、目司視、知司慮、心司計等；其中耳、目是感覺的外在官能，其所認知的是對象物的聲、形等可感性質，智、心則是理性的內在官能，其作用在於思考、合計。「慮」本義作「謀思」解（說文）乃縝密籌謀度之意，乃熟思、深思所出者，故從思。又從虍，虍作虎文解，有條貫井然不亂之意。

故「慮」即條理分明的思惟。〔註21〕「計」本義作「算」解（說文），乃會合多數而核算，有統合籌謀策畫之意。〔註22〕知司慮，因此「知」有將眾多紛亂的認知材料予以系統化處理的作用；心司計，因此「心」為統合的官能，可運用思慮的系統資訊，做主動的統籌設計。在「心」的活動中，透過內外官能而識物、表物者為「意」，故鄧析論循名責實過程：見象、致形、循理、正名、得端、知情後云：「有物者，意也。」「意」本義作「志」解，乃心所著想者，故「意」匯聚內外認知活動於一定之方向作用而有所得，而其方向應在於「無」。〔註23〕

認知主體的認識作用，其目的在於：別同異、定是非、分白黑、理清濁。但鄧析認為這些內、外官能並不能完全達成這樣的目的，因異同、是非、白黑、清濁皆為現象物出現後的比較、判分，這種認知並不能徹底無誤的別、定、分、理，反而易隨現象事物的變化湧現而益發混淆不明，如〈轉辭篇〉云：「欲之與惡、善之與惡，四者變之失。」〈無厚篇〉云：「有知則惑，有心則嶮，有目則眩。」因此除非認知主體的能力可及於無聲、形，未兆、然等變化之先的所以然──「無」，否則不能獲得「絕對之知」──知「道」。《管子‧內業篇》云：「道也者，口之所不能言也，目之所不能視也，耳之所不能聽也，所以修心而正形。」《鄧析‧無厚篇》云：「夫達道者，無知之道也、無能之道也。」又云：「無人者，道也。」

因此，認知的境界可分為：知「道」的無人之境，與知「物」的有物之境；而知物又可分為：形、聲的外官之知，與慮、計的內官之知，而成此有物之境者為「意」。意是心知的後期活動，亦即有所知而後有所意，有所意而識物、表物；識物、表物在於耳、目、知、心的見象、致形、循理、正名、得端、知情，透過循名責實而成所謂之「物」。再則「意」又有導向作用，其或導向於「有物」而有名實之分、同異之別等。其或相對於「有」而導向於「無」以知「道」，就知「道」的絕對之知而言，「意」又為絕對之知的先期活動，故鄧析之認識主體官能及作用，以「意」為其核心概念。

尹文的「心之行」「心之容」之內涵，亦類同於鄧析子「心」「意」的作用，然其「心」的作用並未順「無」的方向發展知「道」的理論，而是在導向於「有」的萬物領域中探討形名之理，因此《尹文子‧大道上》起始就二

〔註21〕《正中形音義綜合大字典》，頁 1571～1572。
〔註22〕同前，頁 1666～1667。
〔註23〕見第四章第二節第三問答。

分道、器兩範疇，以無形、有形來分別大道與萬物。〔註24〕

尹文子「心」的功能，依〈大道〉篇可分析出四種作用：

1. 分別的作用。故有主、客之分，形、名之辨與名、分之別，進而「何彼此而檢虛實」。

2. 有分類的作用。故有名三科、法四呈的分類。名有命物、毀譽、況謂之名；法有不變、齊俗、治眾、平準之法。

3. 有建立比較標準的作用。如度、量、衡、律、名、法等，〈大道上〉云：「故人以度審長短，以量受多少，以衡平輕重，以律均清濁，以名稽虛實，以法定治亂。」

4. 有判定名實正誤的作用。如悅名喪實、違名得實、誣名失實、名義歧解等等。〔註25〕

此外，尹文之「心」其中有「欲」，有心則物競，有欲則私行，故〈大道上〉云：「名定，則物不競；分明，則私不行……然則心欲人人有之，而得同於無心無欲者，制之有道也。」亦即定名分以制人心之私欲。由於其「心」導向於知「萬物」而非知「道」，乃非絕對之知，故其論是非真偽雖然肯定有應然之理，但落於實然欲求又走向相對之論。如其云：「凡天下萬事，皆有是非，吾所不敢誣。是者常是，非者常非，亦吾所信。然是雖常是，有時而不用；非雖常非，有時而必行。故用是而失，有矣；行非而得，有矣。是非之理不同，而更興廢，翻為我用，則是非焉在哉？」〔註26〕

惠施的「歷」則包含一段認知上的時間歷程，認知主體在這段歷程中，會受對象物的影響而有所變化，故「厂」有推移之象。但主體並非完全處於被動的狀態，而有主動辨識、表達的能力，故有所謂「心游萬物、歷覽辨之」「分別歷說之」的解釋。〔註27〕

從歷物十事結構性理論的闡釋中，惠施的「歷」有可容性，它能將所經歷的對象物納入其內，這種容納並非物質性的，而是精神或形式上的，即將「物」轉化為「歷物」而納入。這種納入又非雜亂無序的，而是循一定的方式、有規則的排入序列，且以同、異為排列、分類的標準；因此，「歷」的主

〔註24〕見第四章第一節第一問答。
〔註25〕同前，第六問答。
〔註26〕「天下萬事」原作「天下萬里」，從陳仲荄改正，見蒙傳銘著〈尹文子辨正〉，師大國文研究所集刊第四號，頁116。
〔註27〕見第三章第二節，解惠施思想架構的思想界範疇──「歷」。

要作用就在於辨別同異。

而辨別同異必先有比較，這也是「歷」的另一種功能；比較的對象是已納入「歷」中的「歷物」，而物之所以能被納入而成為比較的兩端之一，顯示若能成為「歷」之對象物，必須具有某種觀點下的單一性，即使對象是眾多個別性事物、或不斷急速變化之事物，皆可經「歷」的轉化，以「單一之物」納入「歷」中，成為可比較的兩端之一。

又，凡比較必涉及比之標準，因此，「歷」的主動性可自由設定或取擇不同的標準來進行分類比較，分別出兩物的同異性質，以納入「歷」中之序列。這種序列在「歷」中應為潛能的先在，有多少「歷物」納入，即呈現其相當規模之格式，無則不現。此潛能先在的序列可以是無窮的，〔註28〕故「歷」的容量亦為可能的無限，可容納無數之「歷物」。

對象物是變化不居的，隨自然律而成壞遷動，「歷」的認知將物轉化為「歷物」，先成靜態的概念，但此概念於「歷」中則循「歷」之律而動。「歷」之律包含有：分辨、分類、比較、推理、排列、定位、重組……等變化過程。由於「歷」可自由設定、取擇不同標準，因此，「歷」的觀點轉換必然造成「歷物」的相對性、「歷」與「物」的相對性，乃至「歷」與「歷」的相對性、「物論」與「物論」的相對性，如《莊子・齊物論》所云「彼亦一是非、此亦一是非」。因此，就個別認知主體之「歷」而言，應有其自身邏輯的一致性，以做為一一物論成立的基礎。

再就「歷」的一般通性而言，惠施歷物之意所透露的線索指出：「歷」必朝向極限擴展，有一種對絕對的渴求，故歷物十事中有「至」（大、小）、「無」（內、外）、「畢」（同、異）的思想展現。〔註29〕因此，「歷」的應然發展是增益其廣包性，以統合紛芸對象物的不一致，或將各別局部的一致所造成的不協調統合起來。因此，「歷」的本性也有普遍一致、共通一致的作用取向，要求「所歷之物」有整體、全面的把握，並且「歷」在作用發展的過程中，會要求逐步精緻化、系統化、序列化所歷之物。在某一階段完成之「統一歷物」可再次成為「歷」的對象，而與其它新出現的對象物經「歷」轉化為「歷物」後，再合併比較，而完成更高之統合，〔註30〕此「歷」之作用可向無限

〔註28〕以相應於大一、小一的畢同、畢異為其兩極，見第三章第二節第五問答。
〔註29〕見歷物第一、第五事。
〔註30〕見第三章第二節第七問答。

延伸下去。

最後，「歷」的成全並非以其自身為保障，而是有賴於非「歷」之「氾愛」為其基礎，以實現「歷」的認知功能。

公孫龍的「指」，其意義亦包含了一段認知活動、指涉作用的過程，[註31] 預設著某種認知、指涉官能的存在，以及肯定了在指涉後的認知結果。

其指向性認識論顯示認知主體有主動指涉事物的能力，且此能力的實現必須肯定對象物的存在，如〈指物論〉云「非有非指也」；無物存在則無所可指。對象物不僅存在，同時還會展現其相當的性質，如〈名實論〉所謂：「物以物其所物而不過焉，實也。」亦即對象物的存在為其認知主體官能作用得以實現的必要條件，[註32] 故〈指物論〉云「天下無物，誰徑謂指。」依此，認識的官能一方面有主動指涉、識物的能力，另一方面也有被動接受對象物所呈現出的相當性質所影響。

指涉作用聯繫起主、客兩方的認知關係，就主體而言，有認知的指涉能力；就客體而言，有呈現出而被指涉的形象、性質。若主體的指涉能力強則可更廣、更深的了解、認知對象物；若對象物的形象、性質明顯清晰，則容易為主體所接受而把握。因此，主體能力的強弱與對象形質的明晦會影響認識的結果；亦即認識結果的正誤與指涉作用的強弱成正比，指涉作用愈強，則認識結果愈清楚、正確。反之，指涉作用愈弱，則認識結果愈模糊、或錯誤。其次，指涉作用又與主體的能力、對象物的呈現成正比；指涉能力愈強則指涉作用愈強；對象物的呈現愈清晰，則指涉作用也愈強；反之則弱。再者，若就同一認識結果而言，則「能指」與「所指」成反比，若指涉能力強，則對象物的呈現弱；若指涉能力弱，則對象物的呈現強。

對象物或是客觀、有形、可感觸的具體物，也可以是主觀、無形、非感官所及者，但不論對象物是有形或無形，經指涉用所得到的認知結果，皆為非五官所及的概念或思想，以「無」的方式存在，故〈指物論〉有云：「指也者，天下之所無也。」

從不同的指涉對象及所得的不同認知結果，可推知作為認知主體官能「指」的功能。首先，就認知主體被動接受功能觀之，為感官的印象作用，其對象為具體有形之物，在《公孫龍子‧堅白論》中即舉視覺與觸覺兩種官

〔註31〕見第三章第一節第二問答。
〔註32〕所謂必要條件，即墨辯〈經上〉的「小故，有之不必然，無之必不然。」

能。就視覺而言，其云「無堅得白，其舉也二」，依《守山閣本》，宋·謝希深註，其中「二」乃指「石」「白」。〔註 33〕此說明了視覺僅能對「形、色」起作用，而不能對「硬度」有感應，又曰：「視不得其所堅而得其所白者，無堅也。」可見視覺僅能接受它有效功能之內的訊息，而「堅性」即不在其能力範圍之內。觸覺亦然，其云「無白得堅，其舉也二」，觸覺僅能對「形、硬度」起作用，而不能對「色」有感應，故曰：「拊不得其所白而得其所堅者，無白也。」可見觸覺的接收能力也是有限的，「色」即在其能力範圍之外。無堅、無白乃是針對視覺、觸覺兩種官能而言，視、觸兩種官能被印入具體對象的形質訊息，是被動的接受，但張眼去看、伸手觸摸，及心神凝聚注意力欲有所知，則亦含有主體的成分。

其次，就認知主體主動掌握認知對象的功能觀之，公孫龍子提出「神」的觀念，「神」即精神、理智，〔註 34〕其對象爲無形之普遍概念，〈堅白論〉云：「堅未與石爲堅而物兼，未與物爲堅，而堅必堅，其不堅石、物而堅，天下未有若堅，而堅藏。白固不能自白，惡能白石、物乎？若白者必白，則不白物而白焉，黃黑與之然，石其無有，惡取堅白石乎？離也，離也者因是。」離、藏的普遍概念堅、白，爲神所認知，由於感官作用不能把握這種客觀世界中並不呈現的普遍概念，因此謂之「藏」，「藏」是「有而不見」並非無有，其乃爲「神」所認知之對象。又由於感官所能把握的對象是具體有形的個別堅、個別白，而「神」所把握的是無形的普遍堅、普遍白，因此，公龍子斷言：感官作用與心神作用是不同的，故謂之「離」。

「神」的作用是在感官能力的有限處展現，〈堅白論〉云：「且猶白以目、以火見，而火不見，則火與目不見，而神見，神不見而見離。」感官作用需要客觀條件的配合，如視覺需光亮的配合方能有所見，但僅有客觀條件的火光仍無所見，可見認知主體的感官在認識作用中仍是必要的；但視覺配合光度的作用結果，只能見「個別之白」，不見「普遍之白」，此乃由「神」所得見，但「神」所見之普遍概念爲「不定所白」，只能消極地知其「不定」，而不能積極地說明普遍概念的本質，何以「不定」？故云「神不見而見離」。又云：「堅以手，而手以捶，是捶與手知而不知，而神與不知，神乎，是之謂離焉。」由於公孫龍子未能解釋認識過程中，個別與普遍的差異原因，未能建

〔註33〕見《四部備要·子部》，公孫龍子、尸子，中華書局 68 年版，頁 9。
〔註34〕同前，頁 11，及龐樸著《公孫龍子研究》，頁 43。

立起完整的抽象理論，因此在他看來，感官作用與神的作用是斷離的，也因此他的「神」之作用是近乎直觀的。〔註35〕

認知主體除了有感官的作用、「神」的直觀之外，從認知的過程觀之，〔註36〕亦可發現「指」的其他作用。先就認知的橫向過程而言，在經過比較後可得出某一對象物的眾多性質，亦即在認知的各種概念中，可整理各種特徵的關係，因此，至少可以肯定「指」有比較、歸納、整理的作用。次就認知的縱向過程而言，「指」可對同一對象的概念不斷作進一步、更深入的指涉，如以「位」來說明「正」，以「實」來說明「位」，以「物」來說明「實」，以「有」來說明「物」等等，可見「指」有層層轉進，加以解釋的作用。這種解釋作用雖不同於抽象作用，但抽象過程中所得階段性的分類概念，卻可成為解釋作用的一種型態，如：此對象物是牛、牛是家畜、家畜是獸類、獸類是動物……等，不過在可見的公孫龍子文獻中並未有這層分辨與說明。

名家思想在認知主體方面，意、歷、指的內涵雖然未見有十分嚴密的系統性，但綜合上述，仍可歸結建構出名家對認知官能、能力、作用的看法。在官能方面，有內、外之分，外感官有：視、聽、觸等感覺官能，面對具體可感對象。內感官有：心、知、神等理性官能，處理無形非感對象。在認知能力方面，有被動接受能力、主動辨識能力及可容受性。在認知作用方面，「意」的主要作用在匯聚內、外官能認知活動之所得，並以「無」為其應然導向。「歷」的主要作用是對認知的結果做相對比較、統合，並以包容性為其發展方向。「指」的主要作用是指涉作用，其中指涉能力與對象物的呈現為互動狀態。但內、外感官相離，以「神」的直觀作用為認知基礎。

從意、歷、指作用的共通性觀之，1.認知作用有可分析的過程性；2.每一階段過程在理論上有程度不一的相關性；3.過程的進行是將認知對象眾多、雜亂的訊息導向條理化、系統化與精確化，其中包含：認知、辨識、分類、設準、比較、歸納、整理、統合……作用；4.認知主體的能力與作用仍在持續發展中；5.也因此認知的結果是有限的，並非窮盡的全知。

〔註35〕項退結編譯，《西洋哲學典》第一八二條：「從嚴格的意義來說，直觀是對於某一存在的個別事物所作的直接觀察，而此個別事物亦直接顯示其具體的完整性（即無須其他認識的內容的媒介）。因此，就嚴格的意義而言，只有把握住在前面的事物自體的知識，才能稱為直觀；反之，從事物形體所抽象而得的知識則是抽象的。」頁220～221。

〔註36〕見第三章第一節第三問答（二）。

第三節　物、形、實

　　「物」經意、歷、指的認知而有「形」「實」的觀念出現，認知的對象為「物」，但表達為「名」時，所謂者則為物之「形」或物之「實」。

　　「物」就其字源意義考察，从牛、勿聲。本義作「萬物」（說文），因牛為先民日常生活所見之大物，故「物」从牛，引申為：凡生於天地之間者皆謂之物。〔註37〕《尹文子‧大道上》曾舉「牛則物之定形」，然名家四子除公孫龍對「物」有所定義外，鄧析、惠施、尹文等並未在文獻中對「物」有直接的說明，「物」的意義含蘊在他們思想中的不同脈絡裡。歸結而言，包含下述幾層意義：

　　（一）就其發生而言，物既指成物之因，亦指物成之果，它包含了能產的天地，亦包含著所產之萬物，如《公孫龍‧名實論》云：「天地與其所產焉，物也。」

　　（二）就人面對其變化而言，惠施歷物十事有云「物方生方死」，物在時間的歷程中乃持續不斷的變化，相對於人，時有混亂與不定的情況出現，故《鄧析‧無厚篇》云「明君審一，萬物自定」，又云「為君當若冬日之陽、夏日之陰，萬物自歸」。萬物發展有其本性之所然，如《老子‧十六章》云：「夫物芸芸，各復歸其根。」萬物之所以會亂、不定，就老子言即「不知常，妄作凶」，亦即是人不知萬物運動與變化中的不變律則所致，〔註38〕至名家則導向以「名」的方式予以安置、定位，使萬物有序而不亂，故《尹文‧大道上》云「名定，則物不競」，〈大道下〉云：「以名法治國，萬物所不能亂」，《鄧析‧無厚篇》亦云：「君子并物而錯之。」

　　（三）就其為人所認知者而言，其意義為對象物，亦即被有意識、自覺地當作對象來處理時，「物」可依感官作用分為可感與不可感，特別以視覺為準可分為有形之物與無形之物。《尹文‧大道上》云「有形者必有名，有名者未必有形」，即指此「物」之兩種意義。至公孫龍子肯定物不論有形、無形皆可經指涉而被認知，故〈指物論〉云「物莫非指」，進而以名謂之。

　　（四）就其為無形之物而言，又有內在與不定之分。內在無形之物如《鄧析‧無厚篇》「有物者，意也」的意中之物；《公孫龍‧指物論》「指也者，天下之所無也」「物莫非指」的為「指」之「謂物」；尹文的「通稱」之物；及

〔註37〕同註21，頁949。
〔註38〕見陳鼓應著《老子今註今譯》，頁89～92。

惠施的「歷物」如大小、同異、內外……，皆為概念之物。至於不定無形之物出現於公孫龍子思想中，〈堅白論〉云：「堅未與石為堅而物兼，未與物為堅，而堅必堅；其不堅石、物而堅，天下未有若堅，而堅藏。白固不能自白，惡能白石、物乎？若白者必白，則不白物而白焉，黃黑與之然。」其中獨立自藏，能自白、必堅的「堅」「白」之物，〔註39〕就其為「天下未有」觀之，似非外在；但就其能自藏、使物堅之白之的能動性觀之，又難肯定其為純然內在；故為不定之物。

（五）就其為有形之物而言，均為客觀外在之具體器物，如《尹文・大道上》「命物之名，方圓白黑是也」的可見之物，《公孫龍・指物論》「物也者，天下之所有也」的客觀存在物。

（六）「除」除相對於相異觀點而分為：能產、所產、有形、無形、內在、不定、外在之物外，亦有整體觀點大共名之「物」，如惠施歷物十事之「萬物畢同、畢異」「天地一體」的畢同、一體之物。於此意義下諸事萬物無一不可為「物」，意、歷、指，形、實，名、正、謂等亦皆可為「物」。

其次論「形」，「形」的字源本義作「象形」，乃畫成物象以求與物之實體肖似如一，又有「模型」義。〔註40〕在名家而言，「形」是就「物」為認知對象而凸顯的觀念，此觀念的產生特別是以認知主體外感官的視覺對象為準，而以有形、無形加以分別。由於在認識作用中，首先自覺到的即外感官的感覺作用，而其中又以視覺功能最廣泛，且受時空的限制最少。倘以認知對象的時空距離比較，在一般情況下，五官中味覺、觸覺都必須與對象物直接接觸，方能有所作用，嗅覺又比味、觸所及的對象來得遠，聽覺則比嗅覺遠，而視覺的「看」則比「聽」的作用更快、所及的對象更遠。如：先見閃電，再聞雷聲；登山遠眺，聽不見瀑布聲却可看得見。因此，以視覺所見之物形為認知對象的特徵概念，是可理解的。並且，以「形」代「物」也顯示了在認知上的進一步要求，不以籠統之「物」或「象」為足，而要求比較精確的說明對象物之特徵。《鄧析・無厚篇》云「見其象，致其形」。

「形」的引申意義包含有：物的形狀、事的形態、人的容貌及人處事的樣態等。如《尹文子・大道上》云：「牛則物之定形」，《公孫龍・白馬論》：「馬者，所以命形也。」《鄧析子・無厚篇》：「夫明於形者，分不過於事。」

〔註39〕參見杜國庠著《先秦諸子的若干研究》，頁13～14。
〔註40〕見第四章第二節第四問答。

又云:「百官有司,各務其形。」因此,「形」在名家著作中的脈絡意義有下列四種:

(一)「形」是認知對象的特徵

如《尹文子・大道上》「形而不名,未必失其方圓白黑之實」,此方圓白黑皆對象之特徵,且「形」亦可泛指種種可感之特徵,不限於視覺一種感官作用之對象。《鄧析子・無厚篇》云「誠,聽能聞於無聲,視能見於無形……不以耳聽則通於無聲矣,以不目視則照於無形矣」,又云「無形者,有形之本」,不論有形、無形皆為認知之對象。

(二)「形」是認知主體由物象所得之意象

由一一外在對象物之「物形」轉為該物普遍之「類形」。〔註41〕如由老馬、小馬、黑馬、白馬、黃馬……眾馬形所成「馬」概念之「形」,亦即《鄧析・無厚篇》的「見其象、致其形」。公孫龍〈通變論〉的「是不俱有而或類焉」的「類形」。惠施的「小同」「大同」「畢同」之「同形」。

(三)「形」是以名稱物的「所稱」,亦即定名之「形」

如《尹文子・大道上》云「有形者,必有名」「名生於方圓,則眾名得其所稱也」「大道無形,稱器有名」及「形以定名」等。

(四)為「名」所正之「形」

此「形」並非原先定名所依之「形」,而是在定名之後的新遇之物或再造之物形。〔註42〕如古代有角為可容三升的酒器,定其名為「觚」,則再造之酒器必須依其形、量方可稱為「觚」,此即「以名正形」。又如君、臣有其定名之一定內涵,倘君不君、臣不臣時,則可「以名正形」。《鄧析子・轉辭篇》云「緣名而責形」,《尹文子・大道上》云「名也者,正形者也,形正由名」,又云「名以檢形」;此等之「形」即為名所正之「形」。

「形」由「物」而來,顯示對象之主要特徵,由「形」再進一步的要求精確,即進入「實」的探討。

「實」的字源意義有儲玉貝於室,即「富足」之意。小篆「實」,從宀,從貫,宀示屋舍,貫為錢貝之貫,其本義作「富」解。另《小爾雅・廣詁》「實,

---

〔註41〕同前註。
〔註42〕見第四章第一節第五問答。

滿也」即今言充實或滿足。〔註43〕如《尹文・大道上》「農桑以時，倉廩充實」之「實」即是。此外，「實」在一般用法中與「名聲」之「名」相對，其意義為「事實」。如《尹文・大道上》云：「世有因名以得實，亦有因名以失實……三石、實也，九石、名也。宣王悅其名而喪其實。」及「國色、實也，醜惡、名也；此違名而得實矣」，其「實」的意義雖與有意識的認知意義之「實」有關，然並非嚴格的對象之所「是」，或為概念之「名」所謂之「實」。

　　略進一層的「實」與前述「形」的意義類似，如《鄧析・無厚篇》：「百官有司，各務其形，上形名以督實，下奉教而不違。」及《尹文・大道上》：「名者，名形者也；形者，應名者也。」此「形」即有「實」意，為「名」所稱之「形」，《公孫龍子・名實論》則云：「夫名，實謂也」之「實」；此「實」比「形」更進一步確立「物」之特質，《鄧析・轉辭篇》云：「緣身而責名，緣名而責形，緣形而責實。」此由「形」而「實」的思路可見，就對象物而言，「實」較「形」更為精確。

　　至公孫龍子則對「實」有明確的定義，其〈名實論〉云：「物以物其所物而不過焉，實也。」並且「實以實其所實不曠焉，位也。」前一句說明了「實」透過認識作用，來自「物」的本質，「而不過」則指出此本質有客觀性的限定，為不變的。〔註44〕後一句說明了「實」與「名」的關係，「實」是表達作用的根據，為「名」之內涵，「不曠」則指出了此內涵有完整性的限定，是一種規範標準。〔註45〕因此「實」是認識作用與表達作用的中介者，就指向性認識過程而言，做為「物」本質之「實」是理想的，可因指涉作用的深化而趨近，就其為認識趨近的標的而言，則又不容易否認其存在。

　　再者，就「夫名，實謂也」的名實關係而論，「實」乃為定名的標準，《鄧析・轉辭篇》云「按實定名，名之極也」。另就「實」為認識過程中階段性結果而言，亦即就其非理想性「物」之性質觀之，「實」可不斷精確化而逐步確立，也是可糾正、改正的，如〈名實論〉云：「其正者，正其所實也；正其所實者，正其名也。」《鄧析・轉辭篇》云：「循名責實，實之極也。」正「實」者為先定之「名」，其內涵理論上此內涵較被修正之「實」更為完整。

〔註43〕見《今文詁林補》第七卷，中央研究院歷史語言研究所，專刊之七十七，頁2045。及註21，頁352。
〔註44〕見第三章第一節第四問答。
〔註45〕同前第五問答。

由上所述,「實」在認識作用中,就其為對象物之本質而言,為客觀、不變者。然就表達作用觀之,則為內在之普遍概念,亦即「內在無形之物」或「意象之類形」,為主觀、可變者。

第四節　名、正、謂

透過認知主體的作用、認知對象的確立,「名」是表達認知結果的符號,它在相當程度公認、約定的使用中,展現出「物」的特質、「形」的樣態,也承載著「實」的意義。

從字源意義的方向探究,「名」的甲骨文為「ㄩ」,原與「明」為同一字。金文為「名」,乃口對物稱名之象,〔註46〕小篆「名」《說文》訓為「命」,云:「名,自命也,從口從夕,夕者冥也,冥不可見,故以口自名。」乃自稱己名之意。依此,「名」含有明、命物、自命等意義。

在名家四子思想中的「名」與其字源意義有關,但作了更為廣泛的引申使用,可分析歸納出下列四種意義:

(一)名分,權位、職分之「名」

《鄧析·無厚》云:「治世,位不可越,職不可亂,百官有司,各務其形;上循名以督實,下奉教而不違。」《尹文·大道上》亦云:「君不可與臣業,臣不可侵君事,上下不相侵與,謂之名正。」其中之「名」即是。

(二)名聲,評價、稱讚之「名」

《鄧析·無厚篇》云:「因勢而發譽,則行等而名殊。」〈轉辭篇〉云:「今之為君,無堯舜之才,而慕堯舜之治,……是以虛慕欲治之名,無益亂世之理也。」《尹文·大道上》云:「三石,實也;九石,名也,宣王悅其名而喪其實。」《公孫龍·跡府篇》云:「龍之所以為名者,乃以白馬之論爾。」其中各「名」即是。

(三)命物,所稱之「名」

就有形器物之「名」而言,《尹文·大道上》云「大道無形,稱器有名」

〔註46〕馬敘倫曰:「名與明為一字,是月向窗子裡進來了之意。」見李孝定編述《甲骨文集釋》,第二卷,頁351。另林義光云:「夕即ㄩ之變,象物形,口對物稱名之象。」同註21,頁203。

「命物之名，方圓白黑是也」「名生於方圓，則眾名得其所稱也」，其中的命物、所稱之名，及「牛則物之定形」中之定形之名皆是。就無形事態之名而言，〈大道上〉云：「毀譽之名，善惡貴賤是也，況謂之名，賢愚愛憎是也」「好，則物之通稱」的通稱之名，及惠施的「大、小、內、外、畢、至、同、異……等」抽象之名皆是。

（四）涉及認知意義之「名」

此「名」又可區別為下列五種：

1. 謂物、形、實之名

《鄧析・無厚》云：「見其象、致其形、循其理、正其名、得其端、知其情。」〈轉辭篇〉云：「參以相平，轉而相成，故得之形名。」及《公孫龍・名實論》：「夫名，實謂也」之「名」。

2. 正形、實之名

《鄧析・無厚》云：「循名責實，實之極也。」《尹文・大道上》：「名也者，正形者也，形正由名。」「名以檢形」「名以定事」及「名稱者，何彼此而檢虛實者也。」「以名稽虛實」等已定之「名」。

3. 為形、實所正之名

《鄧析・轉辭》篇：「按實定名，名之極也。」《公孫龍・名實論》：「其正者，正其所實也；正其所實者，正其名也。」及《尹文・大道上》「形以定名」「事以檢名」等未定或不符形、實之名。

4. 與形、實符合之名

《公孫龍・名實論》：「其名正，則唯乎其彼此焉……」之中的「正名」。此「名」在形成與應用上有內涵與外延之分，如《公孫龍・白馬論》中的「馬者，所以命形也，白馬，所以命色也。命色者非命形也，故曰：白馬非馬」。就內涵而言，白馬與馬的內涵不同，必須有彼此之分。就外延而言，馬之外延大於白馬，如其云：「求馬，黃、黑馬皆可致；求白馬，黃、黑馬不可致。」因此，「正名」的進一步分辨即在於分別概念彼此之內涵與外延，使馬之名唯謂馬之實，白馬之名唯謂白馬之實。

5. 物所呈現之名

《公孫龍・指物論》：「天下無指者，生於物之各有名，不為指也。」其中之物名，為物之種種特徵、形態，乃相對地說明「物」有其客觀、不變的

本質之名。〔註47〕

由上述可見，名家之「名」是逐步由政治、倫理、生活上的意義，朝向認知、反省的意義發展，彼此相互關聯。愈是後起的名家學者，其名實思想所含蘊的認知意義愈爲濃厚。

其次論「正」，王國維認爲甲骨文之「正」本義爲「征行」，李敬齋云：「征也，直往曰正。」金文「正」林義光以其本義爲「正鵠」，象正鵠形，从止，矢所止也。小篆「正」从止一，从止謂止於至善，一，謂建中立極之大本，止於中立極之本，守而勿失，則無往而不見其是、不得其正。故正之本義作「是」解，乃極當之稱。〔註48〕由上述字源意義的考察，「正」有正鵠、直往、是等義，亦即有：確立目標，循一定之規範（直），朝一定方向前進以抵標的而止之意。

名家之「正」乃在認知、表達的意義層面，正的目標即名與形、實相符之「位」。正的規範，若以未定或非位之名爲其所正，則以形、實爲準；若以新生物或再造物之形、實爲其所正，則以原定名之內涵爲準，亦即「不出其所位，且位其所位」（名實篇）。正的過程有「得」「定」「是」「治」等不同階段。〔註49〕正，最終止於名符物之本質所「是」。

得、定、是、治等乃「正」的使用意義：（1）就「得」而言，是認知過程中，認知主體把握住對象物所呈現的形、實而有所得的認知結果，如《鄧析・無厚》篇：「按實定名，名之極也，參以相平，轉而相成，故得之形名。」其中之「得」即是。所得爲與物之形實相符之「名」，因其相符，故謂之「形名」。（2）由於認知作用相應於物之變化，〔註50〕可持續深入發展，而得更爲精確的認知結果，任何一階段性之所得以「名」謂之，必須將所認識到物之形、實內涵固定下來，於是「正」有「定」的意義。如《公孫龍・名實論》「以其所正，正其所不正，疑其所正」其中作「定」解之「疑」即是。〔註51〕（3）就「是」而言，有相對之「是」與本然之「是」之分，透過比較與檢證，物之形、實的確認，有精確性程度上的差異，程度高者爲程度低者之所「是」，

〔註47〕 參見伍非百著《先秦名學七書》，頁527。
〔註48〕 《甲骨文集釋》，第二卷，頁497～502。另註21，頁780。
〔註49〕 見第四章第一節第五問答。
〔註50〕 此「物」之變化，包含著對象物或事態的演變、及認知主體的個人或人類認知能力的增強之變易；亦即認知主、客皆有之變化。
〔註51〕 見第三章註58。

若不考慮完全錯誤的認識與表達，相對來說，較精確者爲「正」，較不精確者爲「不正」，故有「以其所正，正其所不正」。在認知過程中，對象物相對之「是」爲過程中之「是」，趨向本然之「是」發展；本然之「是」即最終所止之「是」，乃物之本質，爲不過之「實」；表達爲「名」與所謂之「實」有不曠之「位」的名實相符關係。(4)最後，就「治」而言，經得、定而「是」者，爲正形、實或正名之「治」的標準。以物之所「是」治其形、實，亦即〈名實論〉：「其正者，正其所實也」之「正」；至「實」已正，即可以「實」正名，亦即〈大道上〉之「形以定名」，至「名」已正，新生、後造之物的形、實即可以「名」正之，如〈轉辭〉之「循名責實」，〈大道上〉之「名也者，正形者也，形正由名」之「正」即是。「治」在認知過程中，不同階段的認知結果、或不同對象物的名實相符之方法上，則包括：分別彼此、唯謂、止於、不謂等要項，〔註52〕使此名唯謂此實且止於此實；彼名唯謂彼實且止於彼實，嚴守一名一實之原則。

　　「正」肯定了「物」的可認識性與可表達性，「物」的「本然所是」使人的認識不致虛妄；另一方面也顯示在認知、表達過程中錯誤的可能性。「正」是在「指」的指涉能力與對象物呈現的互動狀態下，「意」統合內外之知，而有所得、定而是的作用；物之形、實經「歷」的比較而相對爲「是」與「非是」，由「心」判定其名、實正誤而治之，以抵名實相符之「位」。因此「正」乃正確認知與表達作用中心必要的過程。

　　再者論「謂」，「謂」的本義爲「報」，乃稱論人得其當，事得其宜，且品其精粗之詞；在表達上含有進一步分辨之意，亦即在眾多紛雜變化的認知對象中，分辨恰如其分的「名」來對應物之形、實；〔註53〕進而聯繫起在認識與表達上統一的邏輯秩序。

　　分析「謂」在不同語句脈絡中的意義有：

（一）稱　作

如《鄧析・轉辭》篇：「惡言不出口，苟語不留耳，此謂君子也。」《尹文・大道上》：「是道治者，謂之善人。」《公孫龍・指物論》：「天下無指，物無可以謂物。」

〔註52〕見第三章第一節第六問答。
〔註53〕見第三章第一節第四問答。

（二）意義或解釋

如〈無厚篇〉：「所謂大辯者，別天地之行，具天下之物，選善退惡，時措其宜，而功立德至矣。」又「名不可外務、智不可從他，求諸己之謂也。」

（三）定　義

如惠施歷物：「至大無外，謂之大一；至小無內，謂之小一。」又「大同而與小同異，此之謂小同異；萬物畢同畢異，此之謂大同異。」其中之「謂」即是。此乃建構某一思想時，對新立之概念，使之有確定內涵的作用，與前述的「稱作」或略進一層的「解釋」不同。

（四）以名應實之作用

如《公孫龍·通變論》：「謂變非不變可乎？」〈名實論〉：「謂彼，而彼不唯乎彼；則彼謂不行。謂此，而此不唯乎此，則此謂不行。」又「夫名，實謂也。」之「謂」皆是。於此，「謂」是作用方向，「實」是「謂」所向之目標，亦即「所謂」，「名」即「所以謂」。

認知者透過彼此、同異的分辨，而聯繫起名、實兩端，擇定恰當的名來代表實，以構成表達作用即是「謂」。就表達的問題觀之，「謂」除了代表的功能之外，還涉及溝通的作用，亦即必須使別人能夠了解「名」所「謂」之「實」。此不但涉及在認知上物之形、實為認知主體所掌握的部份，同時亦涉及了表達者在使用某一「名」時心境的意向；對象物會不斷變化，認知者的心境意向也會有所轉變，約定俗成的不同環境也會影響「名」之內涵，因此，在事實上常會有「異名同謂」或「同名異謂」的情形發生。以下就五個方面析論：

1. 首先就對象物的變化而言

《惠施·歷物》：「日方中方睨，物方生方死。」若以「牛」名謂牛，所謂之牛可以為一活牛，亦可為一死牛，如「此牛甚強壯」或「此牛甚沉重」。又如「日乃耀眼」或「日乃清明」同以一「日」名謂日，所謂之日，可以是正午之日，或初昇、將落之日；此乃隨對象物的變化，而使「名」之所謂各有不同，而有「同名異謂」的情形發生。

2. 就認知、表達者心境意向的轉變而言

《鄧析·無厚》：「欲之與惡，善之與惡，四者變之失。」如某人年輕時好逸惡勞，年長時欲勞惡逸，故當其謂「欲者，有益吾身；惡者，有害吾體」，則同以欲，惡之名，在不同心境下，所謂已不相同。又如云「為善最樂」「除

惡務盡」，對應不同的心境，其所樂之「善」可謂：傳播福音、幫助窮困，亦可謂上陣殺敵……等。其所除之「惡」可謂殺人放火、貪污舞弊，亦可謂異端邪說……等。當然，內在心境的轉變並不排除外在環境的刺激與影響，外在現象的呈現也受主觀心思的詮釋而賦予其意義，此內、外因素交互作用，在「謂」時又構成「可轉變的心境意向」。

3. 就約定俗成的不同環境而言

亦有「同名異謂」的情形。如《尹文・大道下》云：「鄭人謂玉未理者為璞，周人謂鼠未臘者為璞。」名雖皆為「璞」，然其所謂不同。此外，亦有「異名同謂」的情形，如：先秦之「鄧析」與今日所謂的「名家第一人」，此兩名雖不同，但所謂則一。又如當今各國語言、文字不同，雖「名」各有異，但皆有所同謂之意含，如此世界各國語文、思想才有翻譯、溝通的可能。

4. 就概念的普遍性而言

《尹文・大道上》云：「名稱者，不可不察也，語曰好牛，不可不察也；好則物之通稱，牛則物之定形，以通稱隨定形，不可窮極者也。……則好牛、好馬、好人之名自離矣。」因此，若某人僅曰一名「好」，則其所謂即有許多的可能性解釋，不可不察。

5. 就「實」的確立與「名」的使用相互之關係而言

《公孫龍・通變論》云：「二無一」，其意即二之實在成立上雖與「一」相關，由「一」組成，但在獨立固定後的概念「二」則與「一」無涉，故通變論有：「二無左」「二無右」「右不可謂二」「左不可謂二」的說明，並且特別指出「謂變非不變」。因此，在認知上是「名依實而立」，但在表達上則是「名隨謂而用」。如「秦始皇」之名是依史實上確有其人而成立，但在今日吾人稱某國元首是秦始皇，則其所謂則不同了。

「謂」除了受客觀對象物之形、實限定外，更多的時候是由用「名」者主觀的意向所取擇運用；因此，「謂」的作用是在表達過程中，最難把捉的活動，一般所說的詭辯，〔註54〕往往就是「謂」之觀點的任意轉換，使溝通的作用受阻；但若能將對象物的變化，認知者心境的轉變，相對於不同的環境

〔註54〕 見項退結編譯《西洋哲學辭典》第一二一條，所謂的詭辯乃「由於定言論證基於二個概念與一中間概念的比較，因此只能有三個概念，一種推論如因名詞雙關二意而有了四個概念，就不再有作結論的力量。」其中所謂的雙關二意，即來自「謂」的不同，一名不只一謂。

或不同學術領域的通約，概念的普遍性，名、實的相互關係等因素加以條理的釐清。則可透過「謂」的作用，而有更精確的理解與更清楚的表達，使「正」的效果愈臻佳境。

「謂」是相對於認知、思考、表達動態過程中的一點或一階段而發，若能掌握其「相對者」，則可知其所謂。前述各節的：意、歷、指，物、形、實，及名、正、謂等各主要概念，之所以會有如此眾多不同的使用意義，即在於因使用者於不同語句脈絡中之「所對」不同，因而「同名異謂」地展現出各種不同的意義，這些概念的意義彼此關聯，構成了名家名實思想的基本架構。

第六章　名與實的關係

第一節　變與不變的思考進路

　　名家的「名實觀」可從「變」與「不變」的思考進路相互對比而見。萬物皆有變化，變化包括了：動的主體、變化的起點、終點及動力等因素；變化就其過程而言，是變化主體持續的相異性。〔註1〕本節所論之「變化」，是在認知與表達過程中，主體與對象物的變化問題，「不變」則是就主體內在變化不同階段暫止所確立的名、實，及其兩者相符的問題。

　　名家四子中除《公孫龍子・通變論》對於名實離合的變化有所論述外，其他人皆未有針對變化問題而發的專門論述；但在他們的思想中皆肯定變化的存在。諸如鄧析的兩可說、惠施歷物之意的相對性比較、尹文的正形名思想，都是在肯定變化的前提下，由「變」的思考進路，鋪陳他們的名實思想。

　　《公孫龍・名實論》有云：「知此之非此也，知此之不在此也，則不謂也。知彼之非彼也，知彼之不在彼也，則不謂也。」其中「非」與「不在」即肯定了對象物的變化，而「知」與「謂」則隨對象物性質或位移的改變而有不同的對應作用，所謂「實隨物變，名隨實轉」。《鄧析・無厚》篇亦云：「察於動者，用不失于利。」〈轉辭篇〉云：「動以其類；安有不應者。」此亦肯定了對象的變動與主體有所知察，隨其物類而動的變化，可收用之利、應之效。另尹文子佚文有云：「鐘鼓之聲，怒而擊之則武，憂而擊之則悲，喜而擊之則樂，其意變、其聲亦變。」〔註2〕此則肯定了主觀思維、情緒等內在變化對客

〔註1〕參見羅光著《士林哲學理論篇》，頁309。及葛慕藺著《形上學》，頁99～104。
〔註2〕汪奠基著《中國邏輯思想史料分析》，頁97。

觀世界的影響，所傳達出來的訊息亦隨之變化。此外，惠施的「天與地卑，山與澤平」「日方中方睨，物方生方死」及「萬物畢異」觀點的成立，也都肯定了萬物的變化。

從惠施歷物之意解析中的三界觀之，現象界中的現象物充滿變化，不論物體的移動、成毀，動植物的生老病死、人事間關係的變遷轉化，都非靜止不動的。思想界相對於現象界的各種變化也隨之而變，意、歷、指的作用皆含有動態的過程性，不僅被動地受外在對象物的遷引而變，意、歷、指中的思想物也因認知主體本身的功能，而有主動的變化以把握物之形、實。再者，表達界則相應於思想界與現象界的變化而轉換名、謂，故有正、名、謂的調整；新造之物、新設之名亦從意、歷、指的認知過程中逐漸形成。

就三界的關係而言，不但三界各自有其變化，並且三界的變化又有相關互動性。因著人的存在，現象界中的萬物已非全然原本之物，透過思想界、表達界的作用，現象界中已充斥著眾多因人而有之物，如食、衣、住、行、育、樂生活各層面及科技發展等諸般人造之物。現象界中物的變化，一方面觸發思想界、表達界中之物的變動，另一方面現象界也承受因其變動而導生的更多變動，容納因其變而有之物。思想界不但受到現象界各物的影響而變動，另一方面也因思想界的作用經由表達、行動而造就了更多因其變動而有、且入於現象界諸般人造物的影響，不斷重新容受、調整物之形、實的認知。表達界也因現象、思想界一發不止的變動，而產生愈趨複雜的名、謂變化，而這種錯綜繁複的變化，表達界本身亦為促因之一。

如此交錯複雜的變化中，名符其實的認知、表達是否可能？這就必須透過「不變」的思考進路才能予以說明。李震教授云：「中國哲學不只重視變化，更重視不變。如果一切都屬於變化，只屬於變化，而沒有不變，則一切將成為不可捉摸，不可理喻。」〔註3〕在先秦哲學中，儒、道兩家承《易經》原始觀念，透過陰陽二氣，說明天地萬物的變化，進而探求變易中不易的原理和發動第一變化的元始；名家的名實思想則從認識與表達的觀點，一方面肯定萬物的變化，另一方面從「不變」或靜態名、實的把握來處理變化的萬物，進而探求變動萬物的可解之理，而非萬物本根之道，此與儒、道思想發展的方向頗不相同。

《鄧析・無厚篇》的「循名責實，實之極也；按實定名，名之極也」，其中

〔註 3〕 李震著中《外形上學比較研究》上冊，頁 312。

「極」即有「盡止」之意，〔註4〕乃認知歷程中之「所止」，不然「實」無法確立，「名」亦無法訂立。惠施的「方中、睨、生、死」之「方」亦爲現象物入於「歷」中的片斷肯定，不然中、睨、生、死之「名」的意義將混同無別。在「卑、平，無窮、有窮」的相對比較下，雖然得出異於常識的判斷，但每一次比較的標準則是確定、不變的；並且所「歷」之物也必須有某一觀點下的「單一性」，使之成爲可比較的兩端之一，〔註5〕亦爲由動至靜者。《尹文・大道上》「名以檢形，形以定名，名以定事，事以檢名」之中的「檢」「定」，也是將形、名、事的內涵加以確定，如此才能有所覆核查驗，不然若仍持續變動不止，則形、名已不成其形、名矣。《公孫龍・名實論》「以其所正，正其所不正，疑其所正」之中的「正」從止、一，原意即含有「止」之意義，「疑」則作「定」解，乃將「實」確定後再以之正名，也是使變動的現象物、思想物靜止、固定再予把握、處理。堅白論中的「獨而正」也是在動態歷程中的抽離思考，由不變的思考進路所衍生而出的思想，以之爲一名一實，名符其實的正確思維、表達奠立基礎。

就「變化」而言，對象物的變化及內在認知官能的種種作用，皆使名所要對應的實之內涵有所變化，故名亦須隨之而變。但就「不變」而言，認知者可將變動的現象物由變動轉爲靜止，以定其形、實；表達者亦可將思想物由變動轉爲靜止，以名謂之。其中若不經靜止、固定的階段，則名、實皆無法確立，名符其實的關係亦無法構成，因「符合」是一對一的關係。此變與不變、一動一靜的過程亦非漫無止境，就物的本質而言，理想之「實」是此物認知過程的終極，此乃物性之本然，也是以名謂實、名符其實過程中所趨向的標的，爲確實不變者，即〈名實論〉「物以物其所物而不過焉」之實。

透過上變與不變思考進路的對比，吾人已知名家肯定在變化中的認知與表達是可能的；但問題是「如何」可能呢？亦即「變」與「不變」兩者是在怎樣配合的關係下，主體得以確立名、實，使名、實相符呢？此可分四點來說明：

（一）認知主體與客體的變化有相對靜止的可能性

因認知主體在一定範圍內，可以調整其本身認知作用變動的速率，以配合對象物的變動；如飛靶射擊時，射手心凝神聚，快速調整眼、手的動作，

〔註4〕 見《正中形音義綜合大字典》，頁738。《呂覽・制樂》：「故禍兮福之所倚，福兮禍之所伏；聖人所獨見，眾人知其極？」及《詩・唐風》：「悠悠蒼天，曷其有極！」其中之「極」即是。

〔註5〕 參見第五章第一節。

及時移動槍口、扣下扳機、擊中目標物一般；對象物變、主體作用亦變，使兩種變動同步進行，就像兩車同向同速前進，彼此間有如靜止一般，如此即可對對象物有所把握。《莊子‧天下篇》，辯者的論題即有「飛鳥之景未嘗動也」，孫中原說：「這是取運動的一個瞬間，認為這一瞬間曾在一個地方，連它的影子也靜止在那裡，未曾動過。」〔註6〕運動之物何以有未嘗動之影？此乃主體認知作用的同步進行，在相對靜止下的把握。

（二）當主、客變動速率不同步，且對象物變化較慢時，在一定範圍內，認知主體仍有可能觀察、記憶對象物一段變化的歷程

例如五年前某處有山，如今已移山填海，認知者雖不能隨時觀察挖土運石的過程，但片斷所得仍可聯繫起整個的變化過程，而有完整的認知；就像攝影機拍攝花開、花落之景，再快速播放一般，能將三、五日之變化在三、五秒內呈現。《莊子‧天下篇》辯者之言的「丁子有尾」，及《荀子‧不苟篇》所舉鄧析、惠施之說的「卵有毛」之例即是；其中前者是說明現在無尾之蛙，是由以前有尾之蝌蚪發育變化而成，〔註7〕後者是指現在無羽毛之卵，將來可成長變化為有羽毛之鳥。〔註8〕此兩論題是將對象物變化前後的一段歷程，合一觀之而論，雖違一般常識，但卻透顯出主、客的變化雖不同步但仍可認知的意義。

（三）認知主體的「意」「歷」「指」有使現象界中變化之物入於其內而使之靜止的能力

如照像機拍攝的相片，將動態變化的對象物凝止為靜態的物相，再將此相與其他靜相聯繫組構成連續整體而有所認知，進而確立該物之形、實內涵。《莊子‧天下篇》辯者之言有「鏃矢之疾，而有不行不止之時」，其中「不止」是鏃矢在現象界中的運動變化，「不行」則是思想界中的靜態把握，此與前面（一）的同步變化相關，但「不行、不止」則是就統合主體內、外，對現象界與思想界兩界合一的說明。

（四）由於在變化中的認知是可能的，亦即可以確立「實」之內涵，故在表達方面，靜態的符號──名，可藉動態的活動──謂，來表達「實」的內涵；不僅可謂靜態之物，亦可謂物之動態

〔註6〕 孫中原著《中國邏輯史》（先秦），頁102。
〔註7〕 成玄英疏云：「楚人呼蝦蟆為丁子也。」又見註6，頁97～98。
〔註8〕 「卵有毛」謂胎卵之生，必有毛羽，謂毛羽之性已具於卵中也。參見嚴靈峯著《經子叢著》第十冊，頁225。

如一幅靜態的風景畫，從畫中的景物可表現出：風吹、樹搖、花落、水流……的生動變化一般。此外，有些名本身就承載著變化的意義，如：生生、變易、運動、綿延……；故在變化中的表達是可能的。

綜合上述，現象界之萬物皆有變化，亦有其不變的本質；人亦為現象界中萬物之一，也有其變與不變。就認識與表達而言，人之所變在於將變化之對象物，透過暫時不變的處理過程，加以把握，以趨向物所不變的理想之實，若排除萬物的根本成因不論，則認知與表達之所以可能，就在於人有「應變而變」的能力，思想界、表達界乃至於部份的現象界，皆由「人」所造成，「人」是定立名、實，並使名實相符的關鍵所在。

第二節　實的變化與確立

「實」在名家的名實思想中不能孤立的探討，必須在其思想的架構中，及變與不變的思考進路下，才能有妥切的說明。

「實」一方面是來自對象物而認知的結果，可呈現概念所指的對象；另一方面也是表達的依據，由於認知主體與對象物常在變化中，因而認知的結果常不相同，因此「實」有變化；又由於變化的內涵不能做為名之所謂的表達依據，因此「實」須有確立不變之時。

就「實」的變化而言，在前述各章的論析中，吾人從：（一）惠施「歷物」的相對性可見「實」的變化，同一事物會因認知主體「歷」的觀點轉換或對象物處境的變化，而有不同的認知結果。（二）公孫龍「指物」的縱、橫雙向認識過程，亦可見「實」的變化，同一事物由於觀察、比較、解釋的角度不同，會有程度不一的把握。（三）從「實隨物變」的原則亦可見「實」的變化，因事物的變化或對象的轉換，皆會導致「實」的改變；鄧析循名責實的「意物」亦隨象、形的變化而變。〔註9〕因此，「實」的變因包含主體認知作用的變化、對象物及其環境的變化。

「實」在認知作用中具有對象性，其內涵來自「物」的限定，就惠施「萬物一體」合同異的觀點，「歷物」乃相對於該物所處之環境、入「歷」之心境中與他物的比較而確立其大同、小同的同異性質，此性質確實性的保障，來自認知主體思想的邏輯一致性，此一致性與其他認知者相比較亦為相對的，

〔註9〕參見第五章第二節、第四章第二節第四問答及第三章第一節。

相對其視野的範域及立足的觀點；因此，「物」對「實」的限定，依惠施而言，乃來自對象物與他物之間的關係。又由於「歷」有增益其廣包性以統合眾多觀點、關係，以求普遍一致的作用；因此「實」的把握是在互動關係中，逐步趨近整體性、完整性的確立；進一步說，亦即若能完全知一物之「實」，就可全知萬物之「實」，因一物與萬物間所有關係的窮盡，也就是萬物間彼此關係的完全窮盡，此預設奠基於其「萬物一體」之「一」的肯定。故無限廣包與一致性是「物」本質之「實」的必要條件，趨近或相對之「實」則以廣包且一致性的程度，相對而有是、非、正、誤之分。

就公孫龍「固獨而正」離堅白的觀點，其指物論雖然無法徹底的達到「指至物盡」的地步，但隨著縱、橫雙向認識愈趨廣泛、更加深入的指、謂過程，而能獨得一些逐漸精確的認知結果，亦即朝「物」的本質所是而趨近，但所趨近的「物」之本質，並非由萬物間的關係所臻定，而可剝離萬物及其關係的束縛，能單獨予以審察，故其名實論對「實」的定義即就某物之是其所是而論，從「物以物其所物而不過焉」可見「實」的內涵是客觀的，本有其一定的範圍，不得逾越，若有所過即非該物之「實」了。因此，對萬物的認識乃識得一物是一物，萬物各自獨立，各有其「實」，此與惠施思想迥異。依公孫龍而言，「實」的變化即在於趨近於「物」的本質，而此理想之「實」則以客觀性與獨立性為其必要條件，因此趨近或相對之「實」則以客觀與獨立性的程度，相對而有是、非、正誤之分。

從「實隨物變」的原則觀之，「實」乃由對象物的認知而來，此對象物可以是現象界中外在有形之物，也可以是思想中內在無形之物。有形之物的變化有：生、滅及物體的變動，而物體的變動又有性質、分量的變化及處所的變動，〔註10〕凡「方生方死、方中方睨」之物，或「此之非此，彼之非彼；此之不在此，彼之不在彼」之物的變化，皆為有形之物的變化，當其「物」變，則其「實」亦隨之而變，如：冰化為水、水變為汽，其「實」隨其物的不同限定而有不同內涵。

就無形之物的變化而言，其「實」之變即在異、同比較下，概念之離、合。惠施認為萬物皆可有同、異比較的性質，其比較之標準雖可因人而異，然而如何判斷兩概念之異、同以為離、合之準據，則未見詳論。《公孫龍·通變論》中「二無一」的論題，舉「羊合牛非馬」「牛合羊非雞」兩例，即進一

〔註10〕李震著《哲學的宇宙觀》，頁 111。

步處理此問題，說明「羊」「牛」此二概念如何合成「羊牛」之新「實」。設以牛、羊為「物」，「牛」「羊」為「實」，客觀實存的牛、羊無法相合，所能相合者乃思想中之概念，公孫龍認為兩「實」之可離、可合，在於確定兩「實」之同異，而同異的判分，應以兩「實」的全部內涵相比較，而不能僅從某一內涵的比較下斷論，如其云：「是不俱有而或類焉」，就「異」而論，不可以兩「實」的某一內涵的相異，而判定兩「實」在「類」上的不同，如其云：「羊與牛唯異，羊有齒，牛無齒；而牛之非羊也，羊之非牛也，未可。」〔註 11〕因「牛」「羊」除有無上齒之差異外，其他仍有許多內涵相同，可歸為一類，不可忽略。〈通變論〉又云：「是俱有，而類之不同也。」就「同」而論，也不可以兩「實」的某一內涵之相同，而判定兩「實」完全相同，如其云：「羊有角，牛有角，牛之而羊也，羊之而牛也，未可。」因「羊」「牛」除同有角外，其他仍有許多內涵不同，「羊」「牛」各有其類，不可混同。

　　兩「實」的離、合在於全部內涵的比較，兩概念的相合就在於比較後的取同去異；以兩概念相同之內涵做為新「實」之內涵。「羊牛」與「羊」「牛」在形成上相關──取其等之同、去其等之異，但在合成「羊牛」此一新實之後，則與原先之「羊」「牛」有別，而為一獨立之概念。並且，公孫龍有意指出一個合成的新概念之內涵的確立，有賴於其與另外概念的比較，亦即在於此一新概念的使用，以呈現其形成前後的分別，進而確定其獨立之內涵。故云「羊合牛非馬，牛合羊非雞」，以新合成之「實」與馬、雞相比較，以確定「羊牛」之獨立內涵。

　　由上述可得知「實」的確立，相對主體而言，一方面是對象物的變化暫告一段落，主體認知作用能有所把握，同時另一方面則是主體將其所「得」在使用、比較中，將其內涵確定，〔註 12〕亦即「可予其名」是確立「實」的最後步驟，此即涉及上一章名家名實思想基本架構中，另一重要概念「正」的作用，透過「正」之：得、定而是的過程，將「實」確立起來，並且其相對之「是」乃變化、趨近之「實」；其本然之「是」乃不變、理想之「實」。此就惠施歷物之意而言，其「得」在於某物與他物關係的構成，其「定」在於主體視野範圍的暫時固定，其相對之「是」乃是在大同、小同的關係中確

〔註11〕據王啓湘著《周秦名家三子校詮》，頁 67。
〔註12〕此處所謂的「使用、比較」未必是實際說出來的應用，認知主體內在的思考、對話也包含在內。

立其相對一致的意義；其本然之「是」則無限廣包、統合一致的不變內涵。

　　總之，(1)「實」的變因涉及主體、客體及其所在環境的變化。(2)「實」的種類有可變者與不變者，可變者乃趨近、相對之「實」，不變者為本質、理想之「實」。(3)惠施與公孫龍對於「實」的看法雖不盡相同，但可變之「實」其所變皆有一定之方向性，朝本質之「實」發展而精確化。(4)「實」隨有形之物而變，必須受該物質、量、位移的種種限定而調整其內涵；「實」隨無形之物而變，則在於充分比較異同後，概念之離合。(5)「實」的確立在於得、定而是之後「名」的賦予，在使用、比較下確立。是故，「實」變化的起點是在於肯定「物」的存在，其變化的完成在於「名」的出現，而其變化的終極在於「物」之本質。就人的認知而言，「實」的變化與確立仍在持續進行中。

第三節　名的性質與名實相符的辯證關係

　　「名」是代表「實」的一種符號，此符號所承載的意義即在於「實」的內涵；因此，「名」一方面直接指代表事物之符號，另一方面則間接指事物之概念。當認知活動由變趨至不變時，主體一方面把握住物之「實」，另一方面即產生代表此「實」之符號。因此，「名」的形成就在於「實」的確立，鄧析的「按實定名」，尹文的「形以定名」及公孫龍〈名實論〉中「名隨實轉」的原則，都明白指出「名」來自「實」，且隨「實」而變。

　　「名」雖依「實」而有，但並不等同於實，《尹文·大道上》即云：「形之與名居然別矣，不可相亂，亦不可相無」其不可相亂即「名」不同於「實」，其不可相無，則顯示「無實，名不可立；無名，實不可知」，〔註13〕名、實兩者相互依存的密切關係。此代表「實」之「名」也可由變與不變的觀點，來判分其不同的性質與作用；首先，就「不變」而言：

（一）「名」有指涉性。

　　「名」之所以可代表「實」，就因「名」具有此指涉性；「實」是認知主體對「物」特性的把握，而「名」是將其所把握的內涵以聲音、圖象或文字等呈現出來，因此「名」必須關涉及「實」才有意義，純粹獨立的一個符號，不足以為「名」。《公孫龍·指物論》「物莫非指」之「指」即有這層意義，就其經指涉作用而得的認知結果言，「指」即〈名實論〉中「夫名，實謂也」的

〔註13〕同註6，頁136。及伍非百著《先秦名學七書》，頁478。

謂實之「名」；〔註14〕因此「名」不僅有表達的作用，也有認知的作用。

（二）「名」有約定性。

《公孫龍・名實論》：「故彼彼當乎彼，則唯乎彼，其謂行彼。此此當乎此，則唯乎此，其謂行此。其以當而當也，以當而當，正也。」其中，所以謂之「名」有彼、此之分，所謂之「實」也有彼、此之別，以彼名謂彼實、此名謂此實爲妥當、正確。而何者爲「彼」，何者爲「此」，及彼、此之間的聯繫關係確當，除相同的認知外，更需要使用「名」的人相互的約定，公孫龍「唯謂、止於、不謂」的「一名一實，名符其實」的原則，就是這種約定性的嚴格要求。並且這種約定性應該是客觀、普遍的共識，而非僅主觀或區域性的認定，如此「名」才能有表達、溝通的作用，如《尹文・大道下》中，一名「璞」分別在鄭人或周人的約定中，其表達、溝通的作用皆不成問題，但若擴大到周人與鄭人之間的使用，其「璞」之名則造成歧解的誤會。〔註15〕因此，若破壞「名」的約定性，也就破壞了「名」之表達、溝通的功能。鄧析論言辯的目的，〈無厚篇〉所謂的「諭志通意，非務相乖」，其「名」的使用也必須遵守約定性才可以達成。

（三）「名」有界定性

鄧析的「誠辭」與「實談」是肯定「名」所謂之「實」有一定的內涵，不可混同。其〈無厚篇〉云：「夫言榮不若辱，非誠辭也；得不若失，非實談也。不進則退，不喜則憂，不得則亡，此世人之常。」「實」由變以至於不變的確立，在於可有所「名」，亦即「名」可將「實」的內涵呈現出來，不僅有所呈現，並且所呈現者也限定了該「實」的內涵範圍，如「謂」的定義作用，一方面將思想界的一些概念界定其意義，同時也限定了認知作用中其他變化對於其所謂之「實」的內涵的增減。《公孫龍・名實論》的「實以實其所實不曠焉，位也」，其名實相符之「位」就有賴「名」的界定。於是「名」的界定性也有限定的作用，老子「無名」思想即針對「名」這種限定作用而發，因萬物本根之「道」的「實」是不能被「名」所限，故其「無、非、不」等否定性字眼的使用，就在解消「名」的限定作用。尹文的「大道不稱，眾有必名」顯示「道」以外的眾有皆受「名」的限定，方能得其所稱乃不致乖亂，

〔註14〕參見蕭登福著《公孫龍子與名家》，頁67。
〔註15〕見第四章第一節第六問答（四）。

因而「名」的界定性也有正形、實，定名分的作用，進而有安定社會秩序之「治」的功能。〔註16〕

由上述「名」指涉性可見「名」是顯示「實」的工具，是經由「名」以知「實」，而非僅止於「名」爲足。而由「名」的約定性可見某一謂「實」之符號，並非具備必然的代表性，可因新的約定而改變不同的表達方式，如《莊子·天下篇》辯者所謂「犬可以爲羊」即是。〔註17〕又由「名」的界定性可見「名」的限定作用已排除其他變化的不確定性；但「名」並非純然靜態、僵化的工具，而是在動態的使用中發揮它的作用與功能，因此，從變化的角度而言，「名」也有下面的性質：

（一）「名」有互動性

從「實隨物變，名隨實轉」的原則看，「名」是相對於「實」而具有意義，當「實」有所變化，指謂該「實」之「名」也應隨之而變。再者，從「名依實而立，但隨謂而用」的原則看，當「謂」有所變動時，則「名」亦應隨之而變，不過在實際表達的進行中，「名」使用顯示；若「實」不變則名不變，但「謂」未必不變，亦即一名可能不只一「謂」；因此同一名也可能不僅謂一「實」，而造成多義名詞；這是「名」既依「實」、又隨「謂」而變的互動性變化所導致的結果。

（二）「名」有增長性

此乃指同一「名」的意義會在實際使用中，不斷地豐富、增加其內涵，亦即某一「名」所代表的「實」會愈來愈多；有如某人能力漸強，擔任職務眾多，在他名片上的頭銜愈來愈多一般。隨著人的認知、思考的不斷發展、深化，許多新把握到的「實」在尚未構成新的約定之前，常無法用一一獨立的新「名」加以指謂，而在表達時往往會取擇相關類似的舊「名」來謂新「實」；直到相當多的使用者能清楚分辨、界定而逐漸構成新的約定後，才獨立成一新「名」謂該新「實」。〔註18〕可是在未達此一階段前，原「名」是具有增長

〔註16〕同前，第三問答。及第五章第四節。

〔註17〕王先謙《莊子集解》引宣穎云：「犬羊之名皆人所命，若先名犬爲羊，則爲羊矣。」同註6，頁97。

〔註18〕「名」的約定性包含：生活需要、風俗習慣、語言結構、表達方式……等多項複雜因素。從共同認知深化、分辨後的約定來看，例如「山」之名，原謂一地形之「實」，初不論小山、大山皆名爲「山」，但隨認知、表達的發展而有分辨大、小的需要，而以新約定之「丘」「岳」之名命小山、大山。再就「丘」

性的，且新「名」在以後的發展使用中，也會逐漸豐富其內涵而具增長性。如第五章各主要概念在解析過程中所衍生的許多意涵即是。

（三）「名」有含糊性

從「謂」的變化而言，在實際「名」的使用中會有「同名異謂」與「異名同謂」的情形發生，[註19]又由於前述「名」在變化中的互動性與增長性，導致「名」的意義呈現含糊性。當「名」在使用中一方面受到立名之「實」的牽制，另一方面又受到名之「謂」的影響，「名」的意義在未辨明之前，會游移在「所指」與「所謂」之間，如「指」之名由手指之「實」而來，但「指」之名又可謂：所指之物、能指之官能、指物之作用等等。又當「名」的意義在使用中逐漸增長而尚未抵新約之名時，「名」常是以類似、隱約的方式謂物。如以「形」之名謂「物」之外形，又可泛指「物」之種種可感的特徵，再增其意可謂認知主體由物象所得之意象……乃至「實」之名的出現，[註20]於此過程中「形」的意義不斷被擴充，其意義則呈含糊性。

變與不變乃相對而立，變者相對於不變者成其為「變」，不變者相對於變者成其「不變」。（1）「名」的互動性使其指涉性由單向指涉轉為多向指涉，其原因在於新的認識必須以先前舊有的認識結果為基礎來加以說明；而新的認識結果的確定性又被要求新「名」的單向指涉。（2）「名」的增長性使其約定性逐漸跳脫原本之約定，其原因在於眾人相互的約定，需要較長的時間，而認知的進行則是在較短的時間內完成；亦即「名」的約定速度必然是落在認知與思維速度之後的；雖然如此，新的表達之確定性仍有賴新約的建立。（3）「名的」含糊性混淆了「名」的界定性，使限定作用鬆散，其原因在於「物」是不斷變化的，由「物」而來的「實」在認知的把握中也是變動發展的，而「名」只是顯示「實」的符號，其意義必隨之而變；並且，「謂」除了顯示原本定名之「實」的作用外，「謂」也有呈現尚未定名之「實」的作用，而「名」的意義也隨「謂」的變化而變。不過即使如此，思維的確定性仍有賴「名」之界定性以達成。

故，「名」變化的起點在於「實」的確立，其變化的進行主要受到「謂」

　　「岳」而言，又可進一步增長、獨立出「峋」「峭」「峻」等不同山勢之名，以謂：山勢起伏、山直而險、山聳而高等。
[註19] 見第五章第四節「謂」。
[註20] 見第五章第三節「形」「實」。

的影響，而其變化的完成則在於名實相符之「位」。並且，「名」與「實」的關係，就是從「位」轉變爲名實不符的「非位」，再由「非位」導正爲名實相符的「正位」，這種持續深化、精確化的發展過程。而名家四子的名實思想也正是在這種名、實關係下，開展他們的理論，企圖解決「非位」的問題，以求「名實相符」。

《鄧析·轉辭篇》論如何言辯，首先即針對令人困惑的悲、哀、喜、樂、嗔、怒、憂、愁等含糊之「名」提出「名實相符」的原則，他著眼於用名者主、客、己、他的差別，而對謂實之「名」有精微的分辨；〈無厚篇〉更把「循名責實」的責任歸諸於國君，能夠「循名責實」者方爲明王。尹文的形名分析則先分別「不稱之大道」與「可名之衆有」，從能有所名的形器世界入手，三分命物、毀譽、況謂之名，他正形名的思想包含著「定名」的「名符其實」，以及「定事」的「實符其名」，進而指出「名實不符」的謬誤。惠施肯定萬物的變化，以歷物的方式間接處理名、實的問題，其歷物的方法在於透過同、異的相對比較，來建構「歷」與「物」、「歷」與「歷物」的對應關係，進而在確立的範圍、論域及相對觀點下，由主體自身的邏輯一致性來保障「名實相符」的可能，再進一步以「歷」的包容性來解一一物論。至公孫龍則由〈指物〉、〈堅白論〉來說明認知的條件、過程與結果；由〈白馬〉、〈通變論〉指出概念的內涵、外延與名、實離合的變化，進而由〈名實論〉歸結出「實隨物變、名隨實轉、一名一實、名符其實」的原則；其目的也是在於將名實不符的「出其所位，非位」導正爲「位其所位」的名實相符。

現就名家主要內涵，施、龍的名實思想對比；惠施對於「名」的互動性採取一種包容的態度，承認並允許相對性的「名實相符」，如其歷物第九事「我知天下之中央，燕之北、越之南是也」。其「中央」之名所對應的實，可以是「北」，也可以是「南」；因而對於「名」的增長性、含糊性以相對的同、異比較加以調整、統合。〔註21〕其思路的傾向是「合同」，以「同」建立起一致性的觀點與論域，在其既定範圍之內就能處理「謂」的變化與「名」「實」的關係，而使「名實相符」成爲可能。就「歷」的作用而言，所定的範圍可不斷擴大而形成新的一致性與廣包性，使相對的「名實相符」皆爲可能。

〔註21〕「中央」既爲北、又爲南，此爲「異」。但就確立一定範圍下的「中央」，則可以是另一觀點的北、或另一觀點的南。故就其所屬範圍而言，皆爲與邊際等距的「中央」，此爲「同」。

　　公孫龍則極力設法排除「名」的含糊性，欲以「一名一實」的對應要求來解決「名」在變化中互動、增長而含糊所導致的「非位」；其思考的路向是「離異」，以「唯乎」「止於」彼此之「謂」的方法，來維持「名實相符」的穩定性。倘若至名不符實時，則寧可「不謂」。因此，對導致「非位」的「謂」之變化，在公孫龍看來，在「實不變則名不變，名不變而謂變、實變」的情況下，〔註22〕其中的「實不變」是指經得、定而是，有了確定內涵之「實」，故對應其實的「名」不變。所說的「謂變」，是指因新的主、客觀因素的加入，而使原先之「名」所對應者有所改變；此時原先之「名」就不足以對應改變後之「實」，而成「名」「實」相離的狀態。因此，「謂變則實變」乃是指所變成的「實」是「新實」，必須再立一「新名」，再有一「新謂」（若尚無「名」可對應則「不謂」），而舊名仍然是唯一地謂舊實，且止於舊實；新名也只能唯一地謂新實，且止於新實。這種過程是動態的，可在認識與表達中不斷發展下去；但不論如何變，皆以不變的名實相符之「位」爲準，依「位」而變。亦即在「一名一實」的前提下，可建立：「名依實而立，但隨謂而用，謂中見新實，新實定新名」的原則。

　　惠施的「合同」與公孫龍「離異」的思路，兩者並非壁壘分明而毫無交會點，因爲仔細分析公孫龍的「一名一實」原則，可以發現其「一」未必是個別整體的「一」，而是「有所同的一」。以公孫龍之所以成名的「白馬非馬」論題爲例，依公孫龍之意，由於「馬之實」與「白馬之實」的內涵不同，一命形、一命形、色，故「白馬之名」僅能唯一地謂「白馬之實」；「馬之名」也僅能唯一地謂「馬之實」，但就「白馬」之「一」而言，白馬之實的內涵至少包含著命色與命形的不同限定，因此並非不能再分的「一」，而是有所同的「一」；亦即只要是同色、同形之物，皆可就其所同而成爲「一」實，而可取「一」名謂之。

　　既是有所同的「一」，即可與惠施的思想接上，白馬與馬在惠施的思想看來，不過是在「小同異」的觀點中「小同」與「大同」的差別，白馬是「小同」，馬是「大同」，只要能找出「白馬」與「馬」之實，有所「同」的觀點，相對於該觀點，即可謂「白馬是馬」；而且即使稱「白馬是馬」，也並不排斥

〔註22〕如《公孫龍・通變論》中以「青」之實不變，其名爲「青」；其謂變，以「青」之名謂「木」；其實變，使「青」之名謂「木」之實，而有方位在東之意。「白」之實不變、名不變，謂變：實變的過程亦然。見註14，頁95～96。

「白馬非馬」。因爲所謂的「是」與「非」可以在不同的觀點下有不同的意義，〔註23〕此與鄧析的「兩可說」也有關聯。

反之，由公孫龍的思想來看惠施，他「獨而正」的離異思想，恰有幫助惠施確立觀點的作用，使乍看之下惠施思想中飄浮游移的「名」「實」加以約束和固定。確立「名」的指涉性、約定性與界定性；而達成認知與表達的一定效果；由此可見，施、龍的思想在名、實關係的處理上有其相輔相成之效，兩人同列名家也是有道理的。

總而言之，名、實的關係是「位→非位→位→非位……」的辯證符合關係，名家的名實思想就在於設法使「非位」導正爲「位」。由歷史發展的脈絡來看，名家主要內涵的施、龍思想正是處理同一問題而由「變」以至於「不變」的不同思路發展，輔以鄧析、尹文及辯者們的思想考察，終可將先秦名家的名實思想作較完整、系統的呈現；而使吾人對先秦名家在認知、思維、表達問題上的主張，有更深一層的了解。

〔註23〕見第三章第一節第三問答。

第七章 結 論

第一節 名家名實思想的反省與批判

　　在名家名實思想重新組構、系統呈現後，本章進入總結與檢討的階段。此階段中反省與批判的工作就理論間的動態對比而言，〔註1〕是以較成熟、週延的理論或觀點，來呈現探討對象的限制與可能的發展；因此本節首先以形上學的第一原理作爲檢視名家名實思想的根據，其次，再由認知的角度考察其在認識論上的意義。因爲第一原理不僅是存有架構的規律，也是認知的原理，〔註2〕而認識論的反省角度，則是針對研究對象的理論型態所取擇的反省觀點，以之批判名家對名、實問題的處理。

　　第一原則所包含的同一律、不矛盾律和排中律乃是以「存有」的同一性爲基礎，同一性可分爲實在的和理則的，〔註3〕名家名實思想對理則上的同一性有充分的把握，但是在實在的同一性上則因偏重於「名」的探討，略爲含混，而有《史記・太史公自序》，論六家要旨中所云：「專決於名，時失人情」之疑。就理則的同一性而言，《鄧析・無厚》篇：「故談者別殊類使不相害」的依「類」辯故，及《尹文・大道上》：「我之與彼，又復一名，名之察者也」的「一名」，皆肯定了理則的同一性。惠施的小同、大同，乃至於畢同觀點的

〔註1〕 見沈清松著《現代哲學論衡》，頁8～9。
〔註2〕 李震著《中外形上學比較研究》下冊，頁16。及李震著《基本哲學——有與無的探討》，頁98。
〔註3〕 同註2之一，頁49。

成立，及「歷」的作用之所以能夠將複雜、變化的對象物以「一」的方式納入「歷」中而成「一概念」，再與「另一概念」相比較，其所根據的也是「存有」理則上的同一性。再者，《公孫龍‧通變論》：「二無」中獨立之「二」，及〈名實論〉「一名一實」原則裡「一」的確立，也是理則上同一性的把握；因此，名家名實思想在「存有」理則同一性上有充分的把握與運用。

在實在的同一性方面則較模糊，惠施所引用的概念「大小、內外、天地、中睨、生死、同異、南北、今昔」等，皆為相對關係之「名」，而非如尹文「命物之名」對一物的直接表達，乃以某類特定之「名」所反映的部份之「實」來說明整體之「物」，是不夠週延的，也因而缺乏對一一個別物之實在同一性的明確肯定。並且，「名」是界定性來自「物」「實」的限定，因此「名」的意義並非以主體認知上的單方面把握、解釋為足，必須涉及「物」所具的客觀內容，那麼經比較所得事物同異性質的確實性，也並非僅由認知主體「歷」的邏輯一致性就足以保障，必須由更基本的「存有」性質來確立。在公孫龍方面，其「堅白論」中以「視、拊」與「神」的認知作用來推究對象物的性質，而有「堅、白石二」的奇特論點，造成「堅」「白」自身得以離「石」而獨立自藏的方式存在，使得客方要質疑「堅白石」為一物的實在同一性，其原因是：（一）公孫龍以感官的認知作用錯誤類比於理智的認知作用。由於感官的作用必須有外在對象物存在，如〈指物論〉所云：「天下無物，誰徑謂指？」由此類比地設想「神」的認知對象也必須客觀存在，而「神」所得知的是無形、不定的普遍概念，既然對象必須客觀存在，那麼「堅」「白」也應該以某種「藏」的方式存在，為「神」所直觀，為感官所不覺。（二）未能建立抽象作用的理論。〔註4〕由於感官作用與心神作用所得之結果不同，一個別、一普遍，因而推導出感覺、心神兩者為斷離，使個別事物與普遍概念的關係也無法連繫起來。（三）尚未清楚分辨「物」之自立體與依附體的基本存在模式，〔註5〕兩種依附性的存有——堅、白，乃與具體之石合為一體，不能單就感官或心神的認知差異而破壞「堅白石」的實在同一性。由此可見「物」的探討不能只從認識論著手，更需要從形上學的根

〔註4〕此指公孫龍未能正確說明普遍概念的形成情形，有關抽象的心理過程，請參見袁廷棟著「抽象說之重估」，哲學文化第九期，二卷，民國71年2月，頁74～83。

〔註5〕有關自立體與依附體之意義說明，請參見李震著《中外形上學比較研究》，下冊，頁105～111。羅光著《士林哲學理論篇》，頁742～745。及張振東著《士林哲學的基本概念》（二），頁258～270。

本立場來研究，因為不論認知的主體或對象，皆為「存有」所含攝，形上學是認識論的基礎，〔註6〕然而在現存的名家資料中，形上學的思想却較為貧乏，因此名家名實思想的理論根基不夠穩固。

由「存有」的同一性可見「存有」的同一律，同一律肯定每一個「存有」皆有使之成為此「存有」的限定本質，〔註7〕亦即每一「物」皆是自己而非他物，那麼在名家名實思想中的「變化之實」是否違反同一律呢？並非如此，由於人認知、表達能力的有限，所把握的物之觀念並非充足、完全與適當，也無法一舉將現實表達無遺，因此在事實上當我們指出一個觀念時，我們只能抓到現實的一面，並不能把所指的都說盡，因此常可以再加上些什麼，給予現實更好的限定。〔註8〕名家的「變化之實」正說明了這種動態的認知情形，而每一「變化之實」皆可有相應之名，使名實相符，故未違反同一律；且正因為有「物」與自己同一而有別於其他物的預設，使其「變化之實」朝向該物的本質─「不變之實」作進一步的認知、確立。

又「變化之實」是否牴觸不矛盾律呢？所謂不矛盾律自同一律演變而來。一物既然是它自己，就不可能同時是它自己又不是它自己。〔註9〕在名家名實思想的認識過程中，同一物之「實」的把握在不同時間與觀點下雖然會有不同，但在同一時間、觀點下的「實」則可以是固定不變的，因此並不牴觸不矛盾律。每一刹那，與每一觀點下的「實」，就其為同一物之「實」而言，也必有其關聯性與一致性。「變化之實」既不違反同一、不矛盾律，那麼「不變之實」更不可能與之牴觸了。

再就表達而言，名家的「兩可說」是否違反排中律？排中律是由不矛盾律演變而來，「存有」既然不能同時又是「虛無」，一物或有或無，二者必居其一，沒有成為第三者的可能性。從思想方面去看，我們在判斷時，或肯定，或否定，不能同時又肯定又否定，二者之間，必取其一，沒有中間路線。〔註10〕就表達而言，同一事件當然不能同時既可又不可；名家的「兩可說」是由不同的觀察角度，對同一事件的不同發展所做的相同判斷與肯定，不能因其判斷相同而認為它角度相同，又因其觀點不同，故亦非真正同時。再者，就兩可所「可」的

〔註6〕　同註2之一，頁54、72。
〔註7〕　同前，頁84。
〔註8〕　同前，頁85。
〔註9〕　同前，頁89。
〔註10〕　同前，頁89。

內容而言，如：既肯定「白馬是馬」，如又肯定「白馬非馬」──即否定「白馬是馬」，如此似乎牴觸了排中律，但實際上仍是在不同觀點、亦非同時所作的判斷，「白馬是馬」的「是」從不同觀點，有不同意義，〔註11〕因此其肯定與否定者並非同一意義之命題。是故，名家的「兩可說」也並未違反排中律。

由以上的反省，可知名家名實思想雖缺乏形上學的理論根據，但在其思想內涵上，仍不違反第一原理，有其理論上可以成立的要件。以下再由認知的觀點來加以考察。

基本上，名家是從主、客的關係上來探討知識的問題。公孫龍的〈指物論〉所努力說明的是「指」與「物」在認知上的關係，〈名實論〉則企圖釐清「名」與「實」在表達上的關係。惠施的歷物十事也處理了「歷」與「物」的關係。此外，「名」與「實」、「名」與「形」的關係，也可以從鄧析、尹文的思想中窺見。然而，對於這種主客關係的說明，名家所探取的思考方式，傾向由主體的認知能力出發來解釋對象物的性質、及其可能的存在方式，如公孫龍的〈堅白論〉即是，而較忽略從客體的本然性質或存在結構出發來探討認識問題。〔註12〕當然，更缺乏由統攝主、客之「存有」的形上學立場來思考。因而導致名家的名實思想中的「實」在理論建構上，受到主觀因素的影響要大於客觀因素的限定；就如公孫龍的〈指物論〉觀之，其指向性的認識只能指向物，而不能指到物，所謂「有指不至，有物不盡」或「指不至，至不絕」之義，〔註13〕認知主體雖能夠有所指，但所指者只是「變化之實」或物的相對本質，而非「不變之實」或物的絕對本質。因此，認識雖然是可能的，但却無法有完全的認識。再就惠施的「歷物之意」觀之，由於其物與物的關係、「歷」與「物」的關係及「歷物」的性質，〔註14〕幾乎皆籠罩在「歷」之下而被說明，因此發展出來的認識論含有相對論的色彩，亦即由「歷」所獲得的知識不是絕對的真理，只是過程，認識似乎永遠在進行中，雖然目標指向絕對真理（名與絕對之實相符），但總是在途中而達不到目的，〔註15〕這是特別值得反省與批判的。

〔註11〕見第三章第一節第三問答。

〔註12〕公孫龍的〈名實論〉雖然對「物」加以定義為「天地與其所產焉」，及〈指物論〉視「物」為「有」、「指」為「無」，但對於「物」的基本性質及結構皆無理論上的明確說明。

〔註13〕同註11。

〔註14〕見第三章第二節第三、四、六問答。

〔註15〕相對論的意義請參見鄔昆如著《哲學概論》，頁94～96。及柴熙著《認識論》，頁151～152。

　　名家思想中的名、實關係有「非位」與「位」的區別，並肯定「名實相符」的「位」是可能的；此依士林哲學認識論的觀點，這種符合關係即是「眞理」。〔註16〕但名家這種符合關係並非絕對的，而是相對的；亦即名家認爲人在認識上所能達到的只是相對眞理，而不能企及絕對眞理。當然，人的理智有其限度，不可能認識宇宙間所有的事物，但是根據眞理的標準——絕對的確實性與客觀的明顯性，我們還是可以肯定人能認識眞理，不但能達到相對的眞理，並且可依形上學的性理與數學的數理達到絕對的眞理。〔註17〕所謂絕對的確實，是建立在形上學的原理上，其內涵關連著事物的內在本質，亦名形而上的確實。是恆久不變的，如數學上的二加二等於四，或三角形之內角總和爲一百八十度；此種確實性無任何「相反或錯誤」的可能，亦無任何例外事件發生。〔註18〕所謂客觀的明顯是指：被認識的客觀事物或事理，其本身顯明清楚的表現出來，其確實性不需要任何其他的標準或理論證明。此客觀明顯使人有無畏懼錯誤的心理肯定認識之，且不因時地環境的不同而改變，使人人皆能認識之，更不因主觀認識者的影響而改變其眞實性。〔註19〕

　　人的知識雖然在不斷增長、豐富的過程中，但並不因此就可否定他先前認識的眞實性；人在認識事物時，的確會因時、地、觀點的不同而有不同的認識結果，但在合乎絕對確實與客觀明顯性的情況下，該人在該時、該地、該觀點的認識仍可確定是眞實無誤的。

　　經由上述的反省與批判，我們可以看出名家名實思想的限制與不足，其最主要的原因就是缺乏存有學的基礎理論，因而減損了認識、眞理的價值。因此，未來若要發展名家名實思想的理論內涵，則必須朝形上的思路探討；在先秦哲學的其他資料中挖掘可能的線索。

第二節　名家名實思想的價值

　　先秦名家是中國哲學中的短暫光芒，一閃即逝，它飽受批評，被人遺忘。

〔註16〕見羅光著《士林哲學——理論篇》，頁 662～664。及張振東著《士林哲學的基本概念》（一），頁 37。
〔註17〕羅光著《士林哲學——理論篇》，頁 677。
〔註18〕張振東著《士林哲學的基本概念》（一），頁 48～50。就確實的等級言，分形而上的、物理的、倫理的三種，唯形而上的確實是絕對的。
〔註19〕同前，頁 53～56。

如今重新探討其名實思想，又可見其理論上的限度與不週延之處。然而一種思想必須置於它所處的時代，才能給予客觀的評價；也唯有把握名家名實思想在當時的價值，才能在今日中國哲學的發展上呈現其意義。

在先秦百家爭鳴的時代裡，名家秉承正名思想的淵源、接受無名思想的轉化、與立名思想相互詧應，而能有獨樹一格的思考型態，於當時既有的學說中發掘新的問題，開展出不同的探討方式，建構思辨性的名實思想，如此應變創新的求知態度，拓展了該時代的思想領域，不可不謂當時思想上的突破與進步，這是名家名實思想首先值得肯定的價值。

從名家治學的態度與其思想的內涵觀之，鄧析的〈無厚〉篇一開始就由異於傳統的相反角度來談：天於人、君於民、父於子、兄於弟的「無厚」，舉出一些理由加以證明，其意義在於呈現「不要忽略事象觀察的多元角度」，這種心態基本上就富於懷疑與批判的精神。惠施則更進一步界定事象不同觀察角度的場域整體，從更廣的視野統合起看似矛盾的不同判斷；他繼承了鄧析「兩可說」的表達形式，透過相對性的同異比較而有其歷物十事的論題。事象的不同觀點與論述，需要意義精確的「名」來完成，因此尹文承續鄧析「循名責實」的精神，由「名不可差」的肯定，設法說明形與名的關係；積極方面指出如何正形、名，消極方面則指出名實不符的謬誤如何產生。公孫龍的「白馬非馬」「堅白石二」及「二無一」等命題的形成，同樣也是在異於常俗觀點下的考察，再由指物論、名實論建構認知與表達的理論，以實指物、以名謂實來貫通物、實、名的關係，而要求一名一實的精確相符。由此可見名家學者總是要在普遍通俗的一般認同中找出例外的特異觀點，再以名實的相關理論來支持其觀點的成立。

如此，他們到底說明了什麼呢？吾人以為名家思想真正想要告訴我們的是：「人是有限的，不要太過自以為是，世上有太多不公平、不合理的事，就在於人的自以為是，不僅自以為是，還妄圖將自以為是的東西推廣，普遍化地強加在別人身上。」因此，名家要舉出特例，要找出相反、相異的觀點來與之抗衡，這種抗衡從名家辯者好辯、善辯的性格可見；為了增加他們的說服力，因而發展出名家的名實思想。這是對戰國時代種種思想、制度、亂象深沈反省後的一種反應，包含著要求改革的期望。〔註20〕他們在心態上不僅要澄清老一代的權威思想，甚且要促起人們對於生活常識的再認識，他們在

_____

〔註20〕參見孫中原著《中國邏輯史》（先秦），頁15。

破壞的活動之外，還要建立一些新的知識。〔註21〕

　　那麼名家思想本身是否也脫離不了「自以爲是」的一類呢？從他們思想的內涵來看，爲了不陷於他們自己所批評的對象，因此公孫龍的〈指物論〉最終對於人的認知仍持懷疑和保留的態度，其〈堅白論〉最後也肯定有物不可知。尹文的「雖未能盡物之實，猶不患其差也」乃以不盡知而求知的方式面對；而惠施的歷物之意則有相對論的色彩，爲相對「知」而包容；這也是名家名實思想的限度所在。

　　在探討的方式上，名家的名實思想具有相當的理性自覺，有意識地反省、分析人自己認知與表達的問題；由認知的結果反思認知的作用，從認知的作用回溯認知的官能，進而分別感官與神智功能的不同；在表達方面則由認知結果與對象物的差別來分辨「名」的類別與「名」的性質，進而釐清名、實間的關係，建立表達的原則。名家將理性思維的實用性，導向純理、思辨的理論性探討，〔註22〕因而有別於當時其他思想在政治、倫理、生活層面的現實關懷。他們以論辯、對談的方式來表達他們的思想，其中，從鄧析言辯的方法與目的，可見其言辯在「宜」而不在勝，在探求眞理而非淆亂視聽。〔註23〕惠施的廣闊視野與包容性的胸懷，則更透顯出對不同觀點、學說的開放性，因而尊重別人的思想，建立溝通、融合的可能性，構成彼此對談的共同基礎。公孫龍則有別於惠施「合同異」的思路，而發展其「離堅白」的論點，他爲排除尹文及其他學者所見名實不符的謬誤，盡心致力於認知與表達上的精確性，因而樹立「一名一實，名符其實」的原則，其思想雖有苛察繳繞、矯枉過正之弊，但他要求精確無誤的努力，不也是在哲學探討中值得稱許的一種方式！

　　此外，從本文三、四章整理出各種問題的關聯性來看，名家的名實思想不僅欲說明認知的對象爲何，並且企圖對於此對象在概念上有整體的把握，不僅要對物之整體有所把握，還希望能在可處理的對象中，藉名、實的關係來確立萬物的秩序性；再者，不但要確立萬物的秩序性，還要求這種秩序關係是準確無誤的。雖然，他們的成績有限，但如此層層深入的思考進展，已爲名家思想關建出一定的理論規模。其中特別是惠施歷物之意裡「至」「無」

〔註21〕見王夢鷗著〈戰國時代的名家〉，中央研究院歷史語言研究所集刊四十四本三分，頁532。
〔註22〕參見尉遲淦撰《公孫龍哲學的理解與批判》，頁150～151。
〔註23〕見本文第四章第二節第五、六問答。

「畢」等概念的運用，更透顯出對「無限」與「絕對」的追求與渴望，這也說明了人性中的終極需要；李震教授說：「有限的人性深處確有一種迫切的需要，即超越時空的限制，追尋無限。」〔註24〕這也可以在名家名實問題的探索中見到。更值得一提的是，從惠施氾愛萬物以至於天地一體的結論，可引申出：如何從主、客二元對立之「知」透過「愛」來發現或建立天地物我圓融一體之「知」，此則爲名家思想可再出發的另一路向。

總之，認知、思維與表達是哲學探討中的三個重要環節，早在兩千多年前名家的名實思想就以這些問題作爲他們思考的核心，他們敏銳地觀察千變萬化的事象，縝密地分析、推理，在他們傳統的思潮中勇於嘗試，並開拓新的思想領域，以開闊的胸懷面對其他不同思想的衝擊。整體而言，名家名實思想呈現了人的有限，以及對無限、絕對之知的渴望，其價值在於：應變創新、理性自覺、講求精確，及包容、開放的態度；此在當代中國哲學乃至世界哲學由多元而趨向統合的發展上，都是具有相當價值的！

第三節　名家名實思想的方法論提示

中國哲學發展至今，早已形成自己的風格與特色；事實上，中國哲學的主要內涵與精神並未走上名家這條純理、思辨之路，而是以儒家的心性、道德之學爲主。名家思想的當代意義並非改變中國哲學的原有內涵，也不可能再爭取主流的地位，而是補充中國哲學之不足，相應而生的一種方法論提示。

中國哲學的不足爲何？徐復觀說：「中國的思想家，很少是意識的以有組織的文章結構來表達他們思想的結構，而常是把他們的中心論點，分散在許多文字單元中；同時，在同一篇文字中，又常關涉到許多觀念，許多問題。」〔註25〕亦即中國哲學在思想建構上是缺乏自覺的，在表達上往往是含混不清、難以把握的；雖然其思想甚精深，其境界甚高超，但若缺乏清楚而正確的表達，中國哲學在未來的發展上，總免不了滯礙難行；特別是與西方哲學接觸後，相形之下，中國哲學之缺乏明確的概念定義與嚴謹的邏輯結構，更是明顯。

於此，名家的名實思想要求正確的認知、表達，且有相當的理性自覺等

〔註24〕李震著《靈心雨絲》，頁62。
〔註25〕徐復觀著《中國思想史論集續編》，頁3。

特質，正可以提供一種有所助益的「方法」。這裡所謂的「方法」，是指一種學術在形式方面的本質；西方語言中的方法（Method）一詞，其字源意義為「追蹤著路」，即依著路追尋知識，也就是說知識整體建基於方法，並因方法而獲得。〔註26〕勞思光說：「方法的原始意義，只指建立知識的程序及所涉及的規則，是指獲得知識的操作歷程。」〔註27〕名家所提示的「方法」亦即指其原始意義，偏重在建立知識的程序、規則與表達的形式方面，而非其他「方法」的引申意義，如：進德的方法、修養的方法、教育的方法……等。〔註28〕

在程序與規則方面，鄧析的循名責實、因之循理、依類辯故、參轉不亂；惠施的確定觀點、相對比較、異中求同、汜愛以知；尹文的名以檢形、形以定名、名以定事，事以檢名；公孫龍的實隨物變、名隨實轉、一名一實、名符其實；及名依實而立，但隨謂而用；謂中見新實、新實立新名等；都是可資參考應用的原則，藉以確定概念的意義，理解思想的內涵。此外，名的指涉性、約定性、界定性，及其互動性、增長性、含糊性等性質，也可幫助我們在整理中國哲學思想時，澄清一些可能的誤解。

在表達形式方面，名家的思想常是以辯論或對談的方式呈現，不論回答對方的問題，或自問自答，其中一問一答的形式或隱或顯，總含蘊著答中帶問、問中帶答的方式作為思考、表達進行的路徑，因此「問答」是名家在表達形式方面的提示。

以下吾人依名家名實思想的提示，嘗試勾勒一種整理已有思想或進一步發展思考的可能方法，這種方法應具備：概念意義的確定性、思想遞衍的邏輯性、理論架構的開放性，與系統學說的完整性。此方法之特徵如下：

一、從概念意義的確定性來看，除了字源意義、一般使用的約定性意義外之，就「名」的互動性而言，應說明其所「謂」之「實」的觀點與論域為何；就「名」的增長性而言，應說明其異於俗約的特殊或新增的意義為何；如此以避免「名」的含糊性，進而獲得「名」的界定性。

二、就思想遞衍的邏輯性來看，進行思考或表達思想時，由概念叢形成的每一單位思想與其他概念叢形成的另一單位思想，兩者間必須具有明顯的因果關係；這種因果關係因各人思路進展的方向不同，不必然要求為整體性

〔註26〕參見項退結編譯《西洋哲學辭典》，二一四條。
〔註27〕參見馮耀明著《中國哲學的方法論問題》，頁 1～2。
〔註28〕同前。

的，但至少前一單位思想中的某一部份，與後一單位思想中的某一部份，兩者須有因果關係。

　　三、就理論架構的開放性而言，在思考與表達形式上不能是封閉、僵化的；這種形式必須是隨時可以在單位思想與單位思想間，加添新的概念羣、構成新的單位思想；或將原來的單位思想再細分爲數個單位思想，而可繼續發展下去。這種開放性不僅向更廣的知識領域開放，並且也向建立理論系統的思考者開放。

　　四、就系統學說的完整性而言，是相對的；對外，可從單位思想羣所構成的系統學說與另一系統學說互相對比而見，何者包容性較大，則較完整（這種對比是由各系統中取擇出相同或相類的單位思想相比，或在各自單位思想中相同或相似的概念相比；倘若兩系統學說毫無交集的單位思想，那麼除非出現第三個能將原先兩系統學說包容在內的更大系統，構成彼此的關係，不然就無法對比，完整性也呈現不出來。）對內，可由建構者前、後系統的差異來比較，通常後起的系統在單位思想間所添加析出的細部單位思想較多，多者則較完整。

　　由上述，概念構成單位思想，而單位思想又可構成系統學說；因此，這種「方法」的關鍵在於「單位思想」的確立，吾人認爲以「一問答」爲「一單位思想」是可行的，誠如勞思光所說：「一切個人或學派的思想理論，根本上必是對某一問題的答覆或解答。我們如果找到了這個問題，即可以掌握這一部份理論的總脈絡。」〔註29〕本論文也應用其基源問題法，以問題串聯的方式整理出名家名實思想的廿六個問題，三個主要問題，乃至「名實關係爲何？」的基本問題，和九個主要概念，作爲鋪陳其思想架構的據點。

　　因此，吾人認爲問答形式是將各人思想紛雜不同的表達方式轉換爲可納入序列、建立秩序的一種極佳方式，且系統的建立就在於每一單位思想間，答由問而來、後一問由前一答而來地環環相扣。因爲人在作理性思考時，或隱或顯，都離不開問答的形式；在現實生活中也有許多時候必須應用問答的方式來表達自己的思想、了解別人的想法，諸如：記者採訪、律師辯護、立委質詢、心理輔導、老師的教學、考試……不論是回答別人的問題，或是自問自答，都包含著整理思想、系統呈現的作用。因此，就理性的思想而言，「問答」是可推廣成爲普遍約定的一種方式；故所謂的「單位思想」即「一問答」。

　　又如何以問答的方式將單位思想納入序列、建立系統，而可以符合前述的四種特徵？吾人嚐試借用數列的原本秩序性爲基本結構，表呈如下：（見次頁）

〔註29〕勞思光著《中國哲學史》，序言，頁 16。

$$M : \begin{cases} S : \begin{cases} Q_{a1} \rightarrow Q_{an} : Q_{a1} \longleftarrow Q_{a2} \longleftarrow Q_{a3} \cdots\cdots Q_{an} \\ Q_{a1} \rightarrow Q_{a2} : Q_{a1.1} \longleftarrow Q_{a1.2} \longleftarrow Q_{a1.3} \cdots\cdots Q_{a2} \\ Q_{a1.1} \rightarrow Q_{a1.2} : Q_{a1.1.1} \longleftarrow Q_{a1.1.2} \longleftarrow Q_{a1.1.3} \cdots\cdots Q_{a1.2} \\ \quad\vdots \end{cases} \\ -S : \begin{cases} -Q_{a1} , -Q_{a2} , -Q_{a3} \cdots\cdots -Q_{an} \\ -Q_{a1.1} , -Q_{a1.2} , -Q_{a1.3} \cdots\cdots -Q_{a1.9} \\ -Q_{a1.11} , -Q_{a1.12} , -Q_{a1.13} \cdots\cdots Q_{a1.19} \\ \quad\vdots \qquad\qquad\qquad\qquad\qquad\qquad\quad\vdots \end{cases} \end{cases}$$

說明：（1）此方法 M，包含呈現的部分 S，與預備呈現的部份-S。

（2）S 是進行思考或表達的系統形式。

（3）Qa 是單位思想，為 S 中之元素。

（4）－S 是每一單位思想之觀點、論域及概念意義界定性之說明（特徵一）。這種說明應視表達對象的需要而呈現或不須呈現。

（5）－Qa 為－S 中之元素，與 S 中的 Qa 一一對應。

（6）→代表思路的發展方向。

（7）◆──◆代表單位思想與單位思想間的因果關係（特徵二）。

（8）正、負整數、小數雖以十進位法為模型，但不必然受十進位法限制，如八進位、十六進位等皆可，視系統本身需要而調整。

（9）……代表此理論架構的開放性（特徵三）。

（10）系統理論的完成不必然會如上圖的理想形式，通常會有跳躍，須爾後的研究者作補全、修正的工作。但就建構思想者階段性的完成而言，有其相對之完整性，須與其他系統對比，方能顯示其完整之程度（特徵四）。

　　這種「方法」僅是極初步的構想，對於如：將思想轉化為問題的過程、問題本身的結構、回答內容的分析、問答間的各種關係、影響思路發展的相關因素、單位思想階層性的區分、兩系統的對比融合……等許多問題，都有待進一步的研究、試驗與多方的批評。

　　一個階段的完成是另一階段的開始，若這種「方法」是可行的，以這種開放性系統與可清楚傳達的「方法」來整理中國哲學的歷代思想，對中國哲學能有整體性的把握，進而能有所創新、發展，將是個人繼續努力的目標。

　　吾人衷心期望名家名實思想所提示的方法論嚐試，對於中國哲學的未來發展有些許助益，在既有的傳統哲學基礎上開出芬芳的花朵，結成豐碩的果實。

參考書目

一、名家四子原著與專書

1. 《鄧析子、尹文子、惠子、公孫龍子》,《中國子學名著集成——宋元明清善本叢刊》名家子部,珍本 082,台北:中國子學名著編印基金會,民國 67 年 12 月初版。

2. 《鄧析子‧鬼谷子》(據指海本校刊),台北,中華書局,民國 73 年 3 月台五版。

3. 《公孫龍子‧尸子》(據守山閣本校刊),台北,中華書局,民國 68 年 2 月台四版。

4. 《意林》,唐‧馬總撰,清‧周廣業手校并跋,《中國子學名著集成》,雜家子部,珍本 091,台北,《中國子學名著集成編印基金會》,民國 67 年 12 月初版。

5. 《名家六書‧墨經校銓》(周秦名家三子校詮),王啓湘撰,台北,世界書局,民國 74 年 4 月三版。

6. 《先秦名學七書》,伍非百著,台北市,洪氏出版社,民國 73 年 2 月初版。

7. 《名家五種校讀記》,錢基博著,台北市,廣文書局,民國 59 年 10 月初版。

8. 《中國名學》,虞愚編著,台北市,正中書局,民國 57 年 11 月二版。

9. 《中國邏輯思想史料分析》,汪奠基著,新竹市,仰哲出版社。

10. 《名家與荀子》,牟宗三著,台北市,學生書局,民國 68 年 3 月初版。

11. 《莊惠考異》,李慕如著,屏東市,東益出版社,民國 70 年 11 月初版。

12. 《公孫龍子與名家》,蕭登福著,台北市,文津出版社,民國 73 年 10 月初版。

13. 《公孫龍子講疏》,徐復觀著,台中,東海大學,民國 55 年 12 月初版。

14. 《公孫龍子研究》，龐樸著，台北市，木鐸出版社，民國71年6月初版。

15. 《公孫龍子今註今譯》，陳癸淼註譯，台北市，商務印書館，民國75年1月初版。

16. 《公孫龍與公孫龍子》，何啟民著，台北市，學生書局，民國70年7月三版。

17. 《白馬非馬》，林正弘著，台北市，三民書局，民國69年12月二版。

18. 《先秦諸子的若干研究》，杜國庠著。

19. 《公孫龍子釋》，金受申撰，台北市，河洛出版社，民國64年初版。

20. 《公孫龍子集解》，陳柱撰，台北市，河洛出版社，民國66年初版。

21. 《中國邏輯史（先秦）》，孫中原著，北京，中國人民大學出版社，1987年10月初版。

22. 《中國邏輯思想史稿》，周文英著，北京，人民出版社，1979年12月初版。

23. 《先秦邏輯史》，周云之、劉培育著，北京，中國社會科學出版社，1984年12月初版。

24. 《先秦邏輯史》，溫公頤著，上海，人民出版社，1983年5月初版。

25. 《中國古代哲學的邏輯發展（上）》，馮契著，上海，人民出版社，1987年8月二版。

26. 《中國邏輯思想史》，汪奠基著，上海，人民出版社，1979年9月初版。

27. 《公孫龍子蠡測》，楊俊光著，山東，齊魯書社，1986年12月初版。

28. 《公孫龍子新注》，屈志清著，湖北，人民出版社，1985年7月二版。

29. 《公孫龍子形名發微》，譚戒甫撰，北京，新華書店，1987年8月二版。

30. 《中國哲學講話》，李石岑著。

31. 《十批判書》，郭沫若著，上海，人民出版社，1954年版。

二、其他子部相關著作與史料

1. 《墨辯新注》，李漁叔著，台北市，商務印書館，民國57年1月初版。

2. 《墨家哲學》，蔡仁厚著，台北市，東大圖書公司，民國72年9月二版。

3. 《墨家的哲學方法》，鐘友聯著，台北市，東大圖書公司，民國70年2月二版。

4. 《墨學源流》，方授楚著，台北市，中華書局，民國55年3月台二版。

5. 《墨子閒詁》，孫詒讓著，台北市，華正書局，民國76年3月初版。

6. 《墨家的形式邏輯》，詹劍峯著，湖北，人民出版社，1979年6月三版。

7. 《墨經中的數學與物理學》，方孝博著，北京，中國社會科學出版社，1983

年 7 月初版。

8. 《墨辯邏輯學》，陳孟麟著，濟南，山東人民出版社，1979 年 6 月初版。

9. 《墨經分類譯注》，譚戒甫編著，北京，中華書局，1981 年 9 月初版。

10. 《道家四子新編》，嚴靈峯編著，台北市，商務印書館，民國 57 年 10 月初版。

11. 《經子叢著第九、十冊》，嚴靈峯編著，台北市，中華書局，民國 75 年版。

12. 《老莊研究》，嚴靈峯著，台北市，中華書局，民國 55 年 6 月初版。

13. 《老子今註今譯及評介》，陳鼓應註譯，台北市，商務印書館，民國 69 年 6 月，七版。

14. 《莊子集釋》，郭慶藩輯，台北市，河洛出版社，民國 63 年 3 月初版。

15. 《莊子與古希臘哲學中的道》，鄔昆如著，台北市，中華書局，民國 61 年 5 月初版。

16. 《新譯莊子讀本》，黃錦鋐註譯，三民書局，民國 67 年 7 月三版。

17. 《註語全解》，宋・陳祥道撰，《中國子學名著集成》，儒家子部，珍本 004，台北，中國子學名著集成編印基金會，民國 67 年 12 月初版。

18. 《廣解四書》，宋・朱熹集註，蔣伯潛廣解，台北市，啟明書局，民國 57 年 8 月二版。

19. 《荀子柬釋》，梁啟雄著，台北市，商務印書館，民國 62 年 3 月台三版。

20. 《呂氏春秋》，秦・呂不韋著，宋・陸游評，明・凌雅隆批，《中國子學名著集成》，雜家子部珍本 084，台北市，中國子學名著集成編印基金會，民國 67 年 12 月初版。

21. 《漢書》，漢・班固撰，唐・顏師古注，台北市，宏業書局，民國 61 年 11 月二版。

22. 《史記集評》，吳汝綸評點，台北市，中華書局，民國 59 年 5 月初版。

23. 《戰國策（上、下）》，西漢・劉向集錄，台北市，九思出版社，民國 67 年 11 月初版。

24. 《禮記今註今譯（上、下）》，王夢鷗註譯，台北市，商務印書館，民國 63 年四版。

25. 《十三經引得》，台北市，宗青圖書出版公司，民國 78 年 1 月初版。

26. 《諸子引得》，台北市，宗青圖書出版公司，民國 75 年 11 月初版。

三、一般參考書

1. 《老孔墨以後學派概觀》，梁啟超著，台北市，中華書局，民國 52 年 2 月二版。

2. 《中國哲學史》，馮友蘭著。

3. 《中國古代哲學史》，胡適，台北市，商務印書館，民國 75 年 3 月六版。

4. 《中國哲學史》，勞思光著，香港，崇基書院，1980 年 11 月三版。

5. 《中國哲學史概論》，渡邊秀方著，劉侃元譯，台北市，商務印書館，民國 68 年 7 月五版。

6. 《中國思想史論集續編》，徐復觀著，台北市，時報文化出版公司，民國 74 年 11 月二版。

7. 《中國學術思想史論叢（二）》，錢穆著，台北市，東大圖書公司，民國 66 年 2 月初版。

8. 《先秦諸子繫年》，錢穆著，台北市，東大圖書公司，民國 75 年 2 月初版。

9. 《中國哲學思想史（先秦篇）》，羅光著，台北市，學生書局，民國 76 年 11 月二版。

10. 《中國哲學的展望》，羅光著，台北市，學生書局，民國 66 年 12 月初版。

11. 《生命哲學》，羅光著，台北市，學生書局，民國 77 年 11 月二版。

12. 《士林哲學──理論篇》，羅光著，台北市，學生書局，民國 77 年 11 月三版。

13. 《基本哲學──有與無的探討》，李震著，台北市，問學出版社，民國 67 年 11 月初版。

14. 《中外形上學比較研究（上、下）》，李震著，台北市，中央文物供應社，民國 71 年 6 月初版。

15. 《哲學的宇宙觀》，李震著，台北市，學生書局，民國 67 年 11 月初版。

16. 《形上學》，葛慕藺著，台北縣，先知出版社，民國 66 年 10 月二版。

17. 《認識論》，柴熙著，台北市，商務印書館，民國 69 年 6 月四版。

18. 《知識論》，趙雅博著，台北市，幼獅文化事業公司，民國 68 年 2 月初版。

19. 《士林哲學的基本概念（一）──認識論、心理學》，張振東著，台北市，學生書局，民國 73 年 8 月初版。

20. 《士林哲學的基本概念（二）──宇宙論、形上學》，張振東著，新莊，輔大出版社，民國 70 年 8 月初版。

21. 《中西知識學比較研究》，張振東著，台北市，中央文物供應社，民國 72 年 2 月初版。

22. 《西洋哲學導論》，張振東著，台北市，學生書局，民國 67 年 7 月三版（學初版）。

23. 《西洋哲學史》，鄔昆如著，台北市，國立編譯館，民國 60 年 12 月台初版。

24. 《現象學論文集》，鄔昆如著，台北市，黎明文化事業公司，民國 70 年 5

月初版。

25. 《哲學概論》，鄔昆如著，台北市，五南圖書出版公司，民國 79 年 7 月四版。

26. 《論指謂》，錢志純著譯，新莊，輔仁出版社，民國 67 年 3 月初版。

27. 《中西哲學論文集》，劉述先著，台北市，學生書局，民國 76 年 7 月初版。

28. 《思想方法導論》，何秀煌著，台北市，三民書局，民國 75 年 10 月四版。

29. 《語意學》，戴華山著，台北市，華欣書局，民國 63 年 8 月初版。

30. 《中國先秦思維方法論》，鄧公玄著，台北市，商務印書館，民國 61 年 7 月二版。

31. 《先秦典籍中演繹邏輯之運用》，曹秀春著，台北市，黎明文化事業公司，民國 75 年 3 月初版。

32. 《現代哲學論衡》，沈清松著，台北市，黎明文化事業公司，民國 75 年 10 月初版。

33. 《中國哲學的方法問題》，馮耀明著，台北市，允晨文化公司，民國 78 年 9 月初版。

34. 《靈心雨絲》，李震著，新莊，輔大出版社，民國 70 年 3 月初版。

35. 《憂患與超昇》，李震著，新莊，輔大出版社，民國 74 年元月初版。

四、期刊與論文

1. 〈精神、物質、與語言〉，閔明我著，《輔大哲學論集》，第六期，民國 64 年 12 月。

2. 〈認識作用之本質〉，袁廷棟著，《輔大哲學論集》，第十二期，民國 68 年 3 月。

3. 〈抽象說之重估〉，袁廷棟著，《哲學與文化》，第九卷第二期，民國 71 年 2 月。

4. 〈先秦儒家哲學的方法演變〉，鄔崑如著，《台大哲學系中國哲學之方法研討會論文》，民國 79 年 5 月。

5. 〈中國哲學中的方法詮釋學——非方法論的方法論〉，成中英著，同前。

6. 〈道家的邏輯與認識方法〉，傅佩榮著，同前。

7. 〈中國哲學之方法——深察名號〉，龔鵬程著，同前。

8. 〈論先秦儒道兩家的哲學方法——以「論語」「老子」為中心〉，林正義著，同前。

9. 〈周易的思想方法〉高懷民著，同前。

10. 〈惠施邏輯思想之形上基礎〉，丁原植著，《輔大哲學論集》，第十九期，民國 74 年 7 月。

11. 〈惠施之學術生涯〉，陳癸淼著，《鵝湖月刊》，第三卷第三期，民國 66 年 9 月。

12. 〈尹文子辨證〉，蒙傳銘著，《師大國文研究所集刊》，第四號，民國 49 年。

13. 〈尹文和尹文子〉，唐鉞著，《清華學報》，第四卷第一期，民國 16 年 6 月。

14. 〈中國哲學家——尹文子〉，《哲學與文化月刊》編輯部，《哲學與文化月刊》，第七卷第二期，民國 69 年 2 月。

15. 〈關於公孫龍思想的討論〉，楊志源，《淡江學報》，第十一期，民國 62 年。

16. 〈公孫龍子研究〉，郭宏才著，《師大國文研究所集刊》，第廿二號，民國 67 年 6 月。

17. 〈公孫龍指物篇疏證〉，勞思光著，《香港崇基學報》，第六卷第一期，1966 年 11 月。

18. 《公孫龍哲學的理解與批判》，尉遲淦撰，輔大哲學研究所博士論文，民國 78 年 5 月。

19. 《公孫龍子研究》，李華漢撰，輔大哲學研究所碩士論文，民國 56 年。

20. 《公孫龍子有關認識問題之研究》，李賢中撰，輔大哲學研究所碩士論文，民國 74 年 5 月。

21. 〈荀子正名與先秦名學三宗〉，唐君毅著，《新亞學報》，第五卷第二期，民 1963 年 8 月。

22. 〈墨子小取篇「辨」辨義〉，唐君毅著，《新亞學報》，第四卷第二期，1960 年 2 月。

23. 〈墨辨的名實觀〉，馮耀明著，《鵝湖月刊》，第十四卷第五期，民國 77 年 11 月。

24. 〈名墨兩家邏輯思想之異同〉，張柳雲著，《中華文化復興月刊》，第二卷第十一期，民國 58 年 11 月。

25. 〈老莊學說研究〉，嚴靈峰撰，《東吳大學哲學系傳習錄》，第三期，民國 73 年 10 月。

26. 〈辨析名理的名家〉，張其昀著，《文藝復興月刊》，第一〇二期，民國 68 年 5 月。

27. 〈先秦名家之性格及其內容之概述〉，牟宗三著，《中華文化月刊》，十三期，民國 69 年 11 月。

28. 〈戰國時代的名家〉，王夢鷗著，《中央研究院歷史語言研究所集刊》，四十四本三分，民國 61 年 10 月。

29. 〈名家之研究〉，郭為著，《高雄師院學報》，第十期，民國 71 年 4 月。

30. 〈名家起於三晉說〉，鄭康民著，《大陸雜誌》，第十五卷第二期，民國 46 年 7 月。

31. 〈名家的歷史地位〉，周慶華著，《中原文獻》，第二一卷第一期，民國 78 年元月。

五、字、辭典

1. 《甲骨文集釋（全七冊）》，李孝定編述，南港，中央研究院歷史語言研究所專刊之五十，民國 71 年 6 月四版

2. 《金文詁林補（全八冊）》，周法高編撰，南港，中央研究院歷史語言研究所專刊之七十七，民國 71 年 5 月初版

3. 《正中形音義綜合大字典》，高樹藩主編，台北市，正中書局，民國 73 年 1 月五版

4. 《中國哲學辭典》，韋政通著，台北市，水牛出版公司，民國 75 年 3 月初版

5. 《西洋哲學辭典》，項退結編譯，台北，國立編譯館、先知出版社，民國 65 年 10 月初版。

附錄一 儒家正名思想對於名家的影響與辨正 [註1]

摘　要

　　「正名」思想，是儒家治理國家、維護社會秩序的重要思想，由孔子首先提出，並影響先秦各家對於此一問題的探討，而有不同的發展。其中，名家朝「名」之所以產生的認識論方向、以及「名」在使用上，意義內涵的變化方面深入探討，而發展出許多被視爲詭辯的名辯思想。一直到戰國後期的荀子，從儒家隆禮治國的立場，對於先秦各家的名學逐一批判，強調「名」之約定俗成的重要，並建立系統的名學理論。本文將探討先秦儒家與名家對於「正名」思想的相互影響，進而反省儒家「正名」思想的現代價值與意義。

　　【關鍵詞】：儒家、名家、正名、循名責實、形正由名、約定俗成

[註 1]　本文爲韓國木浦大學校，2011.6.所舉辦：2011 韓國儒教學會國際學術大會，「韓國儒學研究的反省與現代人文學科的溝通」之會議論文。

一、儒家的人文精神與孔子的正名思想

儒家基本精神在於「人文」,「人文」一辭,最早見於《周易‧賁卦象辭》:「觀乎天文以察時變,觀乎人文以化成天下。」程傳云:「天文,天之理也;人文,人之道也。天文謂日月星辰之錯列、寒暑陰陽之代變,觀其運行,以察四時之遷改也。人文,人理之倫序,觀人文以教化天下,天下成其禮俗,乃聖人用賁之道也。」可見「人文」是相對於「天文」而有之概念,天有天的規律,人有人的理則,人的理則是人際間的倫理關係,透過教化以為天下百姓之生活規範。韋政通說:「所謂人文化成,就是要憑藉人的能力,所制作的一套文化設計(主要包括禮、樂、倫制)以教化世人,使其能達文化所要求的目標,這個觀念頗能傳達儒家所理想的文化基本精神,和它的功能。」〔註2〕從文化設計的觀點來看,人必須從其道德自覺的德行開展出外在人倫社會的行為規範,這就是孔子所說的:「義以為質,禮以行之。」《論語‧衛靈公》「克己復禮為仁。」《論語‧顏淵》以「禮」為立人之本。又說:「人而不仁如禮何?人而不仁如樂何?」《論語‧八佾》可見仁義之德性乃外在禮制的根本基礎。荀子的禮也意味著一套社會層級的結構,其基礎係一種合乎社會正義的理,荀子曰:「禮之理,誠深矣。……禮者,人道之極也。」《荀子‧禮論》因此,禮制為禮的形構,亦即公道、公益的表徵。〔註3〕

探究「禮」的起源,禮最初起源於祭祀,《說文》:「禮,履也;所以示神致福也。」由此可知禮是對神表達敬意的行為,相應於不同的祭祀對象以及不同層級的祭祀者,各有其不同的動作、禮儀,因此禮逐漸成為社會共同遵守的規範。」〔註4〕儒家肯定禮的意義與價值,推而廣之,應用於政治、人倫各層面。禮在現實社會上的開展,就是儒家的「正名」思想,其中以孔子的正名思想最具影響力,影響了墨、法、名家的名學思想,至荀子的正名理論系統地綜合、批判之前的名學思想,並以儒家「隆禮貴義」的立場,建立其「正名」思想,強調約定俗成的重要性,基於禮制臻定社會秩序、人倫關係的作用,說明宜名、善名的性質。以下分別論述之,並指出正名思想對於名家公孫龍思想的影響及其理論價值。

〔註2〕 韋政通著,《中國哲學辭典》(台北:水牛書局,1986年),頁13。
〔註3〕 曾春海《先秦哲學史》(台北:五南圖書公司,2010年),頁168。
〔註4〕 陳飛龍《孔孟荀理學研究》(台北:文史哲出版社,1982年),頁15~17。

孔子是中國歷史上第一位提出正名思想的人，他生處於春秋末期，禮壞樂崩，社會秩序紊亂，正是周文沒落的時代。《孟子‧滕文公》云：「世衰道危，邪說暴行有作，臣弒其君者有之，子弒其父者有之，孔子懼，作春秋。」可見孔子有心挽救世衰道危的亂象，重新確立社會秩序，他的正名思想，首先在「正名分」，其次，從名分上的臻定而重視「正名物」。

1、正名分

《莊子‧天下》云：「春秋以道名分。」《論語‧顏淵》篇中齊景公問政於孔子，孔子對曰：「君君、臣臣、父父、子子。」亦即居於某名位者，必須盡其職分，負起他應負的責任，盡他應盡的義務，以使名實相符，如此，才能建立起社會穩定的秩序。並且對於不是自己所在之名位也不得干預，如：《論語‧泰伯》篇有云：「不在其位，不謀其政。」於是，當子路問政於孔子時，他首先就提出「正名」。《論語‧子路》篇，子路曰：「衛君待子而爲政，子將奚先？」子曰：「必也正名乎！」子路曰：「有是哉，子之迂也！奚其正？」子曰：「野哉，由也！君子於其所不知，蓋闕如也。名不正，則言不順；言不順，則事不成；事不成，則禮樂不興；禮樂不興，則刑罰不中；刑罰不中，則民無所措手足。」從正名到民知如何措其手足，可見「正名」是爲政的基礎，每一個人在自己的名位上，切實盡其本分，可將群體的行爲納入統一的秩序，而此秩序建立的過程，又特別強調周文所重視的禮、樂以及維持政權、安定社會之刑罰。《禮記‧樂記》：「樂者，天地之和也；禮者，天地之序也。和，故百物皆化；序，故群物皆別。」禮主秩序、樂主和諧，禮樂之所以能化、能別，並非僅言其形式，而是強調其如實的道德內蘊，如《論語‧陽貨》：子曰：「禮云禮云！玉帛云乎哉？樂云樂云！鐘鼓云乎哉？」正名分不僅是外在身分、地位的表現，也蘊含著人際之間的應然關係，也就是禮的內在基礎。

2、正名物

孔子的「正名物」是從「正名分」的思想引伸而來，由於名分是來自周禮的規範性作用，這不僅在人際關係、政治地位、社會階層、親屬關係上，同時也在器物的使用上，因爲擁有怎樣身份、地位的人，才能使用什麼樣的器物。當較低階層的人使用高階層的器物、服飾都是不合乎禮的。當時，有一些奇怪的現象發生，當低階層的人使用一些器物，其實雖不同於某物，但卻以相同的名來稱呼，爲的是一種虛榮，圖其不實的虛名。例如當時有一種

酒器，也是一種禮器，名爲「觚」。〔註 5〕在孔子之前，觚的形狀是上圓下方，腹面和四足都有四條稜角，可是到了孔子時代，所謂的「觚」這種酒器，名雖未變，但其形狀已經有了很大的不同。對此，孔子很在意的說：「觚不觚，觚哉？觚哉？」《論語·雍也》可見孔子非常重視名實的相符，當觚已經不是原來的樣子，就不應該再使用原來「觚」的名稱。由於孔子肯定周文的價值，並有心恢復周文舊觀，他說：「周兼二代，郁郁乎文哉！吾從周。」孔子爲了恢復周代以來的文化精神，因此特別重視「正名」思想。此一正名思想影響了之後的名、墨、法家。特別是「名家」從政治上的「正名」思想發展出名實相符或形名相符的正名思想。

二、名家對於「正名」思想的傳承與發展

根據班固《漢書·藝文志》的記載：「名七家，三十六篇」其中的代表人物及有著作流傳於世的有：鄧析子、尹文子、公孫龍子、惠施等。從他們的思想考察，可以明顯看到孔子「正名」思想對於名家的影響。

（一）傳　承

如尹文子〈大道上〉云：「君不可與臣業，臣不可侵君事，上下不相侵與，謂之名正。」可見孔子的正名思想，在尹文子的思想中，更清楚的強調君臣間各自的職分差異，不可相互侵擾，才能發揮政治上的積極作用。那麼，所謂的「君事」、「臣業」所指的又是什麼呢？鄧析子〈無厚〉篇說：「循名責實，君之事也；奉法宣令，臣之職也。」又云：「循名責實，察法立威，是明王也。」鄧析認爲國君之事就在於依照臣下所任職的官位，督責臣下盡忠職守，將本分內的工作做好。而臣子所應該作的職務本分就是依照國君所訂立的法令，頒佈執行。而國君既負有制訂法令的權力，他就必須明察法律的適宜性、可行性、公義性等，並且確立法律的權威性，賞罰的有效性，如此才是英名的君主。《公孫龍子·名實論》也說：「至矣哉，古之明王，審其名實，慎其所謂。至矣哉，古之明王！」一個英明的君主必須縝密地明察事物的名稱與所指涉的對象，必須一名一實、名符其實，謹慎地表達，君無戲言，因爲國君所說的每一句話，所訂立的法令，都是臣民所共同遵守的規範，如此審慎的

〔註 5〕溫公頤、崔清田主編《中國邏輯史教程》（天津：南開大學出版社，2001 年），頁 33。

處理名實問題，才不會造成社會的混亂。古代英明的君主正是極致的表率。

可見名家的思想者也懷抱著平治天下的目的，但他們不僅要正名，更要從認識的作用考察「實」的把握，更深入的探討了名、實、謂等問題，這是對孔子正名思想進一步的發展。

（二）發 展

1、對「實」的理解

首先，在對「實」的理解方面，鄧析子肯定在正名之前，必須要有一定的認識過程，此過程有其一定的道理脈絡可循，如：〈無厚〉篇云：「見其象、致其形、循其理、正其名。」吾人在認知某一事物時先有一印象，針對此一印象要釐清它原本的形質，再依循不同形質的事物之理加以比較、把握，如此才能確立認知的對象究竟為何，進而可以用合宜的「名」去指稱它，這也就是「正其名」。然而，「名實」之理為何？「名」常具有普遍性，某一類的動物，可用「牛」「馬」之名表示，或又可用「獸」之名來表達。於此，惠施對於萬物的同異類別也有精微的考察，《莊子‧天下》篇中，引述惠施的思想：「大同而與小同異，此之謂小同異；萬物畢同畢異，此之謂大同異。」這說明了不同類別的「名」雖然不同，有大類、小類之別，但是透過比較我們還是得以賦予適當的名稱，如：大類與小類的相比所呈現出來的差異，我們可以稱為：「小同異」。對於萬物都可以相比而呈現出來的同異，我們也可以賦予一名：「大同異」。這就是見象、致形、循理、正名的比較之理。

公孫龍子的〈指物論〉所云：「物莫非指，而指非指。」一方面肯定了認知過程，無法不透過指涉作用，另一方面也看到了認知的結果並不同於原先的認知對象。因為真正的認知對象是無法確定的，而這種不確定性，就在於主客二元認知模式本身的結構特性，也就是在這種主客兩方的結構中，主體永遠無法理解真正的客體。正如惠施在《莊子‧秋水》與莊子作「魚樂之辯」所採取的認知立場：「主體不是客體就無法瞭解客體的感受，也不能認知客體的真正內涵。」相應於同為名家的惠施思想，公孫龍在其〈指物論〉的結尾就有深刻的反省：「且夫指固自為非指，奚待於物而乃與為指？」意即指涉作用在二元結構下，本來就無法指出真正的對象物為何，如何有待於一種所謂的「對象物」，來構成這種指涉作用？也就是說，在二元認知結構下，指涉作用本身就阻礙了真正認識的可能。如果我們不能確知「物」又如何能有所

「指」？因而展現出一種對於最終認知結果的懷疑論立場。基於上述關連於辯者、惠施思想的分析，我們可以將「物莫非指，而指非指。」詮釋爲：凡是對象物必須透過指涉作用而呈現，不過被指出而呈現者，並不同於對象物。其中所謂的「物」即爲認知的客體，而「指」則包含著認識主體的「能指」、指涉對象的「所指」及指涉作用的「物指」。〔註6〕認識的作用是「能指」指向「所指」，進而構成「物指」，以獲得認識的結果。眞正的物雖然不能完全把握，但是經由「指物」而來的「實」卻是可以確定的；所謂的認識結果就是經「指」而來在思想界中所確定的「實」，爲「名」所表達者。

依此，〈名實論〉所謂：「天地與其所產焉，物也。物以物其所物而不過焉，實也。實以實其所實不曠焉，位也。」其中，天地和天地所產生的萬物就是我們認識的對象，而認識的主體能夠指涉、描述、界定這些對象；並且對象物因著人的認識作用，也呈現出它的種種性質，「不過」就是不增減構成某物之所以成爲某物之「指」的自性，這就是「實」。由於「物莫非指」，因此「物」「實」「位」等意涵都是在「指」的意義範疇之內，也就是都必須在認知主體的認知能力與作用之下來看，這也幫助我們瞭解「物」何以能「物其所物」，那必然是經過指涉作用所把握之物，也就是「指」。而「不過」則是在人的指涉作用所界定與約定下的「實」，其中包含著在「指」範疇內的清晰性與正確性。

當「實」以「名」的方式代表或表達時，其概念的內涵並不減損「實」的內容，這也就是名實相符的「位」。如蕭登福所舉的例子：「就有形之物而言，具有馬之性、相者爲馬，若在馬的性相外再加狗之性相則爲過，即過馬之實則不得再謂之馬。就無形之事而言，以『忠』爲盡責於某人某事爲忠，此爲忠之『實』，若在忠的特質上再加上孝的特質，則此時已逾越了忠之『實』，不能再以『忠』一詞來涵括它，而必須忠孝並稱。」〔註7〕如此能達到「正名」的目的。

2、對「名」的分類

吾人認識並把握到「實」之後，要選擇適當的名來指涉、稱呼它，不同的「實」要用不同的「名」，經同異的比較之後，「名」就有不同的類型。如尹文子〈大道上〉將「名」分爲三類：「一曰命物之名，方圓白黑是也；二曰毀譽之名，善惡貴賤是也；三曰況謂之名，愚賢愛憎是也。」其中，命物之

〔註6〕 李賢中《先秦名家「名實」思想探析》（台北：文史哲出版社，1992年8月）頁65。
〔註7〕 蕭登福《公孫龍子與名家》（台北：文津出版社，1984年10月）頁156。

名是依對象物外形特徵而定之名，此對象物必為視、觸等感官所能把握，乃為具體的有形器物。因此以方、圓、黑、白的形、色為命名的根據。毀譽之名，乃是由對象而來之主觀評價所定之名。其對象包含著抽象無形的事態，並且也涉及定名者主觀的評價標準。所以會以價值概念的善惡、社會地位之貴賤為命名的根據。況謂之名，此包含著由對象而來之主觀評價及依其評價而與之對應的相對態度，所以包含著評價之相對概念：賢、愚，主觀好、惡的愛、憎為命名之根據。

尹文的分類，包含著具體的、抽象的、相對的概念，他還指出了具體概念與抽象概念之間的關係。如〈大道上〉云：「好，則物之通稱，牛，則物之定形；以通稱隨定形，不可窮極者也。」「好」作為形容事物之「名」可以與眾多的事物相連結，如：好牛、好馬、好人、好書⋯⋯，因此他說「不可窮極者也」。此問題意識的發展，到了公孫龍，他提出了那有名的論題：「白馬非馬」。〈白馬論〉說：「馬者，所以命形也；白者，所以命色也。命色者非命形也。故曰：『白馬非馬』。雖然尹文子說「通稱可以隨定形」，但公孫龍卻強調，各「名」所指的「實」不同，「白」與「馬」並不能將他們視為等同，「白」與「馬」的結合也不能等同於「馬」。

3、正名的方法

在正名的方法上，名家是先正實，再正名。如公孫龍〈名實論〉：「其正也，正其所實也，正其所實者也，正其名也。」「名」的訂立，是以「實」為其內涵，因此正名必先正實。當名與實彼此相符合之後，在表達稱謂時，這種符應關係就必須一名一實繼續保持下去，如〈名實論〉：「其名正，則唯乎彼此焉，謂彼而彼不唯乎彼則彼謂不行；謂此而此不唯乎此則此謂不行。」再者，當「實」有所變化，「名」也必須跟著改變，不論是「物」在性質上的變化，或者空間上的轉移，「名」都要隨之改變，因為「名」的作用就在於謂「實」。如〈名實論〉：「夫名，實謂也。知此之非此也，知此之不在此也，則不謂也；知彼之非彼也，知彼之不在彼也，則不謂也。」此外，尹文子〈大道上〉也說：「名生於方圓，則眾名得其所稱也。」名是隨著事物的形狀、性質而有其意義。〈大道上〉又云：「名也者，正形者也。形正由名，則名不可差。故仲尼曰：『必也正名乎，名不正則言不順也。』」當名、實間有了一定的連繫，如：君惠、臣忠、父慈、子孝等等，我們就可以用「臣」之名所蘊含之「實」－忠，來要求臣應有的態度與行為。亦即所謂「名也者，正形者

也。」此正名方法雖然與儒家不完全相同，但是仍可以看出名家正名思想受到孔子正名思想的影響。如公孫龍〈名實論〉最後指出：「古代英明的君主，在訂立法律、發布命令、施政言論等，都會小心的審查名實，謹慎的措詞，如此才能將國家治理好。」由此可見，名家的正名思想仍然還是以政治上的目的為依歸。

從以上可知，孔子有關為政的「正名」思想，在名家朝「實」的理解、「名」的種類以及正名的方法等方向的探究，已發展出認知、與表達方面更深廣的探討，雖然有些思想偏離了儒家倫理向度的探討，但是在中國古代的認識論與語言哲學方面卻有相當的貢獻。

三、荀子的正名思想對名家的辨正

荀子的思想則是以禮義為核心，知統類、法後王、隆禮義以及正名思想是荀的立論主張。荀子在〈非十二子〉篇中批評了：惠施、鄧析等名家的代表人物，就其評論諸子的標準來看，韋政通先生指出：「荀子非十二子是本於一非常凸出的政治意識，而此一意識中所含的內容即『禮義之統』。因此我們可以判斷，荀子評論諸子所持的標準，是一『足以完成治道的禮義之統』。這正是他全副精神所傾注的重心，也是他各部分思想所輻射的焦點。」〔註8〕此外，荀子也在〈正名〉篇中批評了惠施、公孫龍等人的思想。

在荀子的〈正名〉思想中強調正名的政治作用，主要的目的在於統一人民的思想，使人民知道如何遵守社會的規範。反對名家那種分析性、破壞原本約定性的名實觀，所造成溝通上的混亂。他說：「故王者之制名，名定而實辨，道行而志通，則慎率民而一焉。故析辭擅作名以亂正名，使民疑惑，人多辨訟，則謂之大姦，其罪猶為符節、度量之罪也。故其民莫敢託為奇辭以亂正名，故其民愨，愨則易使，易使則公。其民莫敢託為奇辭以亂正名，故壹於道法而謹於循令矣。如是則其跡長矣。跡長功成，治之極也，是謹於守名約之功也。」

1、名的性質與作用

《荀子·正名》：「名也者，所以期累實也。」荀子認為「名」就是對於同一類「實」的稱謂，在表達過程中，名的性質就是反映事物之實，名的作

〔註8〕韋政通《荀子與古代哲學》（台北市：商務印書館，1992年）頁281。

用就在於「以名舉實」，累積許多的名，可以形成語句、文章，而達成人際之間想的交流。所以明智的人制訂了不同的名來指稱不同的實物與事態，進而分辨了社會階級的貴賤高低，區別了各種事物的同異，如此人們的意志、思想才能夠彼此溝通瞭解，事情才能作得成功，公共的事務才能合作完成。若世上沒有「名」，就會如荀子所說：「異形離心交喻，異物名實玄紐，貴賤不明，同異不別；如是，則志必有不喻之患，而事必有困廢之禍。」從「辨同異」來看，「名」有認識的作用；從「明貴賤」來看，「名」也有政治倫理上的作用；從「志喻」來看，「名」也有溝通的作用。〔註 9〕可見「名」對於人類社會的發展，有非常大的影響力。

2、制名的原則與方法

然而，「名」又是如何制訂的呢？荀子認為相同的事物要用相同的名來稱謂，單名可以表達的就用單名，如「馬」。如果單名不足以表達就用兼名，如「白馬」來表達。許多同類的事物可以用普遍抽象的「名」來代表，如：共名或別名，隨著抽象程度的不同而有大、小的共名或別名，隨著表達時的需要來分別使用。荀子說：「然後隨而命之，同則同之，異則異之。單足以喻則單，單不足以喻則兼，單與兼無所相避則共；雖共，不為害矣。知異實者之異名也，故使異實者莫不異名也，不可亂也，猶使同實者莫不同名也。故萬物雖眾，有時而欲遍舉之，故謂之物，物也者，大共名也。推而共之，共則有共，至於無共然後止；有時而欲偏舉之，故謂之鳥獸，鳥獸也者，大別名也。推而別之，別則有別，至於無別然後止。」《荀子·正名》

此外，荀子認為「名」的主要作用在於溝通，因此必須是在人們共同約定的意義下來使用「名」，不可以標新立異，使用一些特殊的觀點、異於俗約的「名」而混亂了思想。如他說：「名無固宜，約之以命，約定俗成謂之宜，異於約則謂之不宜。名無固實，約之以命實，約定俗成，謂之實名。名有固善，徑易而不拂，謂之善名。」因此，適宜的「名」就是約定俗成的「名」，好的名稱是大家都能瞭解其中的意義並且在使用上也十分簡易、方便的「名」。

3、辯說的道德原則

「名」的主要作用既然在於表達、溝通，組合不同的名可以形成語句，再累積、運用不同語句就可以表達一個人的複雜思想。如果兩種不同的思想

〔註 9〕李哲賢《荀子之名學析論》台北：文津出版社，2005 年，頁 114～116。

相互論辯時，是否有必須依循的原則呢？荀子說：「辨說也者，心之象道也。心也者，道之工宰也。道也者，治之經理也。心合於道，說合於心，辭合於說，正名而期，質請而喻。辨異而不過，推類而不悖，聽則合文，辨則盡故。以正道而辨姦，猶引繩以持曲直，是故邪說不能亂，百家無所竄。」《荀子·正名》心思的作用是呈現道，心是道的臣宰，道是治理天下的不變法則。心思意念必須合於道，言說表達必須合於心中之道，先正名然後才能下判斷，事物的根據和實情才能使人明白清楚。辨別不同的名稱而沒有過失，進行同類的推演而沒有錯誤。這樣聽起來就合乎禮法，論辯也能盡舉其根據。用正確的道理就可以辨別邪說，如同用繩墨可以檢測、衡量事物的曲直。因此邪說就不能造成社會上的混亂，也可以阻止百家謬說的流行。

再者，在辯說的過程中，荀子還指出要做到：「以仁心說，以學心聽，以公心辯。」《荀子·正名》亦即在辯說中要相互謙讓，寬以待人，秉持虛心學習的態度，公正無私地以理服人；如此才是士君子之辯。

4、對「三惑」的批判

基於上述制名、用名以及辯說的原則，荀子對於當時各家的謬說提出了批駁，也就是他的「三惑之辨」，荀子說：「『見侮不辱』，『聖人不愛己』，『殺盜非殺人也』，此惑於用名以亂名者也。驗之所為有名而觀其孰行，則能禁之矣。『山淵平』，『情欲寡』，『芻豢不加甘，大鐘不加樂』，此惑於用實以亂名者也。驗之所緣以同異而觀其孰調，則能禁之矣。『非而謁楹』，『有牛馬非馬也』，此惑於用名以亂實者也。驗之名約，以其所受悖其所辭，則能禁之矣。凡邪說辟言之離正道而擅作者，無不類於三惑者矣。故明君知其分而不與辨也。」《荀子·正名》此乃荀子針對宋鈃、墨子、惠施、公孫龍等人在名實關係上的混淆，以及在認知與表達、個別與一般的狀況所做的批評。

其中，「用實以亂名」就是對於名家惠施「山淵平」一說的批駁。在某些特殊的情形下或許會出現所謂山與淵一樣高的情形，但是荀子認為我們不應該用個別、例外的事實以混亂反映普遍現象的一般認識，因為這是以偏概全的詭辯。荀子認為要制止這種「以實亂名」的錯誤，只要通過感官的反映，看看哪一種說法符合一般客觀實際的狀況，就可以制止了。

至於「用名以亂實」中的「有牛馬非馬也」一說，則是批駁公孫龍子〈通辯論〉中「二無一」的原則，公孫龍子主張：「一個組合概念的形成，在其形成時與個別的部分有關，但是當此一組合概念形成之後，就成為一個具有獨

立內涵的「名」，而與原先組成的部分無關。如：「牛」、「馬」這兩個概念組合而成的「牛馬」之名，就其為獨立概念而言，其中無「牛」亦無「馬」。因而有「二無一」之說。荀子認為：作為「兼名」的「牛馬」雖然與單名的「牛」或「馬」是有區別的，但「牛馬」之集合並不是一個既非牛又非馬的新概念，實際上只是「牛」、「馬」兩個子集合的合稱，「牛馬」之名並沒有改變「牛」和「馬」這兩個名所包含的內涵與外延。所以，不能簡單地把名詞組合上的區別，混同為概念本質上的區別。〔註10〕制止這種「用名以亂實」的詭辯，只需要檢驗所約定之名，用大家都能接受的意義去反駁大家所不贊同的名詞，就可以避免這種錯誤。

荀子反駁「三惑」所根據的標準是：從制名的目的，來觀察那種說法行得通；回溯到人的感官認知能力，與心徵知的思考作用來加以檢驗；並且從約定俗成的原則來加以檢驗，如此就能禁止這些混亂的表達方式。

整體而言，荀子的正名思想也包含論證的要素：故、理、類「三物必具」的原則，所謂：「辯則盡故」《荀子·正名》、「言必當理」《荀子·儒效》、「推類而不悖」《荀子·正名》等原則。〔註11〕辯說不僅要「持之有故」，並且還需要「盡故」，也就是全面充分地說明辯說的理由和根據。荀子認為，人類最大的弊病就是「蔽於一曲而闇於大理。」所謂「言必當理」就是指言詞必須合乎道理，並且「凡知說，有益於理者，為之。無異於理者捨之；夫是之謂中說。」「知說失中，謂之奸道。」《荀子·儒效》知識和辯說都必須以「理」為標準，可見他對事物之「理」與思想法則之「理」都非常重視。

在「推類而不悖」方面，荀子指出在推論的過程中，不可模糊事物之類的界限，避免產生悖謬和混亂，《荀子·非相》中說：「類不悖，雖久同理。」即事物的類別是相對確定的，雖然過了很久還是同一個道理。荀子肯定類同則情狀同、道理同，相同的事物有相同的性質和規律。如此才可以「以人度人、以情度情、以類度類」《荀子·非相》，以「五寸之矩，盡天下之方。」《荀子·不苟》在辯說中，則可以「舉統類以應之。」《荀子·儒效》而什麼是「統類」？就是從個別事物或某些事類之中概括出普遍性原理，荀子的「求其統類」與傳統邏輯中歸納的思維進程有相似之處。〔註12〕至於求出的「統類」，

〔註10〕周云之《名辯學論》瀋陽：遼寧教育出版社，1996年。頁244。
〔註11〕孫中原《中國邏輯學》(台北：水牛出版社，1993年)，頁364～366。
〔註12〕溫公頤、崔清田《中國邏輯史教程》(天津：南開大學出版社，2001年)，頁55。

即普遍原理，其是否符合實際，是否正確？則必須要用實際的經驗加以驗證。

荀子在對諸子進行批判就是運用上述原則，揭露他們異類相比的錯誤，如《荀子‧性惡》說：「足可以遍行天下，然而未嘗有能遍行天下者也。夫工匠農賈，未嘗不可以相爲事也，然而未嘗能相爲事也。用此觀之，然則可以爲未必能也，雖不能無害可以爲。然則能不能與可不可，其不同遠矣。」由於「能不能」與「可不可」兩者不同，因此不可相推。

荀子不僅對說辯的法則相當的重視，其「辯」的內容與作用爲何？也決定了「辯」的價值。所謂「無用之辯，不急之察，棄而不治。」《荀子‧天論》又說：「君子必辯。凡人莫不好言其所善，而君子爲甚焉。是以小人辯言險，而君子辯言仁也。」《荀子‧非相》荀子認爲名家、辯者的言論與治道無關，乃無用之辯。

四、結論：「正名」的理論價值

儒家的人文思想，基本上肯定了人的存在價值，人是具有道德性的存在者，人有價值上的應然自覺，能夠分辨是非善惡。因此人可以經由道德性的發揮，透過人爲的努力來建立起社會的秩序。人際之間必須有發自於每個人道德性的行爲規範，這些規範經由長期的累積調適而成爲人與人之間互動的模式，這種模式以儀文節度的方式展現就是儒家所重視的「禮」。由於儀文節度的「禮」必須透過文字來表達，必須經由語言來教化，因此「禮」的實踐與「名」有密切的關係；並且，當人們誤解「名教」的意義、行爲偏差、違背應然的規範時，「正名」的思想就顯得特別重要了。

孔子的「正名」思想旨在強調人際間君、臣、父、子在政治、倫理上名實的相應，對於名實如何相符的認知性、表達性問題並無理論上之說明。名家的思想家們，在「正名」的目的性方面，也同樣肯定其政治、倫理上的作用。但是，在認識過程中如何獲得「實」？在思考過程中如何制訂、或選擇恰當的「名」來舉「實」？「名」、「實」之間如何才能相符？⋯⋯等問題，有了進一步的探討。由於涉及認識的問題，因而在認知的對象上逐漸由政治、倫理上的現象，轉向了自然界的萬物；不僅認識對象擴大，對於認知的方式、以及認知的觀點也都有了更大的轉變。一些對於事物特殊的觀察角度，如惠施的「天與地卑、山與澤平」的表達，也成爲當時討論的議題。又因爲涉及思考的過程，因此對於各種類型的名稱、以及它們之間的關係也都成爲探討

的問題，如公孫龍子的「二無一」，就是在探討「兼名」與「單名」之間的關係。又由於涉及表達的問題，因此名家的學者也會探討「唯乎彼此之謂」的問題，而有公孫龍子「一名一實」的「唯謂」說。

正因為戰國中後期的墨家、名家、與辯者在「正名」問題的研究上偏離了原先孔子所欲解決的倫理、政治問題，並且發展出有礙社會大眾彼此溝通的一些詭辯命題，因此，荀子才會有〈正名〉與〈解蔽〉篇之作。荀子詳細分析了「名」的實質與意義，名的形成在認識上的基礎，制名的原則與方法，並針對當時一些錯謬的言論進行逐一的批判與導正；他一方面試圖糾正名家、辯者的思想，但另一方面也必須針對名家所提出的認知、表達問題提出解決之道。荀子的解決之道，基本上是以孔子「正名」之目的為依歸，在「名」的作用方面，以達成人際間的有效溝通為優先標準；因此，在「名」的表達上，以「約定俗成」為最高準則。並且，在辯說的目的方面，不能偏離道德性或有效臻定社會秩序的目的。在辯說的態度上也不能違背應有的道德原則。荀子不但繼承了孔子的「正名」思想，也建立起系統性的「正名」理論。

名家的「正名」思想雖然是荀子所批判的對象，但是，正因為有名家在認知、思考、表達等方面深入的探討，才能刺激荀子建立起「正名」思想的系統理論。並且，名家在認識論、語言哲學方面的探討，正有補充中國先秦哲學在這些方面的不足，對於日後在中國魏晉玄學有關「自然」與「名教」問題的探討，也有其影響力，值得予以肯定。

時至今日，「正名」問題仍然是許多政治、經濟、社會、倫理上的問題。例如：「台灣」要以怎樣的名稱進入聯合國的國際組織，如衛生、經濟、文化、體育等各種組織？要以怎麼樣的名稱參加國際性的學術活動、藝文活動、競賽活動？一般社會中在遺產的繼承問題上、婚姻中非正常的男女關係、父母、子女關係問題；國會的立法、法律的條文的解釋問題……等等，在現代生活中，仍有許多層面會涉及「正名」的問題。因為，「名」是「實」的代表，而對於「實」的認知與把握卻有因人而異的主觀性與相對性，若涉及權力、利害關係，以及各種大小的利益團體各自所採取的不同觀點，其中對於「名」之理解與表達的變數又更多。如果儒家孔子所提出的「正名」思想以及之後名家、荀子的發展是有價值的思想，那麼「正名」思想對於現代問題的解決，能給我們怎樣的啟示，也是值得我們進一步深思的。

附錄二　從《公孫龍子》的詮釋比較看經典詮釋之方法問題 [註1]

摘　要

　　本論文透過比較龐樸、周云之、孫中原及馮耀明對《公孫龍子》〈指物〉、〈名實〉、〈通變〉三篇的解讀，指出他們的詮釋差異。並以《墨辯》、《荀子》、《莊子》中的文獻爲依據，進行相關連性的解釋。最後透過方法論之反省，說明詮釋者在參照系、詮釋情境、合理性標準，及其一致性在邏輯、語言、及時代背景上的相互關係。

　　【關鍵詞】：物、實、名、指、參照系、合理性標準、詮釋情境、一致性。

――――――――――――
　〔註 1〕　本文爲山東大學文史哲研究院，2010 年 8 月舉辦「第七屆詮釋學與中國經典
　　　　　詮釋學術研討會」之會議論文。

一、《公孫龍子》相關研究回顧

在台灣方面有關公孫龍子的研究，徐復觀教授於 1966 年在東海大學出版《公孫龍子講疏》，於序中他從名的起源問題、名的特別意義、孔子的正名思想、辯者與名家、公孫龍及公孫龍子、公孫龍的批判者、先秦正名思想的完成、名家的價值，以及對公孫龍子的思想淵源、時代背景等方面提出了相關的說明，他認為現存《公孫龍子》仍有研究的價值在於：第一、關於戰國中期盛極一時的辯者，除了公孫龍子以外，只留下僅有結論而沒有立論根據的若干片鱗隻爪……現時所能看到的《公孫龍子》雖係殘缺之餘；但剩下的五篇，皆首尾完具猶得以考察其立論的根據和理論的線索。只憑這一點，已經有思想史上的價值。第二、中國傳統文化中，注重具體而忽於抽象，深於體驗而短於思辯，……公孫龍子表現出很高的抽象能力，這種抽象能力發揮了很嚴密地抽象推理作用。〔註 2〕之後，1967 年輔大李華漢的碩士論文《公孫龍子研究》完成，這是五十多年來第一篇以公孫龍子為研究對象的碩士論文。至 1989 年輔大尉遲淦以《公孫龍哲學的理解與批判》為其博士論文。此外，陳癸淼早年在蘭臺書屋出版了一本《公孫龍子疏釋》，後來到 1986 年，在商務印書館出了一本《公孫龍子今註今譯》，其中也引用了徐復觀《公孫龍子講疏》〈指物論〉中對「指」的界說：「指是在主觀認識能力中所形成的映象，同時也即是使映象得以成立的心的認識能力」，陳癸淼認為「指」是指謂或論謂客觀實有之物的「概念」。〔註 3〕牟宗三在他的《名家與荀子》一書中曾提到他的著作，且有不錯的評價，牟先生認為他對〈指物論〉的疏釋相當通暢。

其間，鄺錦倫在 1974 年 11 月，263 期的《幼獅月刊》上寫過一篇〈公孫龍子指物論篇試釋〉的文章，他嘗試以胡賽爾的「意向性」（intentionality）一概念來分析〈指物論〉中的「指」概念，他認為首句「物莫非指」是講認識論的關係，也就是認為所有事物都是透過觀念的意向性而被瞭解或認識的；第二句「而指非指」中的第一個「指」表示意向所指之物（entity），它是不等同於觀念的意向性的。相對於首句的認識論關係的說法，鄺錦倫認為次句所說的乃是存有論的關係。然而，在馮耀明的《公孫龍子》一書中，他並不同意以「意向性」來理解「指」，而且認為首二句都是講存有論關係，分別涉及

〔註 2〕徐復觀《公孫龍子講疏》（台中：東海大學，1966 年 12 月）頁 17～18。
〔註 3〕陳癸淼《公孫龍子今註今譯》（台北：商務印書館，1986 年 1 月）頁 44。

「物」與「獨指」，和「物指」與「獨指」的關係。〔註4〕再者，具有香港背景的鄺芷人在 1985 年 6 月，第 26 卷《東海學報》上發表過一篇綜論性的文章，叫做〈公孫龍子「指物論」篇釋述〉。他先後討論了謝希深對「指」概念的「是非」說、章太炎的「識境」說、馮友蘭的「共相」說、勞思光的「類」說、俞樾的「指目」說、胡適的「表德」說、譚戒甫的「名謂」說、徐復觀的「映象」說及唐君毅的「用名指物」說，可謂周詳而深入。大體而言，他比較接受他的老師唐君毅先生之說，並以之試釋〈指物論〉全文，然而他和他的另一位老師勞思光先生的「類」說一樣，都有加減字為訓的問題，馮耀明認為這樣的解釋並不能配合《公孫龍子》其餘各篇的論旨，不免偏枯而不協。〔註5〕與此同時，筆者的碩士論文《公孫龍子有關認識問題之研究》於 1985 年 6 月完成，其中對「指」「物」等關鍵詞從字源意義、時代意義、以及文本的脈絡意義考察，發現「指」的含意甚廣，可說是對認識活動某一關係過程各個階段，或某幾個階段的指涉。〔註6〕此外，還有不少受過西方邏輯訓練的學者，以符號邏輯將〈白馬論〉的推論過程形式化、符號化，以展現主客雙方辯論的思路，例如：馮耀明 2000 年東大書局出版《公孫龍子》第三章〈白馬論〉的分析，就採取這種方式。

從以上簡單回顧近幾十年來港台學者對於公孫龍子的研究概況，可見《公孫龍子》的研究，由於其中文字的簡奧，以及漢語意義的多義性，使得歷來解釋《公孫龍子》的著作，可以天差地別。但各家的解釋卻有其共通之處，也就是自以為合理、通貫的解釋了《公孫龍子》。這種情況一方面讓我們對於公孫龍的原意還原造成了極大的障礙，但是，另一方面，卻提供了各家解讀《公孫龍子》的方法、各家所認為的合理性標準、以及解釋背後參照系思想、理論等等，一些可供探討的材料。因此，對於《公孫龍子》的研究，除了以 1.《公孫龍子》為研究對象之外，也可以將 2. 解讀《公孫龍子》的研究成果作為研究對象。並且對於 2. 的研究，有助於對 1. 的瞭解。從這意義來看，《公孫龍子》一方面是研究目的，另一方面也是研究中介或工具。其中隱含著的是當代研究者所認同的思想，也可以考察出研究者所受中西思想影響之大

〔註4〕 馮耀明《公孫龍子》（台北：東大圖書公司，2000 年 1 月）頁 209。
〔註5〕 馮耀明《公孫龍子》（台北：東大圖書公司，2000 年 1 月）頁 210。
〔註6〕 李賢中《公孫龍子有關認識問題之研究》(新北市：花木蘭出版社，2011 年 3 月)頁 12～13。

小。甚至，在某一時期中思潮的合理性標準爲何？及其轉變的態勢等資訊，而這些都與經典詮釋的方法有關。所以，《公孫龍子》研究的價值是多元的。

　　本文在處理、呈現《公孫龍子》思想的方法上，是由對《公孫龍子》各篇中的關鍵語句進行解析，並指出其中各自的一致性，與相互之間的歧異性；比較各家對於這些關鍵性語句解讀的異同。其次反省適宜的詮釋方法具備哪些要素，指出詮釋方法的合理性與一致性。再者，根據詮釋一致性的要求，從相關文獻看《公孫龍子》的合宜詮釋。由於篇幅的限制，本文將以龐樸、周云之、孫中原、馮耀明所研究的《公孫龍子》爲比較對象。在關鍵語句的取擇方面有，〈指物論〉：「物莫非指，而指非指。」〈名實論〉：「物以物其所物而不過焉，實也。實以實其所實不曠焉，位也。」〈通變論〉：「二無一。」等作爲比較的根據。由於〈白馬論〉〈堅白論〉在諸家解釋的歧異方面，相對來說比較小，並且這兩篇又是以前三篇的本體論、認識論、方法論爲基礎的例證，因此不在本文比較的範圍內。

二、《公孫龍子》三篇詮釋之比較

　　（一）從「物莫非指，而指非指」的詮釋看《公孫龍子》詮釋的歧異性

　　1. 周云之：萬物是沒有不可以用「名」（指）去指認的，而用以指認萬物之「名」（指）就不可以再用「名」（指）去指認了。〔註7〕

　　周云之以唯物主義觀點解〈指物論〉的理由是：（1）客方所斷定「指也者，天下之所無也；物也者，天下之所有也」，即承認「指」不是客觀獨立存在的「有」。（2）從「天下無指，物無可謂物」顯示「指」就是對物的稱謂。這樣的「指」也就相當於「名」或「概念」。意即「物」是客觀存在的第一性，而「指」則是主觀的第二性。〔註8〕

　　2. 龐樸：「物」沒有不是經過人的指認，而後才叫作物的。但「指」既爲物之所恉，指本身便不能有恉。猶如貨幣使商品得以表現出價格，而貨幣本身並無價格一樣。〔註9〕

　　龐樸以主觀唯心論觀點解〈指物論〉的理由是：所謂「物莫非指」，是

〔註7〕周云之《公孫龍子正名學說研究》（北京：社會科文獻出版社，1994 年 4 月）頁 31。

〔註8〕周云之《公孫龍子正名學說研究》（北京：社會科文獻出版社，1994 年 4 月）頁 50。

〔註9〕龐樸《公孫龍子研究》（台北：木鐸出版社，1982 年 6 月）頁 21。

說，萬物沒有不是意識的顯現；「而指非指」是說，而意識本身則不是意識的顯現。這是公孫龍白馬、堅白詭辯思想，以及「二無一」方法論的本體論根據。〔註10〕

周、龐的差異，在於同一句「物莫非指，而指非指」，其中的第一「指」周解釋為第二性存在的概念，龐理解為第一性存在的意識。

3. 孫中原：事物都是一般概念的顯現，而一般概念則是獨立存在的本體，它不再是別的概念之顯現。

孫中原認為〈指物論〉討論的是概念和事物的關係問題，「指」除了具有一般概念的意義之外，還是一種獨立存在的實體，並且有聚合為物的特殊能動作用。〔註11〕這解釋傾向客觀唯心論觀點。

4. 馮耀明：物皆由「獨指」（之相兼與相與而）變現成的。在具體物中之指是變了的（而非原來不變的）指。換言之，即不是離物而獨立自藏的不變之指。〔註12〕

馮耀明同樣以客觀唯心論觀點解〈指物論〉的理由是：（1）現象界之物無不是由本體界之獨指相與相兼而變現成的；（2）相與相兼成具體物之後，物中的物指便不再是原本的獨指了。

（二）從「物以物其所物而不過焉，實也。實以實其所實不曠焉，位也」的詮釋看《公孫龍子》詮釋的歧異性

1. 周云之：在《名實論》：「物以物其所物而不過焉，實也。實以實其所實而不曠焉，位也。」他的解釋是：具體的物在其形成一類（個）事物時都有其確定的範圍，這就叫做「實體」。例如：馬之類只限於馬，不能包括牛、虎、兔等等；白馬之類只限於白色之馬，不僅不能包括馬以外的事物，也不能包括馬中的黑馬、黃馬等等。實體必須具有充實它自己的具體內容（屬性），這樣的實體就算是有了確定的位置（事物中明確地存在的一個類）。〔註13〕

「具體的物在其形成一類（個）事物時」，其中所謂的「形成」就「指」的第二性存在義，其「類」概念的產生是經由人的認知作用。

2. 龐樸：物用來形成他自己而不過份的那個本體，叫做「實」。「實」用

〔註10〕同上，頁92。
〔註11〕孫中原《中國邏輯學》（台北：水牛出版社，1993年4月）頁187。
〔註12〕馮耀明《公孫龍子》（台北：東大圖書公司，2000年1月）頁87。
〔註13〕周云之《公孫龍子正名學說研究》（北京：社會科文獻出版社，1994年4月）頁45、46。

來充實它自己而不空缺的那個界線，叫做「位」。公孫龍於「物」之外又別爲「實」，則此「實」非「物」可知。通觀全書，此「實」字亦無實際、實在等義，而應如〈堅白論〉所謂之「不堅石物而堅」的堅自體，故定爲「寔」之借字。〔註 14〕

依「指」爲意識，則「形成他自己」者乃爲「意識」，而「實」乃如堅自體。因爲龐樸認爲：「物」不是我們所了解的物質第一性的那個物質，而「實」是指「本體」。如「仁之實，事親是也；義之實，從兄是也。」《孟子・離婁》就是。〔註 15〕

3. 孫中原：「實」是事物自身所固有的質的規定性，即決定一事物爲該事物而不是別的事物的實質，這是概念的內涵所反映的。「實」可以用實質、本質、本質屬性來翻譯。這個定義是其他古代思想家所沒有的，是公孫龍的獨創，這說明公孫龍有比較高的理論思維水平。「位」是事物的實質（本質）所規定的位置、界限，這是概念的外延所反映的。〔註 16〕

孫教授是以概念的內涵來說明「實」，而以概念的外延來說明「位」。

4. 馮耀明：具體事物中若依據其所以構成而恰如其份者，便得物之潛在的或顯現的本質（獨指或物指），公孫龍稱之爲「實」。依照杜國庠的說法，……「名，是用以謂實的東西，這樣看來，『所實』就和『名』同一意義了。『實以實其所實而不曠焉』，換句話說，就是『實以實其名而不曠焉』。『不曠』，是沒有欠缺的意思。以實『當』名，而「實」副其名，沒有欠缺，謂之『不曠』，這就叫做『位』。杜氏以「實其所實」解做「實其名」，是合理的解釋。……我們認爲公孫龍所說的「實其所實而不曠」或「實其名而不曠」只表示以「實」去「充實」或「滿足」「其所實」（或「名」）的「空位」存在，近似於現代邏輯所謂 "place-holder" 或 "argument"。有某實去填補或去充實某名，某名才成爲指實之名，亦即具有指涉性用法之名。譬如說，必須有某實去充實「牛」之名的空位存在，「牛」才成爲實指之名。換言之，必須預設有某些東西是「牛」一名之所指，「牛」才是指涉用法之名。〔註 17〕

其中，那「填補者」與「充實者」爲何？依此解釋系統之理路研判，應

〔註 14〕龐樸《公孫龍子研究》（台北：木鐸出版社，1982 年 6 月）頁 47、49。
〔註 15〕同上，頁 79。
〔註 16〕孫中原《中國邏輯學》（台北：水牛出版社，1993 年 4 月）頁 195。
〔註 17〕馮耀明《公孫龍子》（台北：東大圖書公司，2000 年 1 月）頁 142、143。

是那「普遍者」在相兼相與而變現的過程中做出調整。「獨指」此舉如何可能？則是《公孫龍子》文本中所並未交代的。

（三）從「二無一」的詮釋看《公孫龍子》詮釋的歧異性

1. 周云之：全體（二）中不包括組成它的部分（一）。

〈通變論〉具有某些理論價值的地方，一是討論了部分與整體的關係，二是提出了變的概念，三是論及了分類及劃分的原則。〔註18〕

其所謂的「二無一」即是對「白馬非馬」、「羊合牛非馬」、「白以青非黃」等命題的抽象概括。因此所謂的「整體」是指「白馬」「牛羊」「青白」的合成概念，而所謂的「部分」則是指「馬」「雞」「黃」等。所謂「變」的概念，周云之認為公孫龍所提出的「二無一」命題，與「二者左與右」的命題是不能同真的相反命題，而認為這部分是公孫龍的詭辯。至於「分類及劃分的原則」方面，則是透過「羊合牛非馬」和「牛合羊非雞」兩個命題來說明：強調同類必須具有共同的特徵，異類必須具有相異的特徵；其次，強調不能以任一特性之不共有就判定為不同類。再者，也不能以任一特性之共有就斷定為同類。

2. 龐樸：全體中不再存在部分。

所謂「二」在公孫龍的書裡，是指由兩個方面組成的那種複合物；所謂「一」，是指這複合物的組成方面。所謂「二無一」，是說「一」「一」既組合成「二」，就變化了自己，因而「二」中不再有「一」。

公孫龍如此極力來反對對立統一，即反對「二有一」，主張「二無一」，其直接目的，是為「白馬非馬」、「堅白石二」提供方法論根據。「白馬是馬」這個判斷，反映著單一和一般，同一和差異，對象和屬性這些對立的方面，是統一的；而「堅白石三」這個判斷，或某石既是堅的又是白的這樣一個複合判斷，則更明白的表示出：兩種不同的甚至矛盾的屬性，可以同時屬於一個事物。這也就是說，思維形式中是充滿著矛盾的，是「二有一」的。只有否定「二有一」，主張「二無一」，才便於主張馬只是馬，白馬只是白馬，「馬」中不應有「白」「馬」這樣的組成部分；堅石只是堅石，白石只是白石，「石」中不應既有「堅」又有「白」這樣的組成部分。這就是「二無一」這個論題在公孫龍思想體系中的地位。〔註19〕

〔註18〕周云之《公孫龍子正名學說研究》（北京：社會科文獻出版社，1994年4月）頁37、66。
〔註19〕龐樸《公孫龍子研究》（台北：木鐸出版社，1982年6月）頁89～91。

3. 孫中原：〈通變論〉指出，一不能叫二。一與一相加可變爲二。即一與二有區別，一加一可轉化爲二。這是對的。但公孫龍認爲一與一成二後，二不再有一，即「二無一」。

他認爲部分一旦構成整體之後，整體就只有統一性，而沒有多樣性；只有綜合，不能再分析。他甚至不承認由部分所構成的整體中仍然包括部分，於是部分就喪失了自己的獨立個性，就不再做爲部份的作用。〔註20〕

孫中原將「二無一」作爲說明「白馬非馬」與「堅白石非白」、「堅白石非堅」、「堅白石非石」的公式。

4. 馮耀明：〈白馬論〉上主張「白馬非馬」和〈指物論〉上主張的「物不可謂指也」可以說是有關「二非一」的特殊和普遍的說法。而〈白馬論〉上說的「有白馬不可謂有馬也」和〈指物論〉上說的「指也者，天下之所無也；物也者，天下之所有也。以天下之所有，爲天下之所無，未可。」都包含有「二無一」的特殊和普遍的論斷。〔註21〕

以上四位教授儘管對於「二無一」的解釋不盡相同，但是運用此「二無一」的公式或方法說明〈白馬論〉與〈堅白論〉的論證依據則是相同的。

三、詮釋方法的合理性與一致性

各家解讀《公孫龍子》的差異，分析其相關因素有：

1. **對於相同文本語句的不同理解。**

例如：「物莫非指」可以解釋爲「物沒有不是指的」而「指」再被解讀爲「旨」，再將「旨」理解爲「意識」，因而就會有龐樸的：「萬物沒有不是意識的顯現」這種主觀唯心思想的主張。此外，「物莫非指」也可以解釋爲：「物沒有不可指認的」，再加上「指也者，天下之所無也；物也者，天下之所有也。」其中對有、無理解成具體存在，與不存在；如此就會有周云之對〈指物論〉的唯物論解法。其次，像「非有非指者」可以解釋爲：「沒有不是指」（唯心觀點解法），也可以解釋爲：「天下並沒有不可指認的物」（唯物觀點解法）。再者，像〈名實論〉中的「位」，有解釋爲空間、有解釋爲外延，有解釋爲名實相符的狀態等等，皆依詮釋者其自認合理的某種參照系做爲解讀的根據。

〔註20〕孫中原《中國邏輯學》（台北：水牛出版社，1993年4月）頁181、185。
〔註21〕馮耀明《公孫龍子》（台北：東大圖書公司，2000年1月）頁125。

2. 形成詮釋差異的參照系不同。

所謂「參照系」是指詮釋者的前理解狀態，這種前理解狀態有其自身的一致性，是一種隱涵的系統，來自詮釋者的文化背景、教育背景、生活經驗、以及個人性向等相關因素。此一參照系就是詮釋者的對比根據，此根據決定了理解的角度、廣度、深度以及態度，更決定了理解者的視野。例如：馮友蘭使用他在美國所學到的新實在論（New Realism）及柏拉圖式的實在論（Platonic Realism）來解釋中國哲學的許多思想以及《公孫龍子》。又如鄺錦倫以胡賽爾的「意向性」（intentionality）一概念來分析〈指物論〉中的「指」概念。又如：李先焜用索緒爾（F. D. Saussure, 1857-1913）的語義理論及符號學為參照系，將「物莫非指」解釋為「任何事物都可以（在一定條件下）充當指謂其他事物的符號。」〔註22〕乃至許多學者經常使用的唯物、唯心主義做為解釋的根據等等，都是他們在詮釋《公孫龍子》的參照系。

3. 合理性標準所範限下的詮釋情境。

合理性標準決定了哪些參照系可以被取擇使用，這是一個人在學習知識的過程中逐漸形成的標準，雖然每個人的合理性標準大同小異，但是在每個獨特個體的成長經驗背景下，其差異還是存在的。一般而言，具有相同文化背景、或學習背景的人，他們的合理性標準比較接近。例如：汪奠基、沈有鼎以及孫中原這一系學者，多從邏輯的觀點解釋《公孫龍子》，其合理性標準就是比較接近的。又如：C.D. Hansen 提出「物質名詞假設」，受到 C. Harbsmeier 、方萬全、馮耀明等學者從分析哲學、語言哲學的觀點批判，他們的合理性標準也是比較接近的。由於人在進行思維時，會經由文本材料生發對應而出的思維情境，而此思維情境會受到合理性標準的範限作用，例如公孫龍的〈指物論〉到底是在處理認知問題的情境，還是在處理存有論問題的情境？〈白馬論〉「白馬非馬」中的「白馬」究竟是指具體之個別馬、還是白馬類的類概念？〈堅白論〉中獨立自藏的「堅」自身、「白」自身，是有主動性使物變現而具有某些性質？還是天下根本不存在這種「堅」性、「白」性，它們實然蘊藏於物中？公孫龍是在哪一種思維情境下來陳述、來論證？這些都會受到不同詮釋者他們不同合理性標準的影響。

〔註22〕李先焜《語言符號與邏輯》（武漢：湖北人民出版社，2006 年 8 月）頁 423。

4. 構成合理性的必要條件：與同一時期思想的一致性、相關性、差異性。

如何評價對於古籍解釋的合理性呢？此涉及解釋本身是否與邏輯相符合，對作品語言的解釋是否與古代語言的用法相符合，以及對作品思想的解釋是否與當時社會的思想文化背景相符合等三方面。〔註23〕

（1）解釋本身是否與邏輯相符合。

解釋本身必須前後一致，不能自相矛盾，這是人們對於解釋的最基本要求。例如：李先焜認爲「一個思想家的哲學觀點應該有其一定的內在一致性，即使出現變化，也是有其內在聯繫。公孫龍在〈名實論〉中對「物」的解釋完全是唯物主義的，何以到〈指物論〉來了一個 180 度的大轉彎，這不太容易給予合理的解釋。」〔註24〕如果詮釋者做出這樣的詮釋，就會被質疑。當然，對於原作者思想本身是合乎邏輯的預設，也未必完全眞確。〔註25〕因爲作者的思想可能發生變化，作者的表述可能出現錯誤，而引發作品敘述上的矛盾。但是當詮釋者遇到貌似矛盾的敘述時，並不能輕易將矛盾的原因歸於作者。因爲如果遇到解釋不通之處，就馬上歸咎於作者的前後不一，很可能會失落文本中一些深刻的意義，這必須要有非常明顯的證據才能斷定。還有，一些文本中的矛盾往往只是字面上的，例如：「而指非指」，只要詮釋者透過前後文字脈絡來取擇前後兩「指」的不同意義，就可以排除其字面上的矛盾。因此，某一詮釋本身的一致性就是是否符合邏輯的判準。

（2）對作品語言的解釋是否與古代語言的用法相符合。

在解釋古籍時，必須注意關鍵字詞之字源意義、作者生活年代，或成書年代的時代意義，以及作品本身的脈絡意義。例如：「指」在卜辭、大篆、小篆、隸書中的字源及演變意義，在孟子、莊子、荀子、墨辯中的時代意義，以及在公孫龍子書中的脈絡意義，都是必須考察的部分。〔註26〕由於每一字詞的意義都有其演變的過程，而古籍文本中的字詞必然與其字源意義有直接、間接、或類比的關係，因此必須探究關鍵字詞的字源意義。其次，文字隨著歷史演變，

〔註23〕王左立《《公孫龍子》中的意義理論》（香港：現代知識出版社，2004 年 10 月）頁 17。

〔註24〕李先焜《語言符號與邏輯》（武漢：湖北人民出版社，2006 年 8 月）頁 419。

〔註25〕李賢中〈評介馮耀明《公孫龍子》〉《哲學與文化》28 卷第 9 期，2001 年 9 月，頁 864～865。

〔註26〕李賢中《先秦名家「名實」思想探析》（台北：文史哲出版社，1992 年 8 月）頁 63～64。

在不同的時代會有不同的意義，因此也必須探討與公孫龍子同時代的相關作品中關鍵字詞的意義。再者，即使同時代的作品顯示了關鍵字詞的某些意義，但是一位有創意的哲學家他在使用某些字詞時，也可能會有他自己的獨特用法，或者有許多同名異謂的情況，因此我們必須從文本的行文脈絡中去推敲那些關鍵字詞的意義。例如在〈指物論〉中「非」可以解釋爲：不可以、不是、沒有。〈白馬論〉中的「非」可以解釋爲：不等同、不屬於等。究竟應作何解？需要從全文或上下文的意義去作分析，才能予以判定。

（3）對作品思想的解釋是否與當時社會的思想文化背景相符合。

任何思想都是在一定的社會歷史環境中，在一定的思想文化背景中產生的，在某一特定的社會歷史環境中存在的思想雖然各不相同，相互衝突，但他們共同構成了一個大的思想文化背景。這個大背景把每一位作者的思想對象、理論的性質，甚至思考問題的方式都限定在一定的範圍之內。因此，在解釋一部古籍作品時，解釋者必須把作品中的思想，放到當時的思想文化背景之下加以理解，以避免偏差。現代學者對於《公孫龍子》的解釋，不可避免的會受到現代思維方式、西方哲學的影響。但是依據思想文化背景的一致性原則，研究者就可以論證：在先秦時代能否產生某種西方哲學的理論型態，以作爲選取參照系的根據。

以上，從解讀《公孫龍子》方法論上的省思，可以讓我們瞭解到：合理性標準是動態的，不同時代有不同時代的參照系，而其中邏輯、語言、與時代背景的一致性相互規約，將有助於我們逐步釐清《公孫龍子》的思想，乃至於許多解讀者的哲學思想。

其次，就關連性而言我們可以將《公孫龍子》置於其成書之戰國時期，來探究〈指物論〉：「物莫非指，而指非指。」與辯者「指不至，至不絕」的關連性爲何。而在差異性方面，如《墨辯》對於公孫龍子〈堅白論〉分離各感官作用的批評，強調「智」對於各感官作用的統合性，也是可考察的線索。另公孫龍的感官作用在《莊子・人間世》看來只是：「耳止於聽」的層次，而對於《墨辯》的「心智統合作用」則爲：「心止於符」的層次。此外，《莊子・齊物論》也曾直接對〈指物論〉提出批評：「以指喻指之非指，不若以非指喻指之非指也；以馬喻馬之非馬，不若以非馬喻馬之非馬；天地一指也，萬物一馬也」等等。

總之，對於《公孫龍子》的詮釋必須將之放入其所處的時代背景之中，在當時的思潮之下，對於公孫龍的思想有贊成有反對者，總有一些相互的對話，

可供我們進行詮釋時的參考。因爲任何思想都不是憑空而起，或是對既有思想的認同承接，或對既有思想的批判超越，因此我們在詮釋某一原典文獻時，必須將其所屬的時代背景、思潮氛圍中的相關思想，理出頭緒；越能夠將同時代各種思想的相互關係予以釐清者，就越可顯示其詮釋的合理性。如：《公孫龍子》的認識論思想是在先秦時期佔有一定的地位，如果可以將該時期不同類型的認識論思想加以釐清，也就越能保證「認知問題」這種詮釋方向的正確性。

四、從相關文獻看《公孫龍子》三篇的合理詮釋

根據上述的合理詮釋原則，有關〈指物論〉的詮釋，我們可以參考當時辯者的相關論題如《莊子・天下》篇所謂的：「指不至、至不絕」。「指不至」，即認知的指涉作用，以名或概念表達事物，總有達不到的地方，總有所遺漏。王先謙《莊子集解》說：「有所指則有所遺，故曰指不至」就表達了這個意思。爲什麼指涉某物總會有達不到的地方？因爲認知主體的認識能力是有限的，任一事物都有不同的觀察角度與深度，任一事物也有與其他事物相關連的關係廣度；當認知主體專注於某些角度時就無法關照到其他角度；當他專注於某一對象時，與此一對象相關的其他事物他也無法一一顧及；即使當他掌握事物的某些性質，他又無法確認這些性質就是該物之終極所是。因此，認知結果的概念表達，也就無法窮盡所認知的對象，這都是所謂的「指不至」。也正因爲「指不至」，所以對於對象的認知一直都有繼續深入下去的可能，可以更深、更廣地去認知某一對象，這也就是所謂的「至不絕」。由此可推想，與辯者同時的公孫龍，可能都是在主客二元的認知模式下，來討論認知問題，進而建構、發展他們的相關思想。

就主客二元的認知模式分析，認識的條件有三：（一）爲「能指」，即認識主體的認識能力。如《公孫龍・指物論》：「物莫非指」中的「指」，徐復觀說：「指，係認識能力即由認識能力指向於物時所得之映像。」〔註27〕（二）爲「所指」，即指涉之對象物。如《公孫龍・指物論》：「而指非指」中的第二「指」，像馬、白馬、堅、白、石等都是認知的對象。（三）爲「物指」，即能指與所指相關的指涉作用。如《公孫龍子・指物論》：「使天下無物指，誰徑謂非指？」以及「天下有指無物指，誰徑謂非指？」中的「物指」，也就是主

〔註27〕徐復觀《公孫龍子講疏》（台中：東海大學，1966 年 12 月）頁 13。

客相關的認知作用，是認識的必要條件，一方面為認識主體具備的指涉能力指涉到對象物，另一方面為對象物所呈現之貌相、聲色、或其他性質為認識主體所把握。

公孫龍子的〈指物論〉所云：「物莫非指，而指非指。」一方面肯定了認知過程，無法不透過指涉作用，另一方面也看到了認知的結果並不同於原先的認知對象。因為真正的認知對象是無法確定的，而這種不確定性，就在於主客二元認知模式本身的結構特性，也就是在這種主客斷離的結構中，主體永遠無法理解真正的客體。正如惠施在《莊子‧秋水》與莊子作「魚樂之辯」所採取的認知立場：「主體不是客體就無法瞭解客體的感受，也不能認知客體的真正內涵。」相應於同為名家的惠施思想，公孫龍在其〈指物論〉的結尾就有深刻的反省：「且夫指固自為非指，奚待於物而乃與為指？」意即指涉作用在二元結構下，本來就無法指出真正的對象物為何，如何有待於一種所謂的「對象物」，來構成這種指涉作用？也就是說，在二元認知結構下，指涉作用本身就阻礙了真正認識的可能。如果我們不能確知「物」又如何能有所「指」？因而展現出一種對於最終認知結果的懷疑論立場。基於上述關連於辯者、惠施思想的分析，我們可以將「物莫非指，而指非指。」詮釋為：凡是對象物必須透過指涉作用而呈現，不過被指出而呈現者，並不同於對象物。其中所謂的「物」即為認知的客體，而「指」則包含著認識主體的「能指」、指涉對象的「所指」及指涉作用的「物指」。〔註28〕認識的作用是「能指」指向「所指」，進而構成「物指」，以獲得認識的結果。所謂的認識結果就是經「指」而來的「實」，為「名」所表達者。

我們再對比於《莊子》一書的思想來看，其中泯是非、薄辯議〔註29〕等思想，雖然對於認知、辯論等活動採取否定的態度，但是莊子卻是在十分瞭解二元認知模式，及非常熟悉辯論技巧的情況下，進行他獨特方式的表達。莊子〈齊物論〉中對於公孫龍「物莫非指，而指非指」的直接批評就是：「以指喻指之非指，不若以非指喻指之非指也；以馬喻馬之非馬，不若以非馬喻馬之非馬也。天地一指也，萬物一馬也。」意即：

1. 公孫龍你在指涉作用所預設的二元認知模式的框架下，來說明所認識

〔註28〕李賢中《先秦名家「名實」思想探析》（台北：文史哲出版社，1992 年 8 月）頁 65。

〔註29〕勞思光《中國哲學史》第一卷（香港：中文大學崇基學院，1980）頁 208。

的結果不同於所認識的對象，不如以非指涉作用（也就是主客合一，或主體境界提升而感通於道的方式）來說明指涉作用在認知事物之究竟上所受到的限制。

2. 在二元認知模式的框架下所認知的馬，用這種馬來說明「馬」（在整體或道的觀照下的那個東西）並不是你所了解的馬；不如用（超越二元模式所掌握的）「非馬」來說明馬（二元模式）不是你所以爲的馬（主客合一觀點下的那個東西）。

3. 任何指涉都會觸及整體性（道通爲一），萬物就如馬一樣，是同一整體觀點下的東西。〔註30〕

顯然，莊子知道這種二元認知方式，卻不採取這種認知方式，就是他發現這種二元認知方式的限度，透過莊子〈齊物論〉對公孫龍〈指物論〉的批評，來確定〈指物論〉的銓釋，應該更能貼近公孫龍的原意。

在〈名實論〉方面，我們可以參照墨家後期的《墨辯》思想，以及《荀子‧正名》篇來瞭解該時代對於「名」「實」關係的看法。首先在「名」的形成方面，〈墨經上〉：3.知，材也。〈經說上〉知材，知也者；所以知也，而必知，若明。

4. 慮，求也。〈經說上〉慮，慮也者以其知有求也，而不必得之，若睨。

5. 知，接也。〈經說上〉知，知也者以其知過物而能貌之，若見。

6. 恕（智），明也。〈經說上〉恕（智），恕（智）也者以其知論物，而其知之也著，若明。

這些感官、及理性認識能力的肯定，透過慮求、接知、貌物的認知過程而形成「名」。而名的作用則在於舉實，〈小取〉云：「以名舉實。」〈經上〉31.「舉，擬實也。」〈經說上〉「舉，告以文名，舉彼實故也。」「以名舉實」就是以文飾之圖像、符號以擬表所謂之物，即〈經說上〉81.「所以謂，名也。所謂，實也。」此「實」一方面爲事物客觀之性質，另一方面亦爲認知主體「恕」（智）所把握，因此，依其所謂之「實」可以指個體事物，亦可爲概括個體之「類」，或其他抽象之事理。依此，〈名實論〉所謂：「天地與其所產焉，物也。物以物其所物而不過焉，實也。實以實其所實不曠焉，位也。」其中，天地和天地所產生的萬物就是我們認識的對象，而認識的主體能夠指涉、描述、界定這些對象；並且對象物因著人的認識作用，也呈現出它的種種性質，

〔註30〕 曾春海主編《中國哲學概論》（台北：五南書局，2005 年 9 月）頁 137。

「不過」就是不增減構成某物之所以成爲某物之「指」的自性，這就是「實」。由於「物莫非指」，因此「物」「實」「位」等意涵都是在「指」的意義範疇之內，也就是都必須在認知主體的認知能力與作用之下來看，這也幫助我們瞭解「物」何以能「物其所物」，那必然是經過指涉作用所把握之物，也就是「指」。而「不過」則是在人的界定與約定下的「實」，其中包含著在「指」範疇內的清晰性與正確性。

當「實」以「名」的方式代表或表達時，其概念的內涵並不減損「實」的內容，這也就是名實相符的「位」。如蕭登福所舉的例子：「就有形之物而言，具有馬之性、相者爲馬，若在馬的性相外再加狗之性相則爲過，既過馬之實則不得再謂之馬。就無形之事而言，以『忠』爲盡責於某人某事爲忠，此爲忠之『實』，若在忠的特質上再加上孝的特質，則此時已逾越了忠之『實』，不能再以『忠』一詞來涵括它，而必須忠孝並稱。」〔註31〕

再考察荀子對於名、實關係的看法，《荀子·正名》主張：「實不喻然後命，命不喻然後期，期不喻然後說，說不喻然後辯。」在人們溝通時，如果提供實物以及它的概念、判斷還不能使人明白，就需要用一段話解釋說明其中所以然的道理。如果「說」還不能使人瞭解，那麼就必須透過「辯」的方式使人明白。因此，「名」在整體表達的過程中處於最基本的謂「實」符號。如《墨子·小取》也說：「以名舉實，以辭抒意，以說出故。」此與公孫龍子〈名實論〉：「夫名實，謂也。」的觀點是類似的。不過從差異性看，公孫龍的正名思想與墨子和荀子的觀點又有所不同。〈名實論〉：「其名正，則唯乎彼此焉。謂彼，而彼不唯乎彼，則彼謂不行；謂此，而此不唯乎此，則此謂不行。」公孫龍是以彼名謂比實、此名謂此實，一名一實、名符其實的「唯乎彼此之謂」來作爲正名的原則。由於「馬」之實與「白馬」之實不同，因此「白馬非馬」。在〈墨經下〉中還多了一條「彼此亦可」的情況。如〈經下〉168.「循（彼）此循（彼）此與彼此同，說在異。」〈經說下〉：「彼，正名者彼此。彼此可：彼彼止於彼，此此止於此。彼此不可：彼且此也。彼此亦可：彼此止於彼此。」在「牛馬」這種兼名方面，也應該是「牛馬」之名止於「牛馬」之實；因此會有〈經說下〉167.「牛馬非牛非馬，無難」的說法。在荀子方面《荀子·正名》則批評「有牛馬非馬也」或公孫龍「二無一」這類的命題是「用名以亂實者也」的「三惑」之一，需透過「驗之以名約」也就是約

〔註31〕蕭登福《公孫龍子與名家》（台北：文津出版社，1984年10月）頁156。

定俗成的原則來克服這種謬誤。

　　至於「二無一」的命題，〈經下〉104.「一，偏棄之。謂而固是也，說在因。〈經說下〉二與一亡，不與一在，偏去之。有之實也，而後謂之；無文實也，則無謂也。」參照墨經此條文意，可以理解公孫龍〈通變論〉所謂的「曰：右可謂二乎？曰：不可。曰：左可謂二乎？曰：不可。曰：左與右可謂二乎？曰：可。」被視為詭辯的「二無一」命題，根據其前後文的脈絡及例證，可以瞭解公孫龍之意在於：當一個概念形成的前後階段，其組合的元素或部分在形成前，其整體與其部分相關；但是，當形成之後則與其組成的部分不同，因為各部分所組成的整體，已成為一個獨立的概念，是「名」所指之「實」，加上「唯乎其彼此之謂」的原則一并思考，就能瞭解公孫龍的「二無一」命題之所以然了。

　　透過上述這些相近時代《莊子》、《墨辯》、《荀子》思想的同異對照比較，對於《公孫龍子》的理解與詮釋就能夠有所依據，而不會完全脫離其時代背景，只受到近代不同哲學理論的影響了。

五、結　論

　　經典詮釋的要素包括：詮釋的參照系、詮釋情境、合理性標準，及其一致性在邏輯、語言、及時代背景上的相互關係。參照系的取擇，會因人而異；但是參照系作為詮釋的工具，必須具備：對應性、系統性與操作性來作為取擇的標準。所謂「對應性」是指詮釋作品必須與當時語言、及時代背景的一致性，以此作為前提。如果能符合此一前提的要求，也就是說其詮釋既符合古代文獻的語言意涵，又能與該文本的時代背景相關思潮的同異關連有一定的脈絡關係，在此前提下任何參照系都是可被選擇的。其次，所謂「系統性」是指參照系本身的系統性，也就是它本身的理論深度必須要比被詮釋的對象來得高，來得完整，如此才能將所要詮釋對象中的理路對比、呈現出來。再者，所謂的「操作性」是指，參照系與詮釋對象的問題意識相同、概念內涵相通、思路進行相似；良好的參照系是能夠有助於進行持續的詮釋活動，而不會半途而廢。具備有上述三方面的特性就是好的參照系。

　　在合理性範限下的詮釋情境，其合理性標準雖然也會因人而異。但是，我們可以從情境融合的程度來看詮釋的是否成功。所謂情境融合有兩方面，一方面是情境構作與情境處理層面的融合，例如：將文本內容置於存有論問

題的討論情境就必須以解決存有論問題的方式來處理。若將文本內容視爲認識論問題的討論情境，就必須以解決認知問題的方式來處理。

另一方面則是思想單位與思想單位之間的融合。舉例來說，「物莫非指」與「而指非指」可視爲兩個思想單位，每一思想單位都有情境構作層與情境處理層，也就是當詮釋者將「物莫非指」視爲一有意義的語句時，必須構作此一語句的情境狀態或理論描述，不論是：1. 一個人用手指指物以示人。或 2. 一個人用「名」去指認物。或 3. 說明物只是人腦海中的概念。或 4. 說明在一定條件下，所有的物只是符號。……等等。都必須與下一句「而指非指」作爲另一思想單位的思維情境相融合。擴大來看，若以《公孫龍子》各篇爲思想單位，就必須處理〈指物論〉與〈名實論〉的融合，〈名實論〉與〈通變論〉的融合。……等等。再擴大到以《公孫龍子》爲思想單位，就必須處理《公孫龍子》與《莊子》、與《墨辯》、與《荀子》、與「辯者」等其他思想的融合。其融合的判準也有兩方面，其一，是詮釋本身的邏輯性，也就是詮釋的成果必須是理路連貫的整體。不能僅是片段無關的解釋，或者部分解釋得通但是各部分卻又銜接不起來。以《公孫龍子》的詮釋爲例，就可以六個主要問題相貫串聯繫：「物」是什麼？「指」是什麼？如何認識對象物？認識的結果如何呈顯？怎樣才是正確的表達？如何達成正確的表達？〔註 32〕其二，是詮釋情境的連續性，也就是不中斷的思維演變或避免跳躍式的思考。如此才能達到成功的融合，與詮釋的一致性。

最後，我們需要反省詮釋活動的目的爲何？理解與詮釋，是學術研究活動中的一環，在此之後還須要做理論建構、比較、評價、及創造性哲學思考與整合的研究等等。〔註 33〕基本上我們盡量釐清適宜詮釋過程中的要素，在相關前提、條件的規約下，我們還是要以開放的態度，歡迎、容納多元性的詮釋，唯有透過多角度的理解，才能獲得古典文獻的豐富意義與其現代價值。

〔註32〕李賢中《先秦名家「名實」思想探析》（台北：文史哲出版社，1992 年 8 月）頁 61～75。

〔註33〕李賢中〈中國哲學研究方法之省思〉《哲學與文化》395 期，2007 年 4 月，頁 9。

附錄三　名家四子原文

公孫子　趙公孫龍著

跡　府

　　公孫龍，六國時辯士也。疾名實之散亂，因資材之所長，爲守白之論。假物取譬，以守白辯，謂白馬爲非馬也。白馬爲非馬者，言白所以名色，言馬所以名形也；色非形，形非色也。夫言色則形不當與，言形則色不宜從，今合以爲物，非也。如求白馬于廄中，無有，而有驪色之馬，然不可以應有白馬也。不可以應有白馬，則所求之馬亡矣；亡則白馬竟非馬。欲推是辯，以正名實，而化天下焉。

　　龍與孔穿會趙平原君家。穿曰：「素聞先生高誼，願爲弟子久，但不取先生以白馬爲非馬耳！請去此術，則穿請爲弟子。」龍曰：「先生之言悖，龍之所以爲名者，乃以白馬之論爾，今使龍去之，則無以教焉；且欲師之者，以智與學不如也，今使龍去之，此先教而後師之也；先教而後師之者，悖。且白馬非馬，乃仲尼之所取，龍聞楚王張繁弱之弓，載忘歸之矢，以射蛟兕于雲夢之圃，而喪其弓，左右請求之。王曰：『止。楚人遺弓，楚人得之，又何求乎？』仲尼聞之曰：『楚王仁義而未遂也。亦曰人亡弓，人得之而已，何必楚？』若此，仲尼異楚人于所謂人。夫是仲尼異楚人于所謂人，而非龍異白馬于所謂馬，悖。先生修儒術而非仲尼之所取，欲學而使龍去所教，則雖百龍，固不能當前矣。」孔穿無以應焉。

　　公孫龍，趙平原君之客也，孔穿孔子之葉也。穿與龍會，穿謂龍曰：「臣居魯，側聞下風，高先生之智，說先生之行，願受業之日久矣，乃今得見。然所不取先生者，獨不取先生之以白馬爲非馬耳。請去白馬非馬之學，穿請爲弟子。」公孫龍曰：「先生之言悖。龍之學，以白馬爲非馬者也。使龍去之，則龍無以教；無以教而乃學于龍也者，悖。且夫欲學于龍者，以智與學焉爲不逮也。今教龍去白馬非馬，是先教而後師之也；先教而後師之，不可。

　　先生之所以教龍者，似齊王之謂尹文也。齊王之謂尹文曰：『寡人甚好士，以齊國無士何也？』尹文曰：『願大王之所謂士者。』齊王無以應。尹文曰：『今有人于此，事君則忠，事親則孝，交友則信，處鄉則順，有此四行，可謂士乎？』齊王曰：『善！此眞吾所謂士也。』尹文曰：『王得此人肯以爲臣乎？』王曰：『所願而不可得也。』是時齊王好勇，於是尹文曰：『使此人廣眾大庭之中，見侵侮而終不敢鬥，王將以爲臣乎？』王曰：『詎士也？見侮而不鬥，辱也！辱則寡人不以爲臣矣。』尹文曰：『唯見侮而不鬥，未失其四行也。是人未失其四行，其所以爲士也然。而一以爲臣，一不以爲臣，則向之所謂士者，乃非士乎？』齊王無以應。

　　尹文曰：『今有人君將理其國，人有非則非之，無非則亦非之；有功則賞之，無功則亦賞之。而怨人之不理也，可乎？』齊王曰：『不可。』尹文曰：『臣竊觀下吏之理齊，其方若此矣。』王曰：『寡人理國，信若先生之言，人雖不理，寡人不敢怨也。意未至然與？』尹文曰：『言之敢無說乎？王之令曰：「殺人者死，傷人者刑」，人有畏王之令者，見侮而終不敢鬥，是全王之令也。而王曰：「見侮而不鬥者，辱也。」謂之辱，非之也。無非而王辱之，故因除其藉，不以爲臣也。不以爲臣者，罰之也。此無罪而王罰之也。且王辱不敢鬥者，必榮敢鬥者也；榮敢鬥者，是而王是之，必以爲臣矣。必以爲臣者，賞之也。彼無功而王賞之，王之所賞，吏之所誅也；上之所是，而法之所非也。賞罰是非，相與四繆，雖十黃帝不能理也。』齊王無以應焉。故龍以子之言有似齊王。子知難白馬之非馬，不知所以難之說，以此猶知好士之名，而不知察士之類。」

白馬論

　　「『白馬非馬』可乎？」曰：「可」。曰：「何哉？」曰：「馬者，所以命形也；白者，所以命色也。命色者非命形也。故曰：『白馬非馬。』」

曰：「有白馬不可謂無馬也。不可謂無馬者，非馬也？有白馬爲有馬，白之，非馬何也？」曰：「求馬，黃黑馬皆可致；求白馬，黃、黑馬不可致。使白馬乃馬也，是所求一也。所求一者，白者不異馬也。所求不異，如黃、黑馬有可有不可，何也？可與不可，其相非、明。故黃、黑馬一也，而可以應有馬，而不可以應有白馬，是白馬之非馬，審矣！」

曰：「以馬之有色爲非馬，天下非有無色之馬也。天下無馬，可乎？」曰：「馬固有色，故有白馬。使馬無色，有馬如已耳，安取白馬？故白者非馬也。白馬者，馬與白也。馬與白，馬也？故曰：白馬非馬也。」

曰：「馬未與白爲馬，白未與馬爲白。合馬與白，復名白馬。是相與以不相與爲名，未可。故曰：白馬非馬未可。」曰：「以有白馬爲有馬、謂有白馬爲有黃馬，可乎？」曰：「未可」。曰：「以有馬爲異有黃馬，是異黃馬于馬也；異黃馬于馬，是以黃馬爲非馬。以黃馬爲非馬，而以白馬爲有馬，此飛者入池而棺槨異處，此天下之悖言亂辭也。」

曰：「有白馬不可謂無馬者，離白之謂也；不離者，有白馬不可謂有馬也。故所以爲有馬者，獨以馬爲有馬耳，非有白馬爲有馬。故其爲有馬也，不可以謂馬馬也。

以白者不定所白，忘之而可也。白馬者，言白定所白也，定所白者非白也。馬者，無去取于色，故黃黑皆所以應；白馬者，有去取于色，黃、黑馬皆所以色去，故唯白馬獨可以應耳。無去者非有去也，故曰：『白馬非馬。』」

指物論

物莫非指，而指非指。天下無指，物無可以謂物。非指者，天下而物可謂指乎？

指也者，天下之所無也；物也者，天下之所有也；以天下之所有，爲天下之所無，未可。

天下無指，而不可謂指也；不可謂指者，非指也？非指者，物莫非指也。

天下無指，而物不可謂指者，非有非指也；非有非指者，物莫非指也；物莫非指者，而指非指也。

天下無指者，生于物之各有名，不爲指也。不爲指而謂之指，是兼不爲指。以有不爲指之無不爲指，未可。

　　且指者，天下之所兼。天下無指者，物不可謂無指也；不可謂無指者，非有非指也；非有非指者，物莫非指。

　　指非非指也；指與物，非指也。使天下無物指，誰徑謂非指？天下無物，誰徑謂指？天下有指無物指，誰徑謂非指？徑謂無物非指？且夫指固自為非指，奚待於物而乃與為指。

通變論

　　曰：「二有一乎？」曰：「二無一。」

　　曰：「二有右乎？」曰：「二無右。」

　　曰：「二有左乎？」曰：「二無左。」

　　曰：「右可謂二乎？」曰：「不可。」

　　曰：「左可謂二乎？」曰：「不可。」

　　曰：「左與右可謂二乎？」曰：「可。」

　　曰：「謂變，非不變可乎？」曰：「可。」

　　曰：「右有與，可謂變乎？」曰：「可。」

　　曰：「變隻？」曰：「右。」

　　曰：「右苟變，安可謂右？苟不變，安可謂變？」曰：「二苟無左，又無右，二者左與右，奈何？」曰：「羊合牛非馬，牛合羊非雞。」

　　曰：「何哉？」

　　曰：「羊與牛唯異，羊有齒，牛無齒；而牛之非羊也，羊之非牛也，未可；是不俱有，而或類焉。羊有角，牛有角，牛之而羊也，羊之而牛也，未可；是俱有，而類之不同也。羊牛有角，馬無角，馬有尾，牛羊無尾；故曰羊合牛非馬也；非馬者，無馬也；無馬者，羊不二，牛不二，而羊牛二，是而羊，而牛，非馬，可也。若舉而以是，猶類之不同，若左右，猶是舉。

　　牛羊有毛，雞有羽。謂雞足一，數足二；二而一，故三。謂牛羊足一，數足四；四而一，故五。牛羊足五，雞足三，故曰牛合羊非雞。非有、以非雞也，與馬以雞，寧馬。材不材，其無以類，審矣。舉是亂名，是謂狂舉。」

　　曰：「他辯。」

　　曰：「青以白非黃，白以青非碧。」

曰：「何哉？」

曰：「青白不相與而相與，反對也。不相鄰而相鄰，不害其方也。不害其方者，反而對，各當其所，若左右不驪。故一于青不可，一于白不可；惡乎其有黃矣哉？黃其正矣，是正舉也；其有君臣之于國焉，故強壽矣。而且青驪乎白，而白不勝也。白足之勝矣，而不勝；是木賊金也。木賊金者碧，碧則非正舉矣。青白不相與而相與，不相勝，則兩明也。爭而明，其色碧也。與其碧，寧黃。黃其馬也，其與類乎；碧其雞也，其與暴乎！暴則君臣爭而兩明也，兩明者昏不明，非正舉也。非正舉者，名實無當，驪色章焉，故曰兩明也。兩明而道喪，其無有以正焉。」

堅白論

「堅白石三，可乎？」

曰：「不可。」

曰：「二可乎？」

曰：「可。」

曰：「何哉？」

曰：「無堅得白，其舉也二；無白得堅，其舉也二。」

曰：「得其所白，不可謂無白，得其所堅，不可謂無堅；而之石也之于然也，非三也？」

曰：「視不得其所堅而得其所白者，無堅也。拊不得其所白而得其所堅者，無白也。」

曰：「天下無白，不可以視石；天下無堅，不可謂石。堅白石不相外，藏三可乎？」

曰：「有自藏也，非藏而藏也。」

曰：「其白也，其堅也，而石必得以相盈，其自藏奈何？」

曰：「得其白、得其堅，見與不見與不見離，一一不相盈，故離。離也者，藏也。」

曰：「石之白，石之堅，見與不見，二與三；若廣修而相盈也，其非舉乎？」

曰：「物白焉，不定其所白；物堅焉，不定其所堅；不定者，兼。惡乎甚

石也？」

曰：「循石，非彼無石。非石，無所取乎白石。不相離者，固乎然，其無已。」

曰：「于石，一也；堅白，二也，而在于石。故有知焉，有不知焉；有見焉，有不見焉。故知與不知相與離，見與不見相與藏。藏故，孰謂之不離？」

曰：「目不能堅，手不能白，不可謂無堅，不可謂無白；其異任也，其無以代也。堅白域于石，惡乎離？」

曰：「堅未與石為堅，而物兼，未與為堅，而堅必堅；其不堅石、物而堅，天下未有若堅而堅藏。白固不能自白，惡能白石、物乎？若白者必白，則不白物而白焉，黃黑與之然，石其無有，惡取堅白石乎？故離也，離也者因是。力與知果，不若因是。且猶白以目、以火見，而火不見，則火與目不見而神見，神不見，而見離。　堅以手而手以捶，是捶與手知而不知，而神與不知。神乎！是之謂離焉。離也者，天下故獨而正。」

名實論

天地與其所產焉，物也。物以物其所物而不過焉，實也。實以實其所實不曠焉，位也。出其所位，非位；位其所位焉，正也。以其所正，正其所不正，疑其所正。其正者，正其所實也，正其所實者，正其名也。

其名正，則唯乎其彼此焉。謂彼，而彼不唯乎彼，則彼謂不行；謂此，而此不唯乎此，則此謂不行。其以當不當也，不當而當，亂也。故彼彼當乎彼，則唯乎彼，其謂行彼；此此當乎此，則唯乎此，其謂行此。其以當而當也。以當而當，正也。

故彼彼止于彼，此此止于此，可。彼此而彼且此，此彼而此且彼，不可。

夫名實，謂也。知此之非此也，知此之不在此也，則不謂也。知彼之非彼也，知彼之不在彼也，則不謂也。

至矣哉，古之明王。審其名實，慎其所謂。至矣哉，古之明王！

惠子　周惠施

歷物（莊子引惠施歷物之意，歷物是其篇名）

至大無外，謂之大一；至小無內，謂之小一。無厚，不可積也，其大千里。天與地卑，山與澤平。日方中方睨，物方生方死。大同而與小同異，此之謂小同異；萬物畢同畢異，此之謂大同異。南方無窮而有窮。今日適越而昔來。連環可解也。我知天下之中央，燕之北、越之南是也。汎愛萬物，天地一體也。惠施以此爲大，觀於天下而曉辯者，天下之辯者相與樂之。卵有毛；雞三足；郢有天下；犬可以爲羊；馬有卵；丁子有尾；火不熱；山出口；輪不蹍地；目不見；指不至，至不絕；龜長於蛇；矩不方，規不可以爲圓；鑿不圍枘；飛鳥之景未嘗動也；鏃矢之疾而有不行不止之時；狗非犬；黃馬驪牛三；白狗黑；孤駒未嘗有母；一尺之棰，日取其半，萬世不竭。辯者以此與惠施相應，終身無窮。（莊子雜篇天下）

尹文子　齊尹文著

大道上

大道無形，稱器有名。名也者，正形者也。形正由名，則名不可差。故仲尼云：「必也正名乎！名不正，則言不順也。」大道不稱，眾有必名。生於不稱，則群形自得其方圓；名生於方圓，則眾名得其所稱也。

大道治者，則名法儒墨自廢；以名法儒墨治者，則不得離道。老子曰：「道者，萬物之奧；善人之寶，不善人之所寶。是道治者，謂之善人；藉名法儒墨者，謂之不善人。善人之與不善人，名分日離，不待審察而得也。

道不足以治，則用法；法不足以治，則用術。術不足以治，則用權，權不足以治，則用勢；勢用則反權，權用則反術，術用則反法，法用則反道，道用則無爲而自治。故窮則徼終，徼終則反始；始終相襲，無窮極也。

有形者必有名，有名者未必有形。形而不名，未必失其方圓白黑之實；名而無形，不可不尋名以檢其差，故亦有名以檢形，形以定名，名以定事，事以檢名，察其所以然，則形名之與事物無所隱其理矣。

名有三科，法有四呈。一曰命物之名，方圓白黑是也；二曰毀譽之名，善惡貴賤是也；三曰況謂之名，賢愚愛憎是也。一曰不變之法，君臣上下是也，二曰齊俗之法，能鄙同異是也；三曰治眾之法，慶賞刑罰是也，四曰平准之法，律度權量是也。

術者，人君之所密用，群下不可妄窺；勢者，制法之利器，群下不可妄為。人君有術，而使群下得窺，非術之奧者；有勢，使臺下得為，非勢之重者。大要在乎先正名分，使不相侵雜，然後術可祕，勢可專。

名者，名形者也，形者，應名者也。然形非正名也，名非正形也，則形之與名，居然別矣；不可相亂，亦不可相無。無名，故大道無稱；有名，故名以正形。今萬物具存，不以名正之則亂，萬名具列，不以形應之則乖。故形名者，不可不正也。

善名命善，惡名命惡，故善有善名，惡有惡名。聖賢仁智，命善者也；頑嚚凶愚，命惡者也。今即聖賢仁智之名，以求聖賢仁智之實，未之或盡也；即頑嚚凶愚之名，以求頑嚚凶愚之實，亦未或盡也。使善惡盡然有分，雖未能盡物之實，猶不患其差也。故曰：「名不可不辨也。」

名稱者，別彼此而檢虛實者也。自古至今，莫不用此而得，用彼而失，失者由名分混，得者由名分察。今親賢而疏不肖，賞善而罰惡，賢不肖善惡之名宜在彼，親疏賞罰之稱宜屬我，我之與彼又復一名，名之察者也。名賢不肖為親疏，名善惡為賞罰，合彼我之一稱而不別之，名之混者也。故曰：「名稱者，不可不察也。」

語曰：「好牛」，又曰：「不可不察也。」好，則物之通稱；牛，則物之定形。以通稱隨定形，不可窮極者也。設復言好馬，則復連於馬矣，則好所通無方也。設復言好人，則彼屬於人矣。則好非人，人非好也。則好牛、好馬、好人之名自離矣。故曰：「名分不可相亂也。」

五色、五聲、五臭、五味，凡四類，自然存焉天地之間，而不期為人用，人必用之，終身各有好惡，而不能辨其名分。名宜屬彼，分宜屬我。我愛白而憎黑，韻商而舍徵，好羶而惡焦，嗜甘而逆苦；白黑、商徵、羶焦、甘苦，彼之名也；愛憎、韻舍、好惡、嗜逆，我之分也。定此名分，則萬事不亂也。

故人以度審長短，以量受少多，以衡平輕重，以律均清濁，以名稽虛實，以法定治亂，以簡治煩惑，以易御險難。以萬事皆歸於一，百度皆準於法。歸一者簡之至，準法者易之極。如此，頑嚚聾瞽，可與察慧聰明同其治也。

天下萬事，不可備能，責其備能於一人，則賢聖其猶病諸！設一人能備天下之事，能左右前後之宜，遠近遲疾之間，必有不兼者焉。苟有不兼，於治闕矣。全治而無闕者，大小多少，各當其分；農商工仕，不易其業。老農

長商，習工舊仕，莫不存焉，則處上者何事哉？故有理而無益於治者，君子弗言；有能而無益於事者，君子弗爲。君子非樂有言，有益於治，不得不言；君子非樂有爲，有益於事，不得不爲。故所言者，不出於名法權術；所爲者，不出於農稼軍陣，周務而已；故明主不爲治外之理，小人必言事外之能。小人亦知言損於治而不能不言；小人亦知能損於事，而不能不爲。故所言者，極於儒墨是非之辨；所爲者，極於堅僞偏抗之行，求名而已；故明主誅之。古語曰：「不知無害於君子，知之無損於小人。工匠不能，無害於巧；君子不知，無害於治。」此信矣。

爲善，使人不能得從，此獨善也；爲巧，使人不能得從，此獨巧也，未盡善巧之理。爲善、與眾行之，爲巧、與眾能之，此善之善者也，巧之巧者也。所貴聖人之治，不貴其獨治，貴其能與眾治；貴工倕之巧，不貴其獨巧，貴其能與眾共巧也。今世之人，行欲獨賢，事欲獨能，辨欲出群，勇欲絕眾。獨行之賢，不足以成化；獨能之事，不足以周務；出群之辨，不可爲戶說；絕眾之勇，不可與征陣，凡此四者，亂之所由生；是以聖人任道以夷其險，立法以理其差；使賢愚不相棄，能鄙不相遺。能鄙不相遺，則能鄙齊功；賢愚不相棄，則賢愚等慮，此至治之術也。

名定則物不競；分明，則私不行。物不競，非無心，由名定，故無所措其心；私不行，非無欲，由分明，故無所措其欲。然則心欲人人有之，而得同於無心無欲者，制之有道也。

田駢曰：「天下之士，莫肯處其門庭，臣其妻子，必遊宦諸侯之朝者，利引之也。遊於諸侯之朝，皆志爲卿大夫，而不擬於諸侯者，名限之也。」彭蒙曰：「雉兔在野，眾人遂之，分未定也；雞豕滿市，莫有志者，分定故也。」物奢，則仁智相屈；分定，則貪鄙不爭。圓者之轉，非能轉而轉，不得不轉也；方者之止，非能止而止，不得不止也。因圓之自轉，使不得止；因方之自止，使不得轉。何苦物之失分？故因賢者之有用，使不得不用；因愚者之無用，使不得用。用與不用；皆非我用；因彼所用、與不可用、而自得其用，奚患物之亂乎？

物皆不能自能，不知自知；智非能智而智，愚非能愚而愚，好非能好而好，醜非能醜而醜。夫不能自能，不知自知，則智好何所貴，愚醜何所賤？則智不能得夸愚，好不能得嗤醜，此爲得之道也。

　　道行於世，則貧賤者不怨，富貴者不驕，愚弱者不懾，智勇者不陵，定於分也；法行於世，則貧賤者不敢怨富貴，富貴者不敢陵貧賤，愚弱者不敢冀智勇，智勇者不敢鄙愚弱，此法之不及道也。

　　世之所貴，同而貴之，謂之俗；世之所用，同而用之，謂之物。苟違於人，俗所不與；苟忮於眾，俗所共去。故心皆殊，而為行若一；所好各異，而資用必同；此俗之所齊，物之所飾。故所齊不可不慎，所飾不可不擇。昔齊桓好衣紫，闔境不鬻異采；楚莊愛細腰，一國皆有饑色；上之所以率下，乃治亂之所由也。

　　故俗苟渗，必為治以矯之，物苟溢，必立制以檢之。累於俗，飾於物者，不可與為治矣。昔晉國苦奢，文公以儉矯之，及衣不重帛，食不兼肉，無幾時，人皆大布之衣，脫粟之飯。越王勾踐謀報吳，欲人之勇，路逢怒蛙而軾之，比及數年，民無長幼，臨敵，雖湯火不避。居上者之難，如此之驗。

　　聖王知民情之易動，故作樂以和之，制禮以節之。在下者不得用其私，故禮樂獨行；則私欲寢廢，私欲寢廢，則遭賢之與遭愚均矣。若使遭賢則治，遭愚則亂，是治亂屬於賢愚，不係於禮樂。是聖人之術，與聖主而俱沒，治世之法，逮易世而莫，用則亂多而治寡，亂多而治寡，則賢無所貴，愚無所賤矣。

　　處名位，雖不肖、不患物不親己；在貧賤，雖仁賢，不患物不疏己，親疏係乎勢利，不係於不肖與仁賢；吾亦不敢據以為天理，以為地勢之自然者爾。今天地之間，不肖實眾，仁賢實寡，趨利之情，不肖特厚，廉恥之情，仁賢偏多。今以禮義招仁賢，所得仁賢者，萬不一焉；以名利招不肖，所得不肖者，觸地是焉。故曰：「禮義成君子，君子未必須禮義；名利治小人，小人不可無名利。」

　　慶賞刑罰，君事也；守職效能，臣業也。君料功黜陟，故有慶賞刑罰；臣各慎所任，故有守職效能。君不可與臣業，臣不可侵君事，上下不相侵與，謂之名正，名正而法順也。接萬物使分，別海內使不雜；見侮不辱，見推不矜；禁暴息兵，救世之鬥，此仁君之德，可以為主矣。守職分使不亂，慎所任而無私，飢飽一心，毀譽同慮；賞亦不忘，罰亦不怨，此居下之節，可為人臣矣。

　　世有因名以得實，亦有因名以失實。宣王好射，說人之謂己能用強也；

其實所用不過三石，以示左右，左右皆引試之，中關而止。皆曰：「不下九石，非大王孰能用是！」宣王悅之。然則宣王用不過三石，而終身自以為九石。三石，實也；九石，名也。宣王悅其名而喪其實。齊有黃公者，好謙卑，有二女，皆國色，以其美也，常謙辭毀之，以為醜惡，醜惡之名遠布，年過而一國無聘者。衛有鰥夫時冒娶之，果國色。然後曰：「黃公好謙，故毀其子不姝美。」於是爭禮之，亦國色也。國色實也，醜惡名也，此違名而得實矣。楚人擔山雉者，路人問：「何鳥也？」擔雉者欺之，曰：「鳳凰也。」路人曰：「我聞有鳳凰，今直見之，汝販之乎？」曰：「然。」則十金，弗與；請加倍，乃與之。將欲獻楚王，經宿而鳥死，路人不遑惜金，惟恨不得以獻楚王。國人傳之，咸以為真鳳凰，貴欲以獻之，遂聞楚王。王感其欲獻於己，召而厚賜之，過於買鳥之金十倍。魏田父有耕於野者，得寶玉徑尺，弗知其玉也，以告鄰人，鄰人陰欲圖之，謂之曰：「怪石也，畜之弗利其家，弗如復之。」田父雖疑，猶錄以歸，置於廡下，其夜玉明，光照一室，田父稱家大怖，復以告鄰人，曰：「此怪之徵，遄棄殃可銷。」於是遽而棄於遠野，鄰人無何盜之，以獻魏王。魏王召玉工相之，玉工望之，再拜而立：「敢賀王得此天下之寶，臣未嘗見。」王問價，玉工曰：「此無價以當之，五城之都，僅可一觀。」魏王立賜獻玉者千金，長食上大夫祿。

凡天下萬里，皆有是非，吾所不敢誣；是者常是，非者常非，亦吾所信。然是雖常是，有時而不用；非雖常非，有時而必行。故用是而失，有矣；行非而得，有矣。是非之理不同，而更興廢，翻為我用，則是非焉在哉？

觀堯舜湯武之成，或順或逆，得時則昌；桀紂幽厲之敗；或是或非，失時則亡。五伯之屯亦然。宋公以楚人戰於泓，公子目夷曰：「楚眾我寡，請其未悉濟而擊之。」宋公曰：「不可，吾聞不鼓不成列，寡人雖亡國之餘，不敢行也。」戰敗，楚人執宋公。齊人弒襄公，立公孫無知，召忽、夷吾奉公子糾奔魯，鮑叔牙奉公子小白奔莒，既而無知被殺。二公子爭國，糾宜立者也，小白先入，故齊人立之。既而使魯人殺糾，召忽死之，徵夷吾以為相。晉文公為驪姬之譖，出亡十九年，惠公卒，賂秦以求反國，殺懷公子而自立。彼一君正，而不免於執，二君不正，霸業遂焉。

己是而舉世非之，則不知己之是；己非而舉世是之，亦不知己所非。然則是非隨眾賈而為正，非己所獨了，則犯眾者為非，順眾者為是。故人君處

權乘勢，處所是之地，則人所不得非也。居則物尊之，動則物從之，言則物誠之，行則物則之，所以居物上，御群下也。

國亂有三事：年飢民散，無食以聚之，則亂；治國無法，則亂；有法而不能用，則亂；有食以聚民，有法而能行，國不治，未之有也。

大道下

仁義禮樂、名法刑賞，凡此八者，五帝三王治世之術也。故仁以道之，義以宜之，禮以行之，樂以和之，名以正之，法以齊之，刑以威之，賞以勸之。故仁者，所以博施於物，亦所以生偏私；義者，所以立節行，亦所以成華偽；禮者，所以行恭謹，亦所以生惰慢；樂者，所以和情志，亦所以生淫放；名者，所以正尊卑，亦所以生矜篡；法者，所以齊眾異，亦所以乖名分；刑者，所以威不服，亦所以生陵暴；賞者，所以勸忠能，亦所以生鄙爭。凡此八術，無隱於人，而常存於世，非自顯於堯湯之時，非自逃於桀紂之朝，用得其道，則天下治；失其道，則天下亂。過此而往，雖彌綸天地，籠絡萬品，治道之外，非群生所餐挹，聖人錯而不言也。

凡國之存亡有六徵：有衰國，有亡國，有昌國，有彊國，有治國，有亂國。所謂亂亡之國者，凶虐殘暴不與焉；所謂彊治之國者，威力仁義不與焉。君年長，多媵、少子孫，疏宗族，衰國也；君寵臣、臣愛君，公法廢、私欲行，亂國也；國貧小、家富大，君權輕、臣勢重，亡國也；凡此三徵，不待凶虐殘暴而後弱也，雖曰見存，吾必謂之亡者也；內無專寵，外無近習，支庶繁字，長幼不亂，昌國也；農桑以時，倉廩充實，兵甲勁利，封彊脩理，彊國也；上不勝其下，下不犯其上，上下不相勝犯，故禁令行，人人無私，雖經險易而國不可侵，治國也；凡此三徵，不待威力仁義而後彊，雖曰見弱，吾必謂之存者也。

治主之興，必有所先誅。先誅者，非謂盜，非謂姦，此二惡者，一時之大害，非亂政之本也。亂政之本，下侵上之權，臣用君之術，心不畏時之禁，行不軌時之法，此大亂之道也。孔丘攝魯相，七日而誅少正卯，門人進問曰：「夫少正卯，魯之聞人也，夫子為政而先誅，得無失乎？」孔子曰：「居！吾語汝其故。人有惡者五，而竊盜姦私不與焉，一曰心達而險，二曰行僻而堅，三曰言偽而辨，四曰彊記而博，五曰順非而澤。此五者有一於人，則不免君子之誅；而少正卯兼有之，故居處足以聚徒成群，言談足以飾邪熒眾，彊記

足以反是獨立,此小人雄桀也,不可不誅也。是以湯誅尹諧,文王誅潘正,太公誅華士,管仲誅付里乙,子產誅鄧析、史付,此六子者,異世而同心,不可不誅也。詩曰:『憂心悄悄,慍於群小。』小人成群,斯足畏也。」語曰:「佞辨可以熒惑鬼神。」曰:「鬼神聰明正直,孰日熒惑者?」曰:「鬼神誠不受熒惑,此尤佞辨之巧,靡不入也。」夫佞辨者,雖不能熒惑鬼神,熒惑人明矣。探人之心,度人之欲,順人之嗜好而不敢逆,納人於邪惡而求其利。人喜聞己之美也,善能揚之;惡聞己之過也,善能飾之。得之於眉睫之間,承之於言行之先。語曰:「惡紫之奪朱,惡利口之覆邦家。」斯言足畏,而終身莫悟,危亡繼踵焉。

老子曰:「以政治國,以奇用兵,以無事取天下。」政者,名法是也;以名法治國,萬物所不能亂。奇者,權術是也;以權術用兵,萬物所不能敵。凡能用名法權術,而矯抑殘暴之情,則己無事焉;己無事,則得天下矣。故失治則任法,失法則任兵,以求無事,不以取彊;取彊,則柔者反能服之。老子曰:「民不畏死,如何以死懼之?」凡民之不畏死,由刑罰過。刑罰過,則民不賴其生;生無所賴,視君之威末如也。刑罰中,則民畏死,畏死由生之可樂也;知生之可樂,故可以死懼之。此人君之所宜執,臣下之所宜慎。

田子讀書,曰:「堯時太平。」宋子曰:「聖人之治以致此乎?」彭蒙在側,越次答曰:「聖法之治以至此,非聖人之治也」宋子曰:「聖人與聖法何以異?」彭蒙曰:「子之亂名甚矣。聖人者,自己出也;聖法者,自理出也。理出於己,己非理也;己能出理,理非己也。故聖人之治,獨治者也;聖法之治,則無不治矣。此萬世之利,唯聖人能該之。」宋子猶惑,質於田子,田子曰:「蒙之言然。」

莊里丈人,字長子曰:「盜」,少子曰:「毆」。盜出行,其父在後追呼之,曰:「盜!盜!」吏聞,因縛之。其父呼毆喻吏,遽而聲不轉,但言「毆!毆!」吏因毆之,幾殪。康衢長者,字僮曰:「善搏。」字犬曰:「善噬」賓客不過其門者三年,長者怪而問之,乃實對。於是改之,賓客復往。鄭人謂玉未理者爲璞,周人謂鼠未腊者爲璞。周人懷璞,謂鄭賈曰:「欲買璞乎?」鄭賈曰:「欲之。」出其璞視之,乃鼠也。因謝不取。

父之於子也,令有必行者,有必不行者,去貴妻,賣愛妾,此令必行者也,因曰:「汝無敢恨,汝無敢思。」令必不行者也。故爲人上者,必慎所令。

凡人富則不羨爵祿，貧則不畏刑罰。不羨爵祿者，自足於己也；不畏刑罰者，不賴存身也。二者爲國之所甚病，而不知防之之術，故令不行而禁不止；若使令不行而禁不止，則無以爲治；無以爲治，是人君虛臨其國，徒君其民，危亂可立而待矣。

今使由爵祿而後富，則人必爭盡力於其君矣；由刑罰而後貧，則人咸畏罪而從善矣。故古之爲國者，無使民自貧富，貧富皆由於君，則君專所制，民知所歸矣。貧則怨人，賤則怨時，而莫有自怨者，此人情之大趣也。然則不可以此是人情之大趣，而一概非之，亦有可矜者焉，不可不察也。

今能同算鈞，而彼富我貧，能不怨則美矣，雖怨無所非也；才鈞智同，而彼貴我賤，能不怨則美矣，雖怨無所非也。其敝在於不知乘權藉勢之異，而雖曰智能之同，是不達之過，雖君子之郵，亦君子之怒也。人貧則怨人，富則驕人，怨人者，苦人之不祿施於己也；起於情所難安，而不能安，猶可恕也。驕人者，無苦而無故驕人，此情所易制，而弗能制，弗可恕矣。眾人見貧賤，則慢而疏之，見富貴，則敬而親之，貧賤者請賕於己，疏之可也；未必損己，而必疏之，以其無益於物之具故也。富貴者有施與己，親之可也；未必益己，而必親之，則彼不敢親我矣。三者獨立，無致親致疏之所，人情終不能不以貧賤富貴易慮，故謂之大惑焉。窮獨貧賤，治世之所共矜，亂世之所共侮。治世非爲矜窮獨貧賤而治，是治之一事也；亂世亦非侮窮獨貧賤而亂，亦是亂之一事也。每事治則無亂，亂則無治。視夏商之盛，夏商之衰，則其驗也。

貧賤之望富貴甚微，而富貴不能酬其甚微之望。夫富者之所惡，貧者之所美，貴者之所輕，賤者之所榮，然而弗酬，弗與同苦樂故也。雖弗酬之，於物弗傷。今萬民之望人君，亦如貧賤之望富貴。其所望者蓋欲料長幼，平賦斂，時其飢寒，省其疾痛，賞罰不濫，使役以時，如此而已；則於人君弗損也。然而弗酬，弗與同勞逸故也。故爲人君，不可弗與民同勞逸焉。故富貴者，可不酬貧賤者，人君不可不酬萬民；不酬萬民，則萬民之所不願戴；所不願戴，則君位替矣，危莫甚焉，禍莫大焉！

鄧子　鄭鄧析著

無厚篇

天於人，無厚也；君于民，無厚也；父于子，無厚也；兄于弟，無厚也。何以言之？天不能屏勃厲之氣，全夭折之人，使爲善之民必壽，此於民無厚也。凡民有穿窬爲盜者，有詐僞相迷者，此皆生於不足，起于貧窮，而君必執法誅之，此於民無厚也。堯舜位爲天子，而丹朱、商均爲布衣，此於子無厚也。周公誅管、蔡，此於弟無厚也。推此言之，何厚之有？循名責實，君之事也；奉法宣令，臣之職也。下不得自擅，上操其柄而不理者，未之有也。君有三累，臣有四責。何謂三累？惟親所信，一累；以名取士，二累；近故親疏，三累。何謂四責？受重賞而無功，一責；居大位而不治，二責；爲理官而不平，三責；御軍陣而奔北，四責。君無三累，臣無四責，可以安國。

勢者，君之輿；威者，君之策；臣者，君之馬；民者，君之輪。勢固則輿安，威定則策勁，臣順馬良，民和則輪利。爲國失此，必有覆車奔馬、折輪敗載之患，安得不危？

異同之不可別，是非之不可定，白黑之不可分，清濁之不可理，久矣。誠聽能聞於無聲，視能見於無形，計能規於未兆，慮能防於未然，斯無他也。不以耳聽，則通於無聲矣。不以目視，則照於無形矣。不以心計，則達於無兆矣。不以知慮，則合於未然矣。君者，藏形匿影，群下無私。掩目塞耳，萬民恐震。

循名責實，察法立威，是明王也。夫明於形者，分不遇於事；察於動者，用不失則利。故明君審一，萬物自定。名不可以外務，智不可以從他，求諸己之謂也。

治世，位不可越，職不可亂，百官有司，各務其刑。上循名以督實，下奉教而不違。所美觀其所終，所惡計其所窮。喜不以賞，怒不以罰，可謂治世。夫負重者患塗遠，據貴者憂民離。負重塗遠者，身疲而無功。在上離民者，雖勞而不治；故智者量塗而後負，明主視民而出政。

獵羆虎者，不於外圉；釣鯨鯢者，不居清池。何則，圉非羆虎之窟也，池非鯨鯢之泉也。楚之不泝流，陳之不束麾，長盧之不士，呂子之蒙恥。

夫游而不見敬，不恭也。居而不見愛，不仁也。言而不見用，不信也。求而不能得，無始也。謀而不見喜，無理也。計而不見從，遺道也。因勢而發譽，則行等而名殊。人齊而得時，則力敵而功倍。其所以然者，乘勢之在外。

推辯說，非所聽也；虛言向，非所應也；無益亂，非舉也。故談者，別殊類，使不相害；序異端，使不相亂。諭志通意，非務相乖也。若飾詞以相亂，匿詞以相移，非古之辯也。

慮不先定，不可以應卒。兵不閑習，不可以當敵。廟算千里，惟幄之奇。百戰百勝，黃帝之師。

死生自命，貧富自時，怨夭折者，不知命也。怨貧賤者，不知時也。故臨難不懼，知天命也。貧窮無懾，達時序也。凶饑之歲，父死於室，子死於戶，而不相怨者，無所顧也。同舟渡海，中流遇風，救患若一，所憂同也。張羅而畋，唱和不差者，其利等也。故體痛者，口不能不呼；心悅者，顏不能不笑；責疲者，以舉千鈞，責兀者以及走兔，驅逸足於庭，求猨捷於檻，斯逆理而求之，猶倒裳而索領也。

事有遠而親，近而疏，就而不用，去而反求，凡此四行，明主大憂也。

夫水濁則無掉尾之魚，政苛則無逸樂之士，故令煩則民詐，政擾則民不定；不治其本，而務其末，譬如拯溺錘之以石，救火投之以薪。

夫達道者，無知之道也，無能之道也；是知大道不知而中，不能而成，無有而足。守虛責實，而萬事畢。忠言於不忠，義生於不義。音而不收謂之放，言出而不督謂之闇。故見其象，致其形，循其理，正其名，得其端，知其情。若此何往不復，何事不成？有物者，意也。無外者，德也。有人者，行也。無人者，道也。故德非所履，處非所處，則失道。非其道不道，則諂。意無賢，慮無忠，行無道，言虛如受實，萬事畢。

夫言榮不若辱，非誠辭也。得不若失，非實談也。不進則退，不喜則憂，不得則亡，此世人之常。真人危斯十者而為一矣。所謂大辯者，別天下之行，具天下之物，選善退惡，時措其宜，而功立德至矣。小辯則不然，別言異道，以言相射，以行相伐，使民不知其要，無他故焉，故淺知也。君子并物而錯之，兼塗而用之，五味未嘗而辯於口，五行在身而布於人。故何方之道不從，面從之義不行，治亂之法不用。惔然寬裕，蕩然簡易，略而無失，精詳入纖微也。

夫舟浮於水，車轉於陸，此自然道也；有不治者，知不豫焉。

夫木擊折轊，水戾破舟，不怨木石而罪巧拙，故不載焉。故有知則惑，有心則嶮，有目則眩，是以規矩一而不易，不為秦楚緩節，不為胡越改容。

一而不邪，方行而不流。一日形之，萬世傳之，無爲爲之也。

　　夫自見之明，借人見之闇也；自聞之聰，借人聞之聾也。明君知此，則去就之分定矣。爲君，當若冬日之陽，夏日之陰，萬物自歸，莫之使也。恬臥而功自成，優游而政自治；豈在振目搤腕，手據鞭朴，而後爲治歟？

　　夫合事有不合者，知與未知也。合而不結者，陽親而陰疏。故遠而親者，志相應也。近而疏者，志不合也。就而不用者，策不得也。去而反求者，無違行也。近而不御者，心相乖也。遠而相思者，合其謀也。故明君擇人，不可不審，士之進趣，亦不可不詳。

轉辭篇

　　世間悲哀喜樂，嗔怒憂愁，久惑於此，今轉之。在己爲哀，在他爲悲。在己爲樂，在他爲喜。在己爲嗔，在他爲怒。在己爲愁，在他爲憂。在己若扶之與攜，謝之與議，故之與右，諾之與己相去千里也。夫言之術，與智者言依於博，與博者言依於辯，與辯者言依於安，與貴者言依於勢，與富者言依於豪，與貧者言依於利，與勇者言依於敢，與愚者言依於說，此言之術也。不用在蚤圖，不窮在蚤稼。非所宜言勿言，非所宜爲勿爲，以避其危。非所宜取勿取，以避其咎。非所宜爭勿爭，以避其聲。一聲而非，駟馬勿追；一言而急，駟馬不及。故惡言不出口，苟語不留耳，此謂君子也。

　　夫任臣之法，闇則不任也，慧則不從也，仁則不親也，勇則不近也，信則不信也，不以人用人，故謂之神，怒出於不怒，爲出於不爲；視於無有，則得其所見；聽於無聲，則得其所聞。故無形者，有形之本，無聲者，有聲之母。循名責實，實之極也，按實定名，名之極也，參以相平，轉而相成，故謂之形名。

　　夫川竭而谷虛，丘夷而淵實，聖人以死，大盜不起，天下平而故也。聖人不死，大盜不止，何以知其然？爲之斗斛而量之，則并斗斛而竊之；爲之權衡以平之，則并與權衡而竊之；爲之符璽以信之，則并與符璽而竊之；爲之仁義以教之，則并仁義以竊之。何以知其然？彼竊財誅，竊國者爲諸侯，諸侯之門，仁義存焉，是非竊仁義耶？故遂以大盜霸諸侯，此重利也；盜跖所不可禁者，乃聖人之罪也。欲之與惡，善之與惡，四者變之失；恭之與儉，敬之與傲，四者失之修；故善素朴任，惔憂而無失，未有修爲，此德之永也。

言有信而不爲信，言有善而不爲善者，不可不察也。

夫治之法，莫大於使私不行，功莫大於使民不爭，今也立法而行私，與法爭，其亂也甚於無法。立君而尊賢，是賢與君爭，其亂也甚於無君。故有道之國，則私善不行，君立而愚者不爭；民一於君，事斷於法，此國之道也。明君之督大臣，緣身而責名，緣名而責形，緣并而責實，臣懼其重誅之至，於是不敢行其私矣。

心欲安靜，慮欲深遠，心安靜則神策生，慮深遠則計謀成，心不欲躁，慮不欲淺，心躁則精神滑，慮淺則百事傾。治世之禮，簡而易行。亂世之禮，煩而難遵。上古之樂，質而不悲，當今之樂，邪而爲淫。上古之民，質而敦朴；今世之民，詐而多行。上古象刑而民不犯，教有墨劓不以爲恥，斯民所以亂多治少也。堯置敢諫之鼓，舜立誹謗之木，湯有司直之人，武有戒愼之銘。此四君子者，聖人也，而猶若此之勤。至於栗陸氏殺東里子，宿沙氏戮箕文，桀誅龍逢，紂剖比干，四主者亂君，故其疾賢若仇。是以賢愚之相覺，若百丈之谿與萬仞之山，若九地之下與重山之顛。

明君之御民，若御奔而無轡，履冰而負重。親而疏之，疏而親之。故畏儉則福生，驕奢則禍起。聖人逍遙一世，罕匹萬物之形。寂然無鞭朴之罰，莫然無叱咤之聲，而家給人足，天下太平。視昭昭，知冥冥，推未運，睹未然。故神而不可見，幽而不可見，此之謂也。

君人者，不能自專而好任下，則智日困而數日窮。迫於下則不能申，行隨於國則不能持。知不足以爲治，威不足以行誅，無以與下交矣。故喜而使賞，不必當功。怒而使誅，不必值罪。不愼喜怒，誅賞從其意，而欲委任臣下，故亡國相繼，殺君不絕。古人有言：「眾口鑠金，三人成虎。」不可不察也。

夫人情發言欲勝，舉事欲成，故明者不以其短，疾人之長。不以其拙，病人之工。言有善者，則而賞之。言有非者，顯而伐之。塞枉邪之路，蕩淫辭之端。臣下閔之，左右結舌，可謂明君。爲善者，君與之賞。爲惡者，君與之罰。因其所以來而報之，循其所以進而答之。聖人因之，故能用之，因之循理，故能長久。今之爲君，無堯舜之才，而慕堯舜之治，故終顚殞乎混冥之中，而事不覺於昭明之術，是以虛慕欲治之名，無益亂世之理也。

患生於官成，病生於少瘳，禍生於懈慢，孝衰於妻子，此四者，愼終如始也。富必給貧，壯必給老。快情恣欲，必多侈侮。故曰：「尊貴無以高人，

聰明無以寵人，資給無以先人，剛勇無以勝人。」能履行此，可以爲天下君。

夫謀莫難於必聽，事莫難於必成。成必合於數，聽必合於情，故抱薪加火，燥者必先然。平地注水，濕者必先濡。故曰：「動之以其類，安有不應者？」獨行之術也。

明君立法之後，中程者賞，缺繩者誅。非此之謂，君曰亂君，國曰亡國。

智者寂於是非，故善惡有別。明者寂於去就，故進退無類。若智不能察是非，明不能審去就，斯謂虛妄。

目貴明，耳貴聰，心貴公。以天下之目視，則無不見。以天下之耳聽，則無不聞。以天下之智慮，則無不知。得此三術，則存於不爲也。

墨辯中的語言哲學

德 龍 著

作者簡介

德龍（英文名：Donald Sturgeon），英國愛丁堡人，學士畢業於英國華威大學（University of Warwick）數學系以及北京語言大學漢語學院，碩士畢業於東吳大學哲學系，現為香港大學哲學系博士候選人。專攻墨家思想、語言哲學、知識論等方面的研究。已發表文章：〈古漢語與墨辯思維方式〉、〈《墨辯》中的認知與事實〉等。近年設計了先秦兩漢原典網站「中國哲學書電子化計劃」，網址：http//ctext.org/zh。

提　　要

　　這篇文章將要嘗試以《墨辯》的文本資料為根據，說明《墨辯》有關語言的理論架構，並從語言哲學的角度探討《墨辯》中的認知、事實和語意問題。在說明了研究目的、方法等之後，本文將會以原典資料為基礎澄清《墨辯》談語言的重要概念「故」、「理」、「類」及「名」、「辭」、「說」、「辯」，並簡單說明這些概念從《墨子》其它章節的一般性用法到《墨辯》中特殊用法的轉化。

　　第三章將要探討《墨辯》中有關認知和事實的討論及其所採取的觀點。在有關認知的部分，首先會說明《墨辯》對人類知識來源的分析；然後討論作為認知結果或概念的「類」，以及「類」與語言符號「名」和語言表達式「辭」的關係。其次，要討論《墨辯》有關「當」、「可」、「然」、「是」的使用，以及言論的標準與事實之間的關係。最後，將會分別討論古代漢語與《墨辯》中的認知，「名」、「辭」文法結構，以及事實問題的關係。

　　第四章分別從《墨辯》語言體系的「名」、「辭」、「說」三個角度對《墨辯》中的語意思想進行研究。「名」的部分會涉及到語言的建構性、簡單名的指稱、複合詞的語意規則以及《墨辯》的正名原則。「辭」的部分則討論「辭」的描述性作用、對「辭」的規範性要求、以及「辭」的建構性和語意規則。「說」的部分探討「說」和「辯」的目的、「說」與「類」的關系、以及侔式推理和邏輯結構。最後，探討「辯」的語意思想有涉及到「辯」的目的、客觀性以及價值問題。

目

次

第一章 緒 論

第一節 研究動機與目的

　　本論文的研究動機最主要可分成兩點。首先，筆者認為研究《墨辯》及其中的語言思想本身很有價值。在早期中國哲學史上，《墨辯》中對語言的分析和理論架構是在今存文獻中最具有詳細記載的語言理論之一。《墨辯》有關語言的討論完全獨立於西方語言哲學，因此當我們想要了解人類最早如何開始研究語言、意義和事實之間的關係時，《墨辯》中的思想可以提供與西方哲學傳統的一個對照，讓我們看到對這些問題的另一種可能的思考方向。除此之外，《墨辯》論語言時所用的核心概念和主要議題（如：「名」與「實」的關係，「堅白」問題等）不僅是墨家學派使用的概念，也是先秦時代各學派所討論到的。因此，研究《墨辯》中的語言哲學不但本身有價值，它還可以使我們更深入地了解先秦辯論者的方法及其所關心的議題，因而也有助於了解先秦其它學派的思想內容。

　　此外，筆者認為對「《墨辯》中的語言哲學」這一題目的研究是目前有必要做的一份工作。20 世紀學者的研究基本上確定了《墨辯》的文本和字面上的意義，提供了研究《墨辯》的較穩定的基礎。此外，近年來中國哲學界及西方漢學界中有一些學者重視中國哲學整體上的一些語言哲學問題〔註1〕，同時有學者針對《墨辯》中個別的語言哲學專題進行研究〔註2〕；但學術界仍然

─────────────

〔註 1〕 如：陳漢生的「物質名詞假設」及其所引起的討論：Chris Fraser, *Language and Ontology in Early Chinese Thought*。

〔註 2〕 如：葛瑞漢的各篇文章，Zong Desheng, *Studies of Intentional Contexts in Mohist*

缺少針對《墨辯》語言哲學思想整體的研究。

　　針對上述的需要，本論文的目的是在《墨辯》語言理論的詮釋和考察的基礎上探討《墨辯》的語言哲學意義，透過從認知、事實、語意等方面的細部分析，達到對《墨辯》語言哲學意義的一個較完整的解釋。

第二節　研究的可行性

　　至於本論文研究的可行性，有兩點必須先說明。首先，就論文題目而言，背後的一個預設是《墨辯》當中有語言哲學。在某一些哲學家或部分的西方哲學界的觀點當中，古代中國沒有所謂「哲學」，更談不上有「語言哲學」。雖然本文無法處理「哲學」的定義、界線等問題，但筆者認為本論文接下來的內容可以證明《墨辯》所討論的一些主要議題，確實是屬於我們現在所說的「語言哲學」範圍之內。假如有人認為，因為先秦對於這些問題的討論不夠深入或不夠全面，因此無法稱之為語言哲學，則那種對「哲學」或「語言哲學」的狹義的定義很可能會使得「哲學」只能包括近代或當代的西方哲學，不僅會排除中國哲學在外，同時也會排除古希臘早期的「哲學」；而這很可能是那些不願意承認「古代中國有哲學」的人自己不想接受的一個結果。

　　第二點要提到的是或許會有人對於用分析哲學的進路處理《墨辯》這種做法有所質疑或反對。其中第一個問題是：原則上用西方哲學的觀點談中國哲學的內容，是不是一個合理的做法？筆者認為對於這一點，只要我們對於中國哲學的態度是一種學術性的態度，而不是一種個人信仰或修養的態度，就不可以否認用分析哲學談中國哲學原則上是合理的，除非我們有好的理由否認分析哲學的觀點本身。原則上，如果我們覺得西方哲學的一些觀點是合理的，我們沒有任何理由說我們不能用它來談中國哲學中的思想。第二個問題是有關「分析哲學」的定義：實際上對於很多語言哲學問題，同樣被視為屬於分析哲學傳統的哲學家會有不同的立場，對同樣的問題會有不同的答案。為了避免遇到這個問題，本文中使用分析哲學的觀點來談《墨辯》的時候，將會盡可能採取當代西方哲學被普遍接受的觀點，而避免引入較有爭議的觀點。

Writings 等。

第三節　研究範圍與方法

一、研究範圍

　　本論文研究的對象定為《墨辯》，即今存《墨子》一書中的〈經上〉、〈經下〉、〈經說上〉、〈經說下〉、〈大取〉、〈小取〉六篇。此外為了把這些概念放在一個脈絡中，某些部分會提到《墨子》一書中的其它篇章；而為了澄清《墨辯》中的某些名辯學的概念，會使用到名家的著作《公孫龍子》以及其它先秦著作的引文。

　　所謂語言哲學，在較廣的意義上所指的是有關人和語言之間的關係以及語言和世界之間的關係的探討〔註3〕。本論文將就《墨辯》六篇中呈現出來的內容分別從認知、事實、語意等方面針對相關的語言哲學問題進行探討。另外，雖然《墨辯》對許多不同語言行為的問題有相關討論，但由於《墨辯》有關語言最深入的討論是有關辯論過程中的語言或陳述性的語言行為，因此本文將會把焦點放在語意問題，而不專門討論語用問題。

二、研究方法

　　由於墨家學派擁有很強的方法意識，研究《墨辯》方法上有兩種進路，即李賢中教授所謂「開墾之路」和「觀察之路」〔註4〕。開墾之路是指一個哲學家或哲學學派在產生思想內容時所使用的思維方法；而觀察之路則指當代學者研究中國哲學時所使用的研究方法。在研究《墨辯》的語言哲學時，分清這二種方法十分重要，因為這兩個進路上所適用的研究方法有所不同。例如，在澄清《墨辯》的名辯學概念時，開墾之路應該作為最主要的進路，因為在解讀和詮釋《墨辯》作者對這些概念的了解時，必須得避免牽強引入西方邏輯和語言哲學概念，否則很容易使得所詮釋的內容受到西方邏輯和語言哲學的影響和限制，陷入「以西解中」的困境。然而，在探討這些概念的哲學意義時，觀察之路中的方法更為重要，因為西方的語言哲學可以提供一個架構來更精確地分析名辯概念的內涵和哲學意義。

　　本論文將使用到的最主要具體研究方法如下：

〔註3〕Honderich, Ted Ed., *The Oxford Companion to Philosophy* (Oxford, 1995), p. 458

〔註4〕李賢中《墨學 – 理論與方法》（台北：揚智文化，2003），頁38～49。

（一）創造的詮釋學方法

傅偉勳的「創造的詮釋學」方法〔註5〕共分五層次的詮釋步驟，即所謂「實謂」、「意謂」、「蘊謂」、「當謂」、「創謂」。簡單地說，它的內容是：

「實謂」：原思想家實際上說了什麼？主要涉及到原典校勘、版本考證與比較等文本確立上的問題。

「意謂」：原思想家想要表達什麼？通過語義澄清，依靠文本和成書時代背景的脈絡、思想家思維的合理性預測等，解釋原思想家的客觀意思。

「蘊謂」：原思想家可能要說什麼？通過歸納幾個較有詮釋學分量的進路或觀點，顯示出原思想家所表達的深層義理。

「當謂」：原思想家原本應當說出什麼？追求「蘊謂」層次底下所隱藏的思想體系的深層結構，掌握到此結構的本質，替原思想家說他應當說的話。

「創謂」：原思想家現在必須說出什麼？在「當謂」層次掌握到思想的深層結構之後，把此結構應用到現在的時空範圍內，說明根據他的思想，原思想家在今天會說什麼。

由於《墨辯》的部分文本和原意難以確定，並且在解讀上學術界存在不少爭議，本論文將會涉及到較低層的「實謂」、「意謂」層次。同時，因爲本論文想要處理的某些語言哲學問題是先秦時期尚未被提到的問題，所以本論文又會涉及到「蘊謂」、「當謂」及「創謂」較高的層次。在「實謂」層次上，爲了清楚地展現所引用文字的來源，本文在引用《墨子》時將會直接引用今存道藏本〔註6〕，但同時會參考孫詒讓《墨子閒詁》及其它校勘本以及當代學者所提出的各種修改建議；若有改字則以註腳表明修改的根據或相關的參考資料。「意謂」和「蘊謂」的部分，主要會涉及到各家研究《墨辯》邏輯和語言思想的著作，如：張斌峰《近代墨辯復興之路》、A.C. Graham 的 *Later Mohist Logic, Ethics, and Science* 等；而在「當謂」及「創謂」層次會需要對當代的學術界討論進行分析和哲學思考。

〔註 5〕 傅偉勳，〈創造的詮釋學與思維方法論〉（《學問的生命與生命的學問》，正中書局，1994），頁 217～258。

〔註 6〕 《正統道藏》（台北：新文豐，1977）第 46 冊。

（二）對比法

對比法是把多數的研究對象排比對照，以便顯示出這些不同對象之間的差異性和相同之處。

在本論文中此研究方法首先會被應用在上述詮釋學方法中的各個詮釋層次，進行不同註解和詮釋之間的對比，以便達到最合理的詮釋。此外，雖然《墨辯》的語言理論完全獨立於西方傳統以來的語言哲學理論，但是在某種程度上兩者是針對相同的問題而出發的；因此與西方傳統的語言理論的對比可以使我們更容易了解《墨辯》中的語言思想。

（三）哲學史方法

哲學史方法是指把思想放在它的歷史發展脈絡中，以便顯示出它和時代背景之間的關係。

在研究《墨辯》時，由於資料的局限性，哲學史方法頗為重要。《墨辯》的思想不是完全獨立於其它先秦各學派的思想而發展出來的，而是在互相交流互相批判的過程中創造的。因此在某些議題上必須參考當時其它學派的著作和記載才可以把墨家的主張放在它原有的脈絡之中（例如，「堅白論」必須參考《公孫龍子》；討論《墨辯》的名實觀必須參考名家和荀子的主張）。

此研究方法甚至可以與對比法相結合，參考西方語言哲學的發展史來判斷某些詮釋或理論是否符合哲學史發展的先後順序。（例如：反對某些學者把《墨辯》的「一周而一不周」等同於西方的周延論，其中一個主要理由在於這種解釋違反了西洋哲學發展史的先後順序）。

第二章　《墨辯》的語言理論架構

　　依本文的看法,《墨辯》中有關語言的討論,尤其是有關辯論過程中的語言,本身使用到一個基本的理論架構。這一架構的基礎是《墨辯》所提的「故」、「理」、「類」、「名」、「辭」、「說」、「辯」七個主要概念。本章的目的是用原典根據說明這些概念在《墨辯》中的主要涵義。其中「名」、「辭」、「說」、「辯」很明顯地和語言相關;而由於《墨辯》使用「故」、「理」、「類」來討論語言符號和語言行為,也把這三個概念當作「立辭」的必要條件,因此就《墨辯》的觀點,「故」、「理」、「類」也是和語言密切相關的概念。

　　有關《墨子》和《墨辯》兩者之間的關係及其作者、成書年代等問題,學術界有許多不同的看法〔註1〕。但這些不同的說法基本上都有一些共同點,認為《墨子》和《墨辯》是有密切的關係,也一般認為或者是《墨子》所記載的內容早於《墨辯》理論的形成(如:認為《墨辯》為「別墨」或「後期墨家」所作),或者認為《墨子》和《墨辯》的內容大致上來自同一個時代(如:認為《墨辯》、《墨子》均為墨翟及其弟子所著)。

　　無論《墨子》及《墨辯》的形成過程如何,從今存《墨子》中我們可以看出,《墨辯》中作為理論架構的一些重要的概念語詞,在《墨子》的其它章節中也有出現。在這一章我們將會看到,其它章節對這些概念語詞的使用與《墨辯》對它的使用有所不同,因為《墨辯》主要對這些概念本身進行分析和探討,而其它章節則更重視這些概念的應用。因此,無論我們認為是先有了《墨子》其它章節才出現了《墨辯》,還是先有墨翟親自寫《墨辯》他才應

〔註1〕 張斌峰《近代墨辯復興之路》(山西教育出版社,1999),頁84~96。

用這些概念進行辯論，作爲分析《墨辯》架構的方法，我們仍然可以先從《墨子》其它章節對《墨辯》所使用的這些概念語詞的一般使用，幫助我們了解《墨辯》對這些概念的特殊用法和涵義。

《墨辯》用以談語言的主要概念語詞或多或少在《墨子》的其它章節中都有出現過。這些語詞在《墨辯》中有較特殊的意義，甚至其中一部分在《墨辯》中有很明確的定義，而這些定義不全然符合《墨子》其它章節的使用或這些語詞在其它脈絡中的一般用法。但儘管《墨辯》給這些概念賦予了新的專業用法，《墨辯》之所以會選擇用這些語詞來說明它的語言體系與這些語詞原有的一般意義密切相關。因此，本章的討論會先簡單介紹在除《墨辯》以外《墨子》的其它章節的用法，再仔細說明《墨辯》中的特殊內涵，以便顯出這些概念的來源以及《墨辯》對此所作的轉換。

第一節　「故」、「理」、「類」

> 《大取》：夫辭〔註2〕以故生，以理長，以類行也者。
> 《大取》：三物必具，然後足以生。

「故」、「理」、「類」是《墨辯》提出有關邏輯推理和語言的正確使用的三個最基本的概念。這三個概念在《墨辯》中是邏輯推理和語言活動必須具備的抽象根據，即《大取》所謂「三物」。「故」、「理」、「類」三個概念並不是《墨辯》作者憑空想出來的，而是較明顯地受到了《墨子》一書中辯論記載的影響。

一、故

《墨子》一書中多次使用的表達方式是「其故何也」，如《天志中》：「圓與不圓，皆可得而知也。此其故何？則圓法明也。」圓與不圓之所以能夠分清楚，背後的原因是有一個明確的標準告訴我們對象到底圓不圓。這樣追問事情之所以然是《墨子》中常看到的辯論方式；在《墨辯》中「故」得到了很明確的定義：

> 《經上》：故，所得而後成也。
> 《經說上》：故：小故，有之不必然，無之必不然。體也，若有端。
> 　大故，有之必然，無之必不然〔註3〕，若見之成見也。

〔註2〕「夫辭」二字補，見孫詒讓《墨子閒詁》（台北：華正書局，1995），頁377。
〔註3〕「有之必然，無之必不然」原作「有之必無然」，見孫詒讓《墨子閒詁》（台

—8—

《墨辯》對「故」的定義是：「故」是某種結果之所以成立的原因或理由。「故」可分成兩種，「小故」和「大故」；「小故」是結果成立時必須具備的條件，但本身不足以保證結果能夠成立，也就是說它是某一結果的必要條件。「大故」才是能夠保證結果成立的充分且必然條件；因此「小故」是整體的「大故」中的「體」或部分。

> 《經上》：使，謂、故。
>
> 《經說上》：使：令，謂「謂」也，不必成。濕，「故」也，必待所
> 　　　　　為之成也。

「故」又出現在《經上》論「使」的時候。「使」分兩種情況：第一是叫人去做，或命令；當然，被叫的人未必真的會因此就去做，也未必會真的產生結果。第二中「使」為「故」或原因，例如「潮濕」；與「謂」不同，「故」所產生的結果必然會發生。

二、理

在《墨子》當中，「理」指的是人或事物應當要遵守的一種規律或原理，如同《所染》：「凡君之所以安者，何也？以其行理也，行理性於染當」君王要天下太平，就必須順著正當的「理」行事。又如《非儒下》：「仁人以其取舍是非之理相告」；仁人將把取捨是非的正當道理相告。在《墨辯》當中則有較狹義的用法：

> 《大取》：夫辭以故生，以理長，以類行也者。
>
> 《小取》：夫辯者……察名實之理……。
>
> 《經說下》：論誹：誹之可不可以理，之可誹，雖多誹，其誹是也。

與「故」不同，《墨經》對「理」沒有提出很明顯的定義；但從其對「理」的使用，可看出「理」是某一種原理或規律，如同在辯者目的之一「察名實之理」。根據《呂氏春秋・離謂》，「故辨而不當理則偽，知而不當理則詐……理也者，是非之宗也」：理是一種理性的規律，辯必須順著「理」的規律免得變成虛假，而知又要順著「理」的規律以免陷入詐騙；因此「理」可以說是「是非」的根源〔註4〕。

　　　　北：華正書局，1995），頁301。

〔註 4〕Graham, A.C., *Later Mohist Logic, Ethics and Science* (Chinese University Press, 2004), p.192.

三、類

在《墨子》中，「類」多次被用以說明兩種情況、事態或事物之間具有相似性，即兩種事態或事物是「同類」的。這經常起著類比的作用：《墨子》提到兩個事態爲同類的時候，一般來說言下之意是我們應當對於同類的事態採取相同的態度：如果 A 和 B 同類，而我們贊同 A，那麼我們就應該贊同 B。例如，在《公輸》中墨子把楚國準備攻打宋國類比成富人準備搶劫貧窮鄰居，下結論說「臣以三事之攻宋也，爲與此同類」；當然言下之意是如同對方不贊同搶鄰居的財產一般，他不應該贊同攻打鄰國搶土地。在《墨辯》中「類」的概念也十分重要，又比起在《墨子》其它章節中得到了一些新的發展。

由於類比的恰當性通常建立在類比中不同情境之間是否在某種意義上具有足夠的相似性，因此如果《墨辯》的理論要說明《墨子》（以及先秦辯論中）很常用的類比推理的作用，並且要發展出一套較客觀實事求是的論證系統，而不純粹描述一種辯論術，它必須得說明爲什麼一些類比是恰當的，一些類比是不恰當的。第一步是要說明「同類」和「異類」的標準是什麼：

《經說上》：同：……有以同，類同也。

《經說上》：異：……不有同，不類也。

《經說下》：謂四足獸，與牛馬異，物盡異〔註5〕，大小也。

只要事物有相似之處，就可以作爲同類；然而，只要有所不同，就可以作爲異類。這兩個定義表面上似乎互相矛盾：畢竟從某一角度任何兩個事物一定會有所同（如：都是事物），而從另一角度一定會有所異（如：都占有時空中的不同位置）。但這兩個定義隱藏了一個重要的觀點：某物所屬於的類不僅僅是一個，它同時可以屬於許多不同的類。我們可以透過《經上》的例子來說明：

《經上》：名，達、類、私。

《經說上》：……命之馬，類也。……

《經說下》：……曰之與馬不類，用牛有〔註6〕角、馬無角，是類不
　　　　　　同也。……

可見，不僅僅是情景可以有同類、異類的情況，具體事物也可以分同類和異類。「馬」作爲「類名」的代表性例子：這個「名」或語詞可被用以描述任何個體

〔註 5〕 「與牛馬異，物盡異」原作「與生鳥與，物盡與」，見孫詒讓《墨子閒詁》（台
　　　　北：華正書局，1995），頁 323。

〔註 6〕 「有」字補，見孫詒讓《墨子閒詁》（台北：華正書局，1995），頁 350。

的馬；也就是說，有一類具體事物具有某些相似性（例如：都是四角獸，有牙齒，有尾巴等）因此可以說這些個體都是同類的；而這一「類」則有一個「類名」，就是「馬」。個體的馬當然屬於「馬」類，但與此同時它又屬於「四足獸」類，又屬於「動物」類等等。因此我們把某物當作屬於某一類是有某些規則決定的（就如同無論如何我們不能把個體的馬放在「石頭」類），但我們不應該誤以為它屬於某一特定的類；事物所屬的類與我們觀察的角度密切相關。

　　《小取》：盜人，人也；多盜，非多人也。……

　　盜人，人也；……殺盜人，非殺人也，無難〔註7〕矣。此與彼同類。

在《墨辯》當中能形成一「類」的事物不但包括像「牛」、「馬」等自然類，也包括複雜的抽象對象，例如完整的命題或語句；所以《小取》才可以說「盜人，人也；多盜，非多人也」和「盜人，人也；殺盜人，非殺人也」是屬於同一類的。當然，與個體的馬可屬於「馬」、「四足獸」、「動物」一般，命題的分類也隱藏了如何選類的問題：當某人被另一個人殺了，要說這件事情屬於「犯罪」類還是「處刑」類，與馬的例子同樣，要依靠觀察的角度：例如，被殺的人是強盜嗎？

　　總之，從上述《墨辯》的引文中可看出，「類」可以包含自然類、非自然類、觀念、事物之間的關係等各種內容。

第二節　「名」、「辭」、「說」、「辯」

　　如果「故」、「理」、「類」是《墨辯》邏輯和語言理論的抽象根據，那麼「名」、「辭」、「說」、「辯」是此理論所要探討的對象。「名」、「辭」、「說」、「辯」都是語言活動當中最具體的，可直接被觀察到的概念，與「故」、「理」、「類」不同，顯然屬於「語言」的層次。

一、名

　　在《墨子》的其它章節中，「名」的大部分使用或者是「著名」的意思（如《尚賢中》：「使意得乎天下，名成乎後世」）或者指人名或給人賦予的名稱（《天志上》：「故舉天下惡名加之，謂之暴王」）。第二種用法在《墨辯》中得以新

─────────

〔註7〕「難」字後原衍「盜無難」三字，見孫詒讓《墨子閒詁》（台北：華正書局，1995），頁382。

發展，專門被用來指語言符號：

> 《經上》：名，達、類、私。

> 《經說上》：名：物，達也。有實必待之名〔註8〕也。命之馬，類也。
> 若實也者，必以是名也。命之臧，私也。是名也止於是
> 實也。聲出口，俱有名，若姓字灑。

> 《經說上》：知：……所以謂，名也；所謂，實也。名實耦，合也。

《經上》根據「名」的使用範圍或外延把「名」分成三種：「達」、「類」、「私」。「達名」可以用到任何事物質上，如同「物」這個語詞；「類名」則相當於一般的表達普遍概念的語詞，如「馬」、「牛」等，不能用來指所有的事物，但可用以指某一類的事物；而「私名」則是外延最小的專用名詞，只可用以指出某一個體對象，如同「張三」只能用以指張三這個人。「名」與「實」有一種密切的關係；如果「名」是用以指某物（或某類）的語詞，那麼「實」是對應到這個「名」的事物本身。認識同一個對象的「名」和「實」是兩種不同的知識：人可以知名而不知實（如同聽過張三這個人名，但尚未知道他是誰），或知實而不知名（如同第一次看見某種動物而不知其名）。

> 《大取》：名實不必合。苟是石也白，敗是石也，盡與白同。是石也
> 唯大，不與大同。

依《墨辯》的看法，辯者要「察名實之理」：名實關係是一種複雜的值得研究的關係。例如，「實」的某些變化在某些情況下會改變名實關係：如果有一顆白色的石頭，把它打碎了，所得到的小塊石頭也都是白色的，都可以與原本的石頭一樣使用「白」這個名來形容。然而，把大的石頭打碎了，所得到的小塊石頭卻不能用「大」這個名了。

> 《經說》：舉，擬實也。

> 《經說上》：舉〔註9〕：告以之名〔註10〕，舉彼實也。

「名」在語言中的功能就是「舉實」：舉出及其相對應的「實」。可見「名」是語言傳達中很關鍵的概念。但什麼樣的元目才算是「實」？哪些語言符號可算是「名」？《墨辯》提到「達」、「類」、「私」的時候所舉的例子都是表

〔註8〕 「之名」原作「文多」，見孫詒讓《墨子閒詁》（台北：華正書局，1995），頁316。

〔註9〕 「舉」原作「譽」，見孫詒讓《墨子閒詁》（台北：華正書局，1995），頁306。

〔註10〕 「之」原作「文」，見孫詒讓《墨子閒詁》（台北：華正書局，1995），頁306。

達個體實物（如：「張三」）或自然類（如：「馬」）的名詞，但又提到「聲出口，俱有名」，似乎「名」的使用範圍應該可以更廣泛。根據《大取》「名實不必合」的例子，「白」、「大」也是「名」，由此可見「名」也包括形容詞。《經說下》提到：「堯之義也，是聲也於今，所義之實處於古」，可見「實」可以包括像「堯之義」這種抽象對象，「名」可以包括表達抽象概念的語詞和片語。

二、辭

首先，「辭」與「名」一樣是一種語言表達，如《公孟》：「程子無辭而出」。雖然「辭」字作爲語言表達在《墨子》中出現的次數不多，但在《墨子》與在《墨辯》同樣，「辭」與「說」有關係。《魯問》提到：「翟以爲不若誦先王之道，而求其說，通聖人之言，而察其辭」；在求聖王之說的過程中，察聖王之辭是一個重要手段；如果「說」是指較完整的學說或主張，「辭」則指其中的細節；因此，在《墨子》中「辭」可以說是「說」的一部分，而因爲「察其辭」爲「求其說」的手段，可見「辭」又是了解「說」的一個基礎。

> 《小取》：以名舉實，以辭抒意，……
> 《大取》：夫辭〔註11〕以故生，以理長，以類行也者。立辭而不明於　其所生，妄也。……夫辭以類行者也，立辭而不明於其　類，則必困矣。

在《墨辯》當中，「辭」的作用與「名」的「舉實」作用相對，是「抒意」。依《墨辯》的看法，「辭」有三個必要條件，即上述所討論的「故」、「理」、「類」三物。

> 《小取》：侔也者，比辭而俱行也。
> 《小取》：白馬，馬也；乘白馬，乘馬也。

我們可以從《小取》對「侔」的定義及其例子看出「辭」的一些具體例子。依《小取》的定義，「侔」當中，相同的「辭」得以相同的發展；而《小取》又列出了大量的例子說明它的用意。其中一個典型的例子是「白馬，馬也；乘白馬，乘馬也」；對應到「侔」的定義，這應該至少有包括兩個「辭」。這樣理解，「白馬，馬也」是其中一個辭，「乘白馬，乘馬也」又是一個辭，而所謂「比辭而俱行也」指這兩個辭之間很明顯的相似性使得這兩個辭或者都

〔註11〕　「夫辭」二字補，見孫詒讓《墨子閒詁》（台北：華正書局，1995），頁377。

同樣可被接受或者都同樣要被否認。

由此可見，「辭」是比「名」更複雜的一種語言表達，它可以表達思想，而至少某些辭是有眞假可言。從《小取》的例子來看，「辭」是一種語句；但從《墨辯》對它的「故」、「理」、「類」要求可見，「辭」的概念並不等同於語句的概念，因爲它必須滿足這三個知識論上的要求；因此可以說，「辭」是（在某一種意義上）合理的或正確的語句〔註12〕。

三、說

「說」在《墨辯》以外的《墨子》中並不明顯地含有別於「說」字一般用法的內涵，也尚未變成特定意義下的術語。在《墨子》中較接近《墨辯》的用法是當它被用以指某一特定的說法或學說，如「尙同之說」、「古之治爲政之說」等；《非攻下》的用法更接近「論證」之意：「今逕夫好攻伐之君，又飾其說以非子墨子」。一般來說，一個學說必須有一定的解釋力與內在的論證性和一致性，它才能夠成爲一個有影響力的學說。例如，提到「鬼神之說」，儘管我們現在可能不會想接受這個說法，但這一說法之所以會出現實因爲它可以在某種程度上解釋或說明某些現象：例如，爲什麼有很多人說自己曾經看過鬼？儘管是純粹道德修養的學說，如「孝悌之說」，也本身會隱藏很多論證和解釋，它才能變成一個有影響力的學說：例如，兄弟之悌、父子之孝、君臣之忠之間的類比關係。

《經上》：說，所以明也。

《小取》：以名舉實，以辭抒意，以說出故……

「說」一方面是事物之「所以明」：某物之所以然的解釋或說明。「說」的這種用法在《墨辯》中多次出現，尤其是《經下》幾乎每一條文字最後用「說在……」這一形式提出本條之所以能夠成立的理由，如：「損而不害，說在餘」；有受到損失卻沒有因此受害，這可以用「有餘」來解釋。對《墨辯》而言，提出這種「所以然」的解釋就是「以說出故」。

《經說上》：知：……方不運〔註13〕，說也。

〔註12〕 本文第三、第四章將會進一步探討對《墨辯》而言，這種合理性或正確性是什麼。

〔註13〕 「運」字原作「瘴」，見 A.C. Graham, *Later Mohist Logic, Ethics and Science*, p.83, 327。

雖然《經說上》的例子需要改字才能說得通，而存在不同的解釋方式，但《經

「說」不僅是給現象找出一種解釋，而依《墨辯》的看法，「說」也可以形成「說知」，即透過解釋或論證的方式而得來的新知識。《經說上》提了例子「方不運」：方形的物體不會像圓形的物體一樣在地上運轉，這是我們可以不透過經驗而全靠說明和論證讓別人知道的一件事實。

　　總之，「說」一方面可以「出故」或找出物之所以然，從事物的狀態推出事物之所以處於這種狀態背後的原因；另一方面，當我們已經知道了相關的「故」我們就可以用「說」的方式來推出將會發生的結果。

四、辯

　　在《墨子》的成書時代，「辯」、「辨」字通用〔註14〕，有兩個不同但相關的用法，即辨別或分辨和辯論。前一種用法出現在《兼愛中》：「天下之士君子，特不識其利，辯其故也」，其中「辯」指得分辨；又如《非攻上》：「今有人於此，少見黑曰黑，多見黑曰白，則以此人不知白黑之辯矣」。但在《墨子》中辯也有辯論的意思，如《耕柱》：「能談辯者談辯，能說書者說書」，又如《公孟》：「子墨子與程子辯」。

　　在《墨辯》中，「辯」很明顯的指辯論，並且有詳細的探討：

　　　　《經上》：辯，爭彼也。辯勝，當也。

　　　　《經說上》：辯：或謂之牛，或〔註15〕謂之非牛，是爭彼也。是不俱
　　　　　　　　　　當。不俱當，必或不當，不若當犬。

《墨辯》所謂「辯」是「爭彼」：辯論彼此對立的兩個主張，也就是一對互相矛盾的命題，如「那是一頭牛」和「那不是一頭牛」：這兩個命題是互相排斥的，當前者爲眞後者必定爲假，反之亦然。

　　　　《經下》：謂辯無勝，必不當。說在辯。

　　　　《經說下》：……辯也者，或謂之是，或謂之非，當者勝也。

　　因爲《墨辯》對「辯」的定義要求辯論的對象是互相矛盾的命題，一方說是一方說非，所以「辯」最後應該要有一方在辯論中得以勝利；不可能有雙方的觀點都不成立，或雙方的觀點都成立的情況。

　　　　《小取》：夫辯者，將以明是非之分，審治亂之紀，明同異之處，察

　　　　上》、《經說上》二篇都提出了「說」是「知」的一種，因此《墨辯》主張有「說知」這一點是不必懷疑的。

〔註14〕孫中原《中國邏輯學》（台北：水牛出版社，1999），頁41～42。
〔註15〕「或」字補，見孫詒讓《墨子閒詁》（台北：華正書局，1995），頁314。

名實之理，處利害，決嫌疑。

對《墨辯》而言，「辯」的目的不純粹是說服對方，而是有公正的目的：明是非、審治亂、明同異、察清名實關係，權衡利害、澄清混淆和質疑。顯然對墨者來說，「辯」不是一個沒有現實意義的遊戲，而是了解、說明和改變世界上各種現象的工具。

第三節　小　結

　　雖然「故」、「理」、「類」和「名」、「辭」、「說」、「辯」都可以說是抽象的概念，但它的抽象度卻可以說是不一樣的。「名」、「辭」、「說」、「辯」是從較具體的東西：語言的基本符號單位、語言活動等直接抽象出來的概念；而「故」、「理」、「類」則是爲了說明「名」、「辭」、「說」、「辯」等所觀察到的概念而被創造的純粹理論性概念。「名」、「辭」、「說」、「辯」分別是從個別的可被觀察到的語言符號、語句、論證過程及辯論過程抽象出來的概念。但「故」、「理」、「類」似乎無法從世界的觀察直接抽象出來，而是經過對「名」、「辭」、「說」、「辯」等抽象概念的反省之後而形成的概念。

　　「名」、「辭」、「說」、「辯」之間有著比較明顯的關係：任何一個「辭」是由「名」所構成的；「說」也是有關不同「辭」之間的關係；而「辯」則是雙方使用各種由「名」、「辭」所構成的「說」的過程。因此可以說「名」、「辭」、「說」都是「辯」的組成部分：「辯」中必有「說」，「說」中必有「辭」，「辭」中必有「名」。

　　「故」、「理」、「類」的關係則與「名」、「辭」、「說」、「辯」之間的關係不同：其中沒有任何一個概念包含或依靠另外一個。「故」、「理」、「類」對《墨辯》來說是「立辭」必不可少的三個基礎，是可靠地建立正確主張的理論基礎，因此可以說是《墨辯》的知識論基礎。

第三章 《墨辯》中的認知與事實

　　《墨辯》中關於語言的分析的一個最大的成就，在於它較具體地描述了直接認識和語言活動之間的關係。依本文的看法，《墨辯》中有關認知與事實的說明，首先透過「知」的概念，說明了直接認識的來源及其與實存之物的關係，再形成概念或「類」，同時把「類」與相關的語言符號「名」在腦海中相結合，解釋語詞如何能夠指稱實存之物，進一步用「辭」或語言表達式說明了語言如何表達思想，以及語言跟認知的關係，最後再使用「當」、「可」、「然」、「是」等概念去探討語言跟思想、實在世界的關係，以及事實和真理的問題。本文將要試圖釐清這一過程，並且討論《墨辯》中對認知和事實的分析是否受了古代漢語的影響。

第一節 《墨辯》中認知與事實的基本概念

一、「知」與知識的來源

　　《墨辯》有關人類知識的說明大體上可分成兩個階段，即「直接認識」和「間接認識」。所謂「直接認識」是指認識主體透過自己的某些基本能力（如：感官能力）直接獲得的知識；而「間接認識」則指基於已有的知識透過理性思考或語言活動（可包含「告知」，也可以包含透過雙方辯論的結果）而得來的知識。《墨辯》很明顯地把這兩種知識分開來處理，在知識的種類和來源主要在《經上》、《經說上》處理，而有關純粹間接認識上的問題主要在《大取》、《小取》中討論。《墨辯》主要用「知」的概念說明知識；「知」包含直接和間接的知識：

《經上》：知，材也。

《經說上》：知材：知也者，所以知也而必知。若明。

首先，「知」最根本的來源是「知材」。如同眼睛看到了某物一樣，這種「知」只要有「所以知」（即《經說下》所說的「五路」，感官能力）就必定會獲得相關的知識或信息。

《經上》：慮，求也。

《經說上》：慮：慮也者，以其知有求也，而不必得之。若睨。

《墨辯》提出「慮」是一種求知的活動，根據上述的認知能力〔註1〕，去尋找新的知識；當然未必會因此獲得新的知識。這如同尋視，想要尋找某一對象，但不一定因此就會找到它。

《經上》：知，接也。

《經說上》：知：知也者，以其知過物而能貌之。若見。

「知」需要跟實存之物有一定的接觸才能獲得。《墨辯》非常強調「實」的重要性；在這裡《經說上》提出，「知識」最初是透過與世界的接觸而來的，其中最基本的一種「知」是接觸了事物之後，能夠描摹出它的相貌。

《經上》：恕，明也。

《經說上》：恕：恕〔註2〕也者，以其知論物而其知之也著。若明。

「　」字是《墨辯》獨有的用語，與「智」字同。「　」是比「知」更高一層次的認識活動：上述的「知」只要跟事物有所接觸，在外在世界的某些條件之下就必定能獲得，因此主要是一種感性而非理性的認識活動。《經說上》對「　」的定義強調的是「　」還需要人具備「論物」的能力，可以對於事物的特性進行思考和判斷，因此「　」是理性認識的一種能力。

《經上》：知，聞、說、親，名、實、合、為。

《經說上》：知：傳受之，聞也；方不運〔註3〕，說也；身觀焉，親
　　　　　也。所以謂，名也；所謂，實也。名實耦，合也。志行，
　　　　　為也。

〔註1〕 《經說上》的「知」字當作「知，材也」的「知」，見周云之《墨經校注》（甘肅人民出版社，1993），頁116。

〔註2〕 《經說上》二「　」字原作「恕」，見孫詒讓《墨子閒詁》（台北：華正書局，1995），頁302。

〔註3〕 「運」字原作「瘴」，見 A.C. Graham, *Later Mohist Logic, Ethics and Science*, p. 328。

《經上》還對各種「知」進行了分類。以知識的來源來分，上述有關「知」的討論屬於「親知」，即認知主體透過與實存之物的接觸而得來的知識；此外有理性思考得來的「說知」，和語言表達得來的「聞知」。以知識的內容分，也有「名知」（知道某物的名稱，但未必知道此一名稱所代表的事物）、「實知」（對某物有所認識，有此事物的概念，而未必知道它的名稱）、「合知」（對某物有名知並且有實知）、「爲知」（有關行爲的知識）。

　　總之，《墨辯》的作者對知識來源的分析相當地仔細且全面，大體上可分成直接認識和間接認識兩個階段。人首先透過與事物的接觸獲得直接認識，通過感官經驗認識到外在事物的某些性質；然後透過理性思考或語言傳達可獲得間接認識，因而對尚未見過的事物有所了解。

二、「類」、「名」、「辭」與認知的結果

　　認識活動可以根據所獲得知識的來源分成兩類：直接認識，即透過人自身的感官能力而獲得知識，和間接認識，即透過理性思考或人與人之間的語言表達等其它手段而獲得知識。《墨辯》有關「知」的說明已經解釋了人類直接認識的來源，並提出人還可以透過理性思考和語言活動兩種手段得到間接的認識。但接下來還要說明的是，認識主體透過自身的感官能力而得來的知識與理性思考、人類語言之間的關係是什麼，這就是說要說明間接認識如何可能。爲了說明這個過程，《墨辯》的作者提到三個在《墨辯》的語言理論中非常重要的概念「類」、「名」和「辭」，這三個概念作爲直接認識和間接認識之間的橋梁。

（一）「類」

　　《墨經》中「類」是由某一些在某意義上相同的事物形成的，有所相同性質的事物可被視爲同類，而有所差異的事物可被視爲異類；《墨辯》不排除兩個事物在某種意義上是同類，也可以在另一意義上是異類。「類」是從直接認知抽象出來的概念：人透過上述「知」的認識活動能夠觀察到外在世界中事物的某些性質以及這些性質的同異；有某些共同性質的事物可以形成一個「類」。但在《墨辯》的理論中，能形成一「類」的事物不但包括像「牛」、「馬」等自然類，也能包括非自然類，例如完整的命題或語句；所以《小取》可以說「盜人，人也；多盜，非多人也」和「盜人，人也；殺盜人，非殺人也」是屬於同一類的。所以，只要某組事物有任何相同的性質，原則上可以當同

類；但相反地，因爲「二必異」，任何兩個不同的事物必定有所差異，因而可被視爲「異類」。因此，某一事物可同時屬於許多類，例如，「馬」同時屬於「馬類」、「牛馬類」、「四足獸類」、「物類」等。當一個人看到一群馬，他可能會把它歸爲「馬類」，而另一人也許會把它視爲「動物類」或「四足獸類」，但從「類」的觀點看，這些不同歸類法都是正確的。因此，即使某一「類」的界限可以被很清楚地劃分，某一事物屬於哪一「類」可以根據認知主體、脈絡的不同而有所不同。

（二）「名」

「類」畢竟有這種主觀的可選性在內，就不可能用來在人與人之間傳達信息。爲了能夠使用語言傳達信息，就會需要一種規範性的作用來使得某一表達對不同的人有相同的意義。在《墨辯》的理論中，「名」提供了這一規範。

「名」是語言表達的單位，同時也提供了概念的一種可被公認的規範。「名」和「實」的關係是所以謂跟所謂的關係；這種關係不是任意主觀的，而必須是被公認的。雖然《墨辯》沒有明確地記載，但名實之間的關係很可能是類似於《荀子·正名篇》所謂的「約定俗成謂之宜」。「名」在語言活動中的作用在於指出某一個特定的「實」。當說話者想要把某一概念傳達給聽者，只要雙方知道此一概念以及此一概念的名稱（即雙方具備所謂「名知」和「實知」，也即由此兩者形成的「合知」）就可以通過「名」使得聽者想到此一「實」。因此，「名」是直接認識和間接認識之間的基本聯結。

（三）「辭」

除了「名」之外，《墨辯》還使用到另一個有關語言符號的重要概念：「辭」。「辭」的作用與「名」的「舉實」作用相對，是「抒意」。因此，「辭」所能表達的內容比「名」更複雜：「名」只能表達某一概念或個體物，而「辭」則可以表達一個完整的思想。此外，從《小取》提出的關於「侔」的說明和例子可看出，「白馬，馬也」和「乘白馬，乘馬也」是兩個獨立的且同類的「辭」，也就是「比辭而俱行」中的「辭」。因此，「辭」是比「名」更高一層次的一種語言表達，它與「名」不同，不僅能夠舉出實存之物，還可以表達人的思想。

但至於「辭」的具體結構，《墨辯》尚未解釋清楚。雖然「名」無疑是「辭」的組成部分，但《墨辯》並沒有具體地說明「名」如何能構成「辭」。《墨辯》對「名」的解釋主要訴諸於「名」指稱範圍的不同大小（即「達」、「類」、「私」），

但似乎沒有考慮到沒有指稱對象的詞語。但即使是《小取》提出的簡單例子中，「乘車，非乘木也」等句子，會需要使用到「非」和「也」二詞，而這兩個詞很難說有任何對應的「實」。實際上《墨辯》的理論需要加上對「名」的進一步分類或新的範疇才能夠用「名」來建構「辭」。從《小取》「比辭而俱行」的例子（尤其是「一是而一非」的例子）〔註4〕我們可以看出，《墨辯》的作者的確沒有給有指稱對象的語詞（如：「桃」、「兄」）和沒有明確指稱對象的語詞（如：「問」、「惡」）不同的處理，而認為「桃之實，桃也」和「問人之病，問人也」有相同的形式。

總之，人面對實存之物（實）首先通過感官能力（五路）觀察到事物的某些性質（同異），然後根據這些性質形成有相同性質的概念（類），再把這些概念與被公認的語言符號相聯結（名實耦），因而獲得了用語言符號指稱實存之物的能力（以名舉實），並且通過這些語言符號來傳達思想（以辭抒意）。這樣，《墨辯》說明了透過語言表達的間接認識如何可能。

三、「當」、「可」、「然」、「是」與事實和真理

在某一種意義上，每當我們說出一個判斷的時候，我們已經有使用到真理這一概念；但有沒有對真理概念本身進行反省是另外一個問題。《墨辯》當中有探討跟真理和事實相關的一些概念，因此這一節要對這些概念作一個簡單的分析。

在西方哲學界，雖然對真理理論有許多不同看法，但從 Tarski 以來的一個比較被普遍接受的觀點〔註5〕，是所謂的「真理述詞」至少有一個用途在於說：

「雪是白的」這個語句為真　當且唯當　雪是白的。〔註6〕

Tarski 的這一說法的重點在於，前一句討論的是語言和語句，後一句討論的是世界的樣子；真理述詞的作用是從有關「語句」的討論還原到有關「世界」的討論。從這個角度來看，《墨辯》中似乎有四個不同的概念可以有類似於「真理述詞」的用法並且跟「真理」或「事實」相關的意義：即「當」、「可」、「然」、和「是」。

〔註4〕 見附錄一，頁69。

〔註5〕 Tarski, A. "Truth and Proof", *Scientific American*, 1969.

〔註6〕 此一段文字中引號十分重要，因為左邊引號中的「雪是白的」是作為討論對象的一個語句，而右邊沒有引號的相同的語句卻是有關實在世界中的雪是否為白的一個判斷。

（一）「當」

「當」這個字在《大取》、《小取》沒有出現過，可是在《墨經》裏面是一個重要的概念，而且它跟「辯」有一個很密切的關係。在《墨經》中有一個比較明確的定義：

《經上》：辯，爭彼也。辯勝，當也。

《經說上》：辯：或謂之牛，或〔註7〕謂之非牛，是爭彼也。是不俱當。不俱當，必或不當，不若當犬。〔註8〕

這裡是說，「辯」一定要針對某一個或者爲眞或者爲假的語句（及其否定）來進行，並且辯論者雙方必須對這個命題有彼此對立的看法；但無論是我方「辯勝」還是對方「辯勝」，最後必定會有一方勝利，而如果雙方遵守「辯」的規則，則勝利的那一方的觀點就應該「當」或符合事實〔註9〕。所以說，「當」是一個非常客觀的狀態，而且是通過「辯」的過程達到的；然後，因爲「辯」本身是用「說」或有效的推理來進行的，所以依《墨辯》的說法，如果某一個觀點「當」，那麼這一觀點就會符合一套語意規則和有效推理的正確使用。另外，因爲「說」又建立在「辭」的基礎上，並且就《墨辯》的看法，有效的「說」主要由「辭」的語意內容而決定，所以從《墨辯》本身的立場看，「當」主要是一個語意概念。針對辯論的命題而言，「當」遵守排中律：如同《經說上》的例子，某一對象要麼是牛，要麼不是牛，而並沒有第三種可能。

（二）「可」

《經下》：牛馬之非牛，與可之同，說在兼。

〔註7〕 「或」字補，見孫詒讓《墨子閒詁》（台北：華正書局，1995），頁314。

〔註8〕 與此相關，還有：
《經下》：謂辯無勝，必不當。說在辯。
《經說下》：謂：同則或謂之狗，其或謂之犬也。異則或謂之牛，牛或謂之馬也。俱無勝，是不辯也。辯也者，或謂之是，或謂之非。當也者勝也。
「不若當犬」的解釋有兩種。首先（Graham, A.C., *Later Mohist Logic, Ethics and Science* (Chinese University Press, 2004), p.319），「不若當犬」可以用《經說下》「同則或謂之狗，其或謂之犬也……是不辯也」來解釋：一方主張「那是狗」另一方主張「那是犬」，則不是「必或不當」的情況。第二種解釋（高亨《墨經校詮》收入《高亨著作集林》第七卷（北京：清華大學，2004），頁128）則把「不若當犬」改爲「不當若犬」，解釋爲接著「牛」的例子，意思爲「不當的情況，如：謂牛即犬」。

〔註9〕 這如同《經上》「信，言合於意也」以及《經說上》「信：不以其言之當也」所說，「當」有類似「符合事實」之意。

首先，與「當」不同，「可」似乎不是一種嚴格的二分：對於某些主張，《墨辯》認爲「可」與「不可」的主張都同樣可以被接受：「牛馬非牛」和「牛馬牛也」這兩個命題其中有可也有不可〔註10〕。

　　《經下》：以言爲盡誖，誖。說在其言。

　　《經說下》：以：誖，不可也。之人〔註11〕之言可，是不誖，則是有
　　　　　　　　可也。之人之言不可，以當必不審。

從「以言爲盡誖」的例子可看出，「可」只要求命題在某種意義上可以成立。「是不誖，則是有可也」，表示只要某一個主張不完全與事實相反〔註12〕，則其中就會「有可」。因此，「可」的意思比「當」更廣泛，可能相當於「可以成立」；而且它沒有像「當」那樣很明顯的「證明」的内涵。但是「可」還是較客觀的一個標準，因爲《墨辯》多次強調和規範了有哪些觀點「可」有哪些「不可」；《墨辯》會認爲「可不可」不應該要涉及到個人的想法或意見。而且另外一點要提出的是，它在《墨辯》中的一個用法跟 Tarksi 所說的「眞理述詞」的用法完全一樣，就是說，它在「或非牛或牛而牛也，可」，還有「牛馬非牛也，未可」等句子中的用法跟「爲眞」的用法一致，是用來承認或否認某一完整的語句。

　　（三）「然」

　　上述的「當」和「可」主要出現在《經上下》、《經說上下》四篇中，而在《大取》、《小取》中並不扮演重要角色。但「然」在《墨經》六篇中都有多次被提到。

　　《經下》：假必誖，說在不然。

　　《經下》：物之所以然，與所以知之，與所以使人知之，不必同。

　　《小取》：假者，今不然也。

　　《小取》：其然也，有所以然也；其然也同，其所以然不必同。

「然」是指「是怎麼樣的」，也就是指外在世界的（客觀的）樣子或狀態，因此跟「事實」的概念很接近。《墨辯》多次強調，物之所以然或客觀狀態背後的原因，以及我們怎麼認識到物之所以然，以及我們怎麼把物之所以然傳達給

〔註10〕詳細說明見頁 39。

〔註11〕「之人」原作「出入」，見孫詒讓《墨子閒詁》（台北：華正書局，1995），頁
　　　　353。

〔註12〕從《經上》「假必誖，說在不然」可看出，雖然「誖」是《墨辯》的一個術語，
　　　　但《墨辯》所說的「誖」不可能等同於邏輯上「互相矛盾」的意思，而更接
　　　　近「錯誤」或「與事實相反」之意。

別人，是三個獨立的概念，釐清三者之間的區別十分重要。此外，《小取》提出，辯者的一個目的是：「焉摹略萬物之然，論求群言之比。」這就可以說明，辯者有兩個相關的目的，一個是想要追求事實或眞理，另一個是判斷哪些言語表達是可以成立的或可以被接受的。

（四）「是」

整個《墨子》中多次強調了「辨是非」是墨家團體的一個重要任務；《墨辯》也把「明是非之分」視爲辯者目的之一。「是」與上述三個概念不同，是一種主觀的肯定。但因爲墨家非常強調規範的重要性，所以對《墨辯》來說，這些肯定和否定應該要根據一種「法」來決定，而不應該是任意主觀的。所以《小取》說：

> 《小取》：效者，爲之法也，所效者所以爲之法也。故中效，則是也；
> 　　　　　不中效，則非也。

《經上》對「法」的定義是：「法，所若而然也」。所以「法」的目的也是讓我們的判斷符合「萬物之然」。《經說上》給的例子只有用「意、規、圓〔註13〕」三個概念；可是至少從這三個例子中可以看出，《墨辯》的「法」可以包含很具體的法則，也應該能包含比較抽象的法則，例如，我們可能會認爲它也包含墨家的三表法，但對於這一點，其實《墨辯》並沒有說的很清楚。但同一個事物原則上可以有不同的「法」。例如，《小取》中「殺盜，非殺人也」的主張，所根據的「法」雖然在墨家團體中可能是被公認的，但不同的辯者可能不承認這一「法」，而很可能認爲判斷「殺盜，非殺人也」的是非應該由其它的「法」來決定。不但如此，自己所採取的不同「法」應用到同一個事物上可能會得到不同的結果。例如，「殺盜，非殺人也」或許就墨者所使用的「法」而言是可以成立的，但如果以《小取》侔式推理的「比辭而俱行也」爲法，卻不一定會有相同的結果。

第二節　古代漢語對《墨辯》認知與事實的影響

《墨辯》提到「名」的概念後就開始進入有關語言的討論。接下來的一個相關的問題，是《墨辯》作者使用的語言有沒有影響到他對認識過程和認識結果的分析？

〔註13〕原文作「員」。

一、古代漢語的特徵和古代中國的存有觀

　　假如古代漢語對《墨辯》的認識理論造成了影響的話，這種影響最可能會在有關概念和語詞的討論中，即「類」和「名」的說明上。而有關古代漢語對「類」、「名」的影響最突出的一個論證是西方漢學家陳漢生提出的「物質名詞假設」〔註14〕。簡單地說，物質名詞假設認為，古代中文裏面每一個名詞，在語意上都是物質名詞，跟現代漢語的「水」、「空氣」、或英文的「gold」、「wood」等不可數的物質名詞一樣〔註15〕。基於這個看法，陳漢生認為古代漢語不可能有指稱個體的物理對象和抽象元目的語詞。這就是說，古代漢語的語詞只能不分割地指涉到散列的或不連續的具體材質，所以用古代漢語表達的語言理論只能有一種「材質的存有論」（stuff ontology）或「部分整體學存有論」（mereological ontology）。古代漢語中的名詞不僅在文法上是物質名詞，這些物質名詞所代表的對象是時空中散列的材質〔註16〕。如果這一論證能成立的話，它就會表明古代中國的哲學家在認識事物的過程中有一種很獨特的存有學觀點，這一觀點很可能會對這些哲學家所作出的語言理論造成很大的影響。

　　但《墨辯》的語言理論卻可以給我們理由不接受此一假設。首先，《墨辯》對「名」的分析分清了達名、類名、私名三種不同指稱範圍的「名」，因此也分清了普遍詞項和單稱詞項〔註17〕。按照陳漢生的說法，這是古代中國哲學家不該作（甚至不能作）的一種分析。第二，《墨辯》有關概念形成的討論主要訴諸於事物的性質或同異關係，而不像陳漢生的理論那樣判定，用整體和部分的關係來解釋。假如陳漢生的主張是對的，那麼「體」和「兼」應該是《墨辯》的認識論中最核心的概念。但在《墨辯》中有關直接認識和「名」的討論，「體」和「兼」並沒有扮演很重要的角色，也很難看出「體」和「兼」表示一種存有學的立場，然而「體」和「兼」主要被用來處理一些個別的問題而沒有被用來處理所有的「名實」關係。

〔註14〕 Hansen, Chad, *Language and Logic in Ancient China* (University of Michigan Press, 1983).

〔註15〕 可數名詞是可以指稱一個或多數的個體事物的名詞。而物質名詞所指的是不可分為個體的材質。同一個語詞在不同的語句中可以當可數名詞和物質名詞。

〔註16〕 Hansen, Chad, *Language and Logic in Ancient China* (University of Michigan Press, 1983), p.35.

〔註17〕 Fraser, Chris "Language and Ontology in Early Chinese Thought" *Philosophy East and West* 57:4 (2007), p.34.

　　爲了展現出物質名詞假設的一個最根本的問題，我們可以使用西方語言哲學家 W.V.O. Quine 提出來的一個思想試驗，叫做「根本翻譯」（radical translation）〔註 18〕。假如一個語言學家踫到一群講某一陌生語言的人，他可以通過某些手段以及某些基本的假設，推論那群人的語言表達所代表的意義是什麼，甚至可以透過一個過程把他們的語言完全翻譯成他自己的語言來理解。但這一過程中會有一個問題，就是我們聽到或看到的有關這種語言的經驗證據，永遠都不夠用來完全確定他們的語言表達的意義。爲了說明這一點，Quine 提出了所謂「Gavagai〔註 19〕」的例子：假設語言學家面臨著這群講陌生語言的人，聽他們講話，一開始甚至不知道他們的話當中，哪些部分是語詞哪些是完整的語句。但他會有一些辦法做猜測，例如：要是他發現每當那群人看到一隻兔子時，他們都會使用到「gavagai」這個詞，他可能會猜測「gavagai」也許是「兔子」的意思。因此語言學家可能就會用手來指兔子問他們說「gavagai?」；假設他們高興地回答說「gavagai!」，語言學家就會覺得，他的猜測可能是正確的，「gavagai」也許的確是「兔子」的意思。

　　但這裡就有一個問題：雖然他發現到指兔子並說他所指的是「gavagai」，就會得到這群人的同意，但是他還可以根據他所看到的證據，對「gavagai」這個詞作出不同的詮釋或翻譯，而且這些不同的翻譯永遠都沒有辦法用經驗證據來確定其中哪一個才是正確的。這是因爲我們沒有辦法確定「gavagai」是指像在我們的語言一樣，在時空中整體的那隻個體的兔子；還是某一時刻當中的那隻個體的兔子；還是完整一隻兔子當中的未被分割的部分；還是整體時空中由所有兔子所構成的一種「兔子性」。所以，這種對於語言的觀察或「根本翻譯」，永遠都不能告訴我們此語言的使用者的存有學觀點是什麼。

　　基於 Quine 的這個觀點，再去看陳漢生的「物質名詞假設」，就會意識到對古代中文名詞的語意的這種假設，雖然有可能不會被任何一句古代中文的文字徹底否認，但卻仍然不表明古代中國人眞的有「物質名詞假設」所說的這種存有觀。正因爲翻譯上存在著不確定性，所以我們理論上在詮釋任何一個語言的時候，都可以採取一種翻譯方式使對方的語言被翻譯成我們的語言時，會表示一種與眾不同的存有觀。但我們不能因此判定這就是對方的存有觀，因爲實際上這種「存有觀」完全來自於我們自己所選擇的翻譯方式；實

〔註 18〕 Quine, W.V.O., *Word and Object* (MIT Press, 1960), p.28～57.
〔註 19〕 「Gavagai」並非英文詞語，而是 Quine 自己創造的詞。

際上我們也可以採取另一個翻譯方式，使得對方的話有與我們相同的存有觀。根據 Quine 的理論，陳漢生從古漢語的文法規則推論到古漢語使用者的存有觀，這種做法本身是有問題的，因爲文法本身永遠都不能告訴我們人的存有觀。因此，我們並沒有理由相信古代中國人所使用的語言與他們的存有觀有陳漢生所說的這種關係。

二、古代漢語和「名」、「辭」結構的關係

這一節要討論的是古代漢語中，詞語在文法使用上的靈活性以及缺少詞形變化這兩個相關的特徵，對《墨辯》的「名」、「辭」結構的影響。

（一）詞語在文法使用上的靈活性

首先，從現代文法學的角度看，古代漢語的同一個語詞可以扮演文法上的很多不同角色；這就是說，古代漢語的很多詞可以屬於很多不同的文法範疇，即所謂「詞類活用」〔註20〕。但要注意的是，這些文法範疇，像「名詞」、「動詞」、「形容詞」，主要是來自於對西方語言的分析，最早是從西方語言的特徵歸納出來的，而如果要從古代漢語出發，根據古代漢語中的可被允許的結構去尋找一些恰當的文法範疇，很可能不會形成跟我們現代使用的文法範疇一樣的範疇。這一點就是 Quine 在他的 *Philosophy of Logic*（邏輯哲學）一書中所論證到的，文法範疇是一個「內在」（immanent）的語言學概念〔註21〕，這就是說，文法範疇的形成會因所考慮的對象語言的不同而不同。（例如：某一些語言會根據一個詞的陰性或陽性要求某些跟它搭配的詞語有某些改變；對於這些語言來說，陰性詞語跟陽性詞語是有意義的、合理的文法範疇，可是對沒有這些變化規則的語言來說，根本就不是什麼被需要的範疇）。

第二，與上面的特徵密切相關的是古代漢語的另一個特徵，就是沒有「詞形變化」（inflection）的現象。在很多語言當中，一個語詞會根據某些因素（例如，時態或人稱）而有所改變；可是古代漢語很明顯的沒有這些變化〔註22〕。「詞形變化」會限定哪些語詞在哪些情況下可以跟其它的語詞相搭配；因此沒有詞形變化的語言在表達形式上受到的限制較少。

第三，不但沒有詞形變化引起的搭配要求，古代漢語其它方面對語句形

〔註20〕王寧等編《古代漢語通論》（北京師範大學出版社，1996 年），頁 159。
〔註21〕Quine, W.V.O., *Philosophy of Logic* (Harvard University Press, 1986), p.19.
〔註22〕見附錄二，頁 71。

式的規則也比較少，它「不求句子嚴謹、整肅，而求意義上的相通順達」〔註23〕。與許多歐洲語言不同，古代漢語不要求一個詞組（phrase）必須有主語、謂語結構，而在一定程度上只要求語詞所代表的概念內涵能夠搭配形成一種可以被理解的、有意義的詞組或語句。

儘管如此，古代漢語仍然有它獨特的文法規則，並不是任何一串文字就可以形成語句。古代漢語的詞組的確本身具有文法性質，但這些性質與歐洲語言不同，不作為強化性的規範，而作為較普遍的規律或普遍的傾向〔註24〕。與某些其它自然語言相對之下，古代漢語的詞語的確有一種靈活性，但不能因此說它沒有文法規則。

（二）古代漢語的靈活性對《墨辯》的影響

根據以上三個特徵，首先因為沒有詞形變化的問題，所以古代漢語的使用者就不會像歐洲語言的使用者有很明顯的動機，去探討和分析不同的文法範疇。另外，對語言形式的一種用「名」（作為足以表達概念內涵的單位）和「辭」（作為最少足以表達思想的一種單位）的分析，似乎是一種非常合理的，並且非常自然的分析。根據古代漢語本身固有的文法特徵，似乎沒有必要去探討第一、二、三人稱代詞的不同，或建立單數、複數名詞的不同文法範疇，甚至也沒有很明顯的動機把名詞和動詞相分開。

第二，這種靈活性不但會使人難以去探討文法範疇，同時會使人難以去討論語言的具體形式和有效推理形式的規則。不但如此，當人用古代漢語去分析語句的具體形式，古代漢語的這一特徵還能影響到他所作出來的分析。具體說來，在《小取》篇中可以看出古代漢語的靈活性的確有影響到作者對侔式推理的分析。例如，《小取》篇中有所謂「是而不然」的例子，即《墨辯》作者針對有相同形式「x，y 也；Ax，非 Ay 也」的語句的一些例子〔註25〕。以下是《小取》中「是而不然」的例子，以及這些例子的英文翻譯：

1. 獲之親，人也；獲事其親，非事人也。

   A relative of a handmaiden〔註26〕is a <u>man</u>; a handmaiden serving a

---

〔註23〕王克喜《古代漢語與中國古代邏輯》（天津人民出版社，1999 年），頁 123。

〔註24〕Harbsmeier, Christoph, *Science and Civilisation in China, Volume 7, part I: Language and Logic*, p.138.

〔註25〕見附錄一，頁 69。

〔註26〕在翻譯的過程中，有時候古代漢語中的詞語可以翻譯成英文的不同詞語，如這裡的「handmaiden」，葛瑞漢翻譯成「Jill」。但這種翻譯上的可選性不會影

relative is not serving a <u>man</u>.

或〔註27〕：

Relatives of handmaidens are <u>men</u>; handmaidens serving their relatives are not serving <u>men</u>.

2. 其弟，美人也；愛弟，非愛美人也。

His brother is a <u>handsome man</u>; loving his brother is not loving <u>handsome men</u>〔註28〕.

3. 車，木也；乘車，非乘木也。

A chariot is <u>wooden</u>; but to ride a chariot is not to ride <u>wood</u>.

4. 船，木也；入船，非入木也。

A boat is <u>wooden</u>; but to board a boat is not to board <u>wood</u>.

5. 盜人，人也；多盜，非多人也。

Thieves <u>are</u> men; for there to be many thieves <u>is</u> not for there to be many men.

6. （盜人，人也；）無盜，非無人也。

Thieves <u>are</u> men; for there to be no thieves <u>is</u> not for there to be no men.

這裡比較有趣的是，除了第一個例子之外，當我們把這些例子翻譯成英文的時候，我們不得不進行詞形變化才可以使得這些句子符合英文文法。當然，在翻譯上可以採取不同的方法使得這些句子符合英文文法，可是我們會發現如果不使用詞形變化的方式，就一定要在前一句或後一句加詞或使用前

響到這裡的論點，因為起碼同一個語詞在同一個脈絡當中會被翻譯成英文的同一個文法範疇；例如，在這裡無論我們選擇把「獲」翻譯成「handmaiden」還是「Jill」還是其它的語詞，我們必定會把它翻譯成名詞。以下「其弟」同樣可翻成「brother」、「younger sister」等等，但無論如會翻譯成英文的名詞性詞項，因此會有相同的結果。

〔註27〕 翻譯古漢語的句子，有時候可以選擇把一個詞翻譯成單數或複數的英文詞。第一句其實有另外一個問題，因為會涉及到一個語用的問題：「事其親」和「事人」中的「事」有不同的含義。

〔註28〕 另一個可能的翻譯：「His brother is <u>handsome</u>; loving his brother is not loving <u>the handsome</u>.」但關鍵是，這一句：「His brother is <u>handsome</u>; loving his brother is not loving *handsome*.」是不符合英文文法的。以下的例子也都有相同的結果。此外，我們不能把這句話翻譯成「His brother is <u>a handsome man</u>; loving his brother is not loving <u>a handsome man</u>.」（雖然這句話符合英文文法），因為這顯然不是作者的原意。

後不一致的語詞。換句話說，英文裏面不存在與「車，木也；乘車，非乘木也」對應的相同形式「x is y; Ax is not Ay」的語句。至於在英文翻譯中引起這種詞形變化背後的原因，第二句到第四句之所以需要詞形變化是因為名詞和形容詞在英文文法上的區別；第五句則是因為單數和複數的不同詞形。

以下是《小取》「是而然」（形式：「x，y 也；Ax，Ay 也」）的例子及其翻譯：

1. 白馬，馬也；乘白馬，乘馬也。

   A white <u>horse</u> is a horse; to ride a white horse is to ride a <u>horse</u>.

2. 驪馬，馬也；乘驪馬，乘馬也。

   A black horse is a <u>horse</u>; to ride a black horse is to ride a <u>horse</u>.

3. 獲，人也；愛獲，愛人也。

   A handmaiden is a <u>woman</u>; to love a handmaiden is to love a <u>woman</u>.

4. 臧，人也；愛臧，愛人也。

   A manservant is a <u>man</u>; to love a manservant is to love a <u>man</u>.

這裡翻譯成英文完全沒有相同的困難。這其實可以給我們一個理由相信《小取》作者的這種分析可能跟他使用的語言有一定的關係。當我們比較古代漢語中的「是而然」和「是而不然」的例子時，「是而然」中的語句跟「是而不然」中的語句在結構上是完全相同的，唯一的差別在於「是而不然」是否定句而「是而然」是肯定句。但比較英文版的語句就很明顯地可以看出，「是而然」和「是而不然」有不同的文法結構；即使我們對文法範疇毫無所知，在英文的版本中詞形變化使得「是而然」和「是而不然」的不同結構很清楚地被展現出來。假如想象《小取》的作者是用現代英文來寫，到這裡他很可能就會發現「是而然」和「是而不然」在形式上的確有所不同，然後進一步去思考這些形式上的不同的背後原因；但在古漢語中，兩者的形式卻一模一樣。

三、古代中國有沒有「眞理」這個概念

這一節要從陳漢生的另外一個論點出發：即古代中國沒有眞理概念這一主張〔註 29〕。他認為，雖然古代中國哲學家的確有根據命題的眞假選擇他們所主張的觀點，但是他們在進行哲學思考的過程中並沒有使用到一種「眞理

〔註29〕Hansen, Chad "Chinese Language, Chinese Philosophy, and 'Truth'" *Journal of Asian Studies* 44 (1983), p.492.

概念」。所以，他說，古代中國的哲學理論當中沒有一種可以對應到西方哲學中的「眞假」的概念；所以說，中國哲學沒有眞理概念。主要的根據包括：第一，古代中國的語言理論沒有「語句」的概念〔註30〕；第二，中國哲學對於知識和信念的看法與西方哲學完全不同，而「爲眞」的用途在於分清知識和信念〔註31〕；第三，先秦的語言理論中可能會被翻成「爲眞」的字都是語用而非語意的概念〔註32〕。

但這些根據其中有一些值得懷疑的地方。首先，對於古代中國的語言理論中沒有一種有別於「名」的「語句」概念此一論點，《墨辯》中的「辭」似乎是一個反例。陳漢生有注意到這個問題，在文章的附錄中特別對此處理。但其中認爲「辭」不是語句的主要理由在於《墨辯》沒有使用語句的可建構性性質（compositional properties）來定義「辭」。現代邏輯學家、語言學家可以利用語言的建構性，通過「辭典」和「建構」兩個範疇的操作給「語句」提供一個嚴格的定義〔註33〕。但這種定義未必是定義「語句」唯一可能的方法；其實《小取》有關「辭」的討論已經給我們理由相信「辭」的功能與語句或命題相似；尤其《小取》在提出「辯」的解釋用到「以辭抒意」，實際上指的是能夠表達意義的語言單位。雖然當代語言學家、分析哲學家對「語句」的定義是透過語句的可建構性而來的，但早期希臘文法學家對「語句」的定義卻與墨家相同，如古希臘最早的完整文法書「Techne grammatike」，把「語句」定義爲「能表達意義的單位」〔註34〕。

第二，陳漢生認爲古代中國的信念不同於西方的，主要理由在於古代中文沒有對應於英文的「believes that」或現代漢語的「相信」的詞，就是說，可以應用於完整語句來表示信念的詞；因此古代中文只能表達「詞信念」（term belief）而無法表達「語句信念」（sentential belief）。但這一點也是有問題的〔註35〕，並

〔註30〕同上，頁496。

〔註31〕同上，頁500。

〔註32〕同上，頁504。

〔註33〕這裡的「辭典」所指的是自然語言中的最基本的語詞，例如（以英文爲例）單數名詞、複數名詞、及物動詞、不及物動詞等範疇的詞語；建構指的是把屬於這些不同範疇的詞語構成完整的語句的有效規則。

〔註34〕Harbsmeier, Christoph, *Science and Civilisation in China, Volume 7, part I: Language and Logic*, p.85.

〔註35〕方萬全〈眞理概念與先秦哲學〉《南京大學學報（哲學、人文科學、社會科學版）》，2006年2期，頁91～102。

且在先秦文獻中存在反例，如《孟子・萬章篇》：「雲漢之詩曰：『周餘黎民，靡有子遺。』信斯言也，是周無遺民也。」其中「信斯言」應用於完整語句「周餘黎民，靡有子遺」之上，即表示陳漢生所謂的語句信念。

第三，有關可能會被翻成「為真」的詞，基於上述有關「當」、「可」、「然」、「是」的討論，《墨辯》中「當」的概念看來是最接近「為真」的。「當」其實是客觀地、對事物的一個普遍的、根據理性思維達到的結果；雖然我們可能不會想把它完全等同於西方哲學中的「真理」，但按照《墨辯》的說明它應該主要是一個語意概念；陳漢生也似乎承認了這一點〔註36〕。因此，很難說他的作者沒有真理概念；其實，在這裡比較恰當的說法也許是他對真理概念的分析和西方哲學對真理概念的分析有所不同。這就是說，《墨辯》的理論判定為真的語句未必就是我們（或西方哲學傳統）判定為真的語句。例如，對於《墨辯》的作者而言，「殺盜，非殺人也」並不是一個價值命題、命題態度或價值判斷，而很明顯地被視為與「入船，非入木也」等事實命題同類；在《墨辯》的系統當中，「殺盜，非殺人也」是一個為真的語句。

但實際上《墨辯》把「殺盜，非殺人也」等命題視為與「入船，非入木也」等命題同類，並不代表《墨辯》中的真理概念完全不同於西方哲學的真理概念，而只反映《墨辯》作者對於真理概念的外延可能有不同於別人的看法。《墨辯》的作者認為「殺盜，非殺人也」為真，不是因為其真理概念的某種獨特性，而純粹是因為對他來說，「殺盜，非殺人也」和「入船，非入木也」一樣，表達一件客觀事實。這種說法也許會引起質疑，因為我們可能會想說（從我們自己的觀點來看）「殺盜，非殺人也」或者是假的事實命題（或分析假的語句），因為殺了一個盜確實是殺了一個人，或者代表一個價值判斷，因為墨者之所以認為「殺盜，非殺人也」，不是因為他們否認盜是人，而是因為墨者認為「殺盜」這一正當行為不應該被視為「殺人」這一不正當行為的一個例子。這其實與近代西方哲學中所謂的事實和價值的二分有關，即近代某些哲學家（尤其是邏輯實證主義者以來）的看法中，基於休謨（David Hume）的「實然不能推出應然」論證，認為「事實命題」和「價值命題」之間可以

〔註36〕 Hansen, Chad "Chinese Language, Chinese Philosophy, and 'Truth'" *Journal of Asian Studies* 44（1983），頁516：「墨家使用『當』的用法很接近作為語意概念的真理。……因此『當』應該被視為適合先秦中國的語言及其語言哲學的真理概念。」儘管如此，陳漢生仍然堅持「中國哲學沒有真理概念」此一主張。

劃出一個非常清楚界限。這種觀點會把「事實」和「眞理」所謂的客觀的概念放在界限的一邊，而「價值命題」和「價值判斷」、「命題態度」等主觀的概念放在另外一邊。

　　但這種觀點其實是很多當代的哲學家都會反對。如同 Putnam 所說的，眞理其實與人的合理可接受性標準密切相關〔註37〕。Putnam 還說明了其實我們對「事實」和「眞理」的這些概念裏面一定會包含一些價值判斷在內。從 Putnam 的觀點來看，《墨辯》其實的確有它的一個眞理概念；而且說它的這個眞理概念從我們的角度看包含墨家學派的一定的價值觀的成分，這是沒有什麼矛盾的。

第三節　小　結

　　《墨辯》爲了說明如何能夠「焉摹略萬物之然，論求群言之比」，創造了一套獨特的認識論。其中，「知」當初是透過與實存之物的接觸而來的，再根據事物的同異形成概念，通過這些概念跟語詞的結合使人得到指稱實在事物的能力，最後這些語詞又可以形成足以表達思想的語句，因而人能做出有關事物的描述和判斷，而這些描述和判斷可以根據某些標準分成正確的或不正確的。

　　此外，古代漢語對《墨辯》的語言理論造成了一定的影響，首先因爲在古代漢語中詞的靈活性使得「名」、「辭」的分析結構可以作爲對語詞和語句的足夠的說明，並且使得沒有必要特別去探討名詞、動詞、形容詞等文法範疇的不同用法。此外，這種靈活性也直接影響了《小取》中有關「辭」與「辭」之間的某些推理規則的分析，使得某些規則對《小取》的作者來說較難以發現。但雖然古代漢語帶來了這些具體的影響，我們並不能因此就推測到古代漢語有影響到古代中國的存有論，也不能因爲「名」、「辭」結構在《墨辯》中沒有一種建構性的定義就推測到《墨辯》沒有眞理概念。

〔註37〕 Putnam, Hilary, "Fact and Value" *Reason Truth and History* (Cambridge University Press, 1981), p.129.

第四章 《墨辯》中的語意思想

在前兩章我們已經有看到《墨辯》提出了有關語言的理論架構，也說明了人可以透過認識活動直接認識到世界中的事物，也可以透過語言符號的傳達來獲得間接的認識。本章要討論的是依《墨辯》的看法，這些語言符號和這些世界中的事物、現象等之間的關係是什麼，也就是說要試圖說明《墨辯》中的語意思想：《墨辯》如何看待語言和世界之間的關係。

第一節 「名」的語意思想

一、語言的建構性

自然語言的一個很突出的特性是它的表達能力非常強；與動物或嬰兒的叫聲或哭聲不同，自然語言能夠表達對客觀世界的描述、願望、理想、論證等非常豐富的內容。但人不是先天的就能使用語言，而是透過經驗來學習到語言的使用；這些經驗顯然是有限的，而自然語言卻能夠做出無限多不同的表達。我們不僅能夠了解日常生活中常見的一些語句，然而針對自己從未見過的語句，甚至從未被任何人說出來的語句，若是屬於自己所懂得的自然語言，我們都很容易把握到它的語意內容。作為有限的語言使用者或學習者，我們如何能夠學習和理解語言的這些無窮多的不同表達？當代的語言哲學認為答案在於自然語言的建構性〔註1〕。我們雖然無法一個一個地學到無限多不同的語言表達，但我們能夠學到語言使用的某些普遍規則，而學到這些規則

〔註1〕 Davidson, D., "Theories of Meaning and Learnable Languages", *Inquiries into Truth and Interpretation* " (Oxford University Press, 2001), p.3.

就能夠用它來理解尚未見過的語言表達，也能自己用它來形成新的語言表達。

所謂「建構性」，指整句話的意義以某種方式依賴於語句部分的意義。「張三是男人」這句話的意義與「張三」、「是」、「男人」三個詞語的語意不僅是有所關聯的，前者可以用後者來定義〔註2〕；這些定義的方式（即語意規則）也必須存在一個有限的說明。因爲基本的單位必須是有限多的，所以就這個例子我們可能還會需要對「男人」的意義提供一個由「男」與「人」的意義所構成的說明，免得「壞人」、「聰明人」、「聰明壞人」等語詞同樣被視爲基本單位，使得我們的基本單位變成無限多的了。

二、簡單「名」的指稱

《經說上》：所以謂，名也；所謂，實也。

《經說上》：若實也者，必以是名也。

《經說上》：是名也止於是實也。聲出口，俱有名。

《經說上》：名〔註3〕若畫虎也。

《墨辯》認爲「名」與「實」之間的關係是「所以謂」與「所謂」之間的關係：「名」是代表某一事物或某種事物的語詞，而「實」則是這事物本身〔註4〕。同樣的事物必須使用相同的名；雖然一個人不一定知道這事物的名，但名實關係建立了之後，否認這一關係是錯誤的。如果「狗」和「犬」指同一種動物，那麼一個人說他知道狗而不知道犬就錯了：「知狗而自謂不知犬，過也。說在重」〔註5〕。因此同一個事物可以有多數不同的名，但無論是一名一實還是二名一實的情況，名實關係一旦建立了之後，這個關係原則上是不會不變的。

《經上》：舉，擬實也。

〔註2〕 這種定義未必是容易做出來的，但如果我們真的能夠用語言的建構性來說明語言的無限性，必定會存在某種定義方式足以說明有限多的基本單位如何能夠形成語言的無窮多不同的表達。至於所謂「基本單位」是什麼，可以有不同的答案：只要它可以作爲一套有限的理論的基礎，來解釋無限的語言表達即可。

〔註3〕 「名」原作「民」，見孫詒讓《墨子閒詁》（台北：華正書局，1995），頁306。

〔註4〕 依本文的看法，「實」爲「事物本身」的意思。《經說上》提出，「物」是可用以說任何「實」的名：「名：物，達也。有實必待之名也」。

〔註5〕 《經下》有另一表面上與「知狗犬」的例子互相矛盾的例子，即「狗，犬也，而『殺狗非殺犬也』可。說在重。」《墨辯》沒有明確地說明這一例子中爲什麼「殺狗非殺犬也」；一種可能性是如同「殺盜」與「殺人」中的「殺」有語意改變，同樣「殺狗」與「殺犬」有某種不同的含義。Graham, A.C., *Later Mohist Logic, Ethics and Science* (Chinese University Press, 2004), p.423~424。

《經說上》：舉〔註6〕：告以之〔註7〕名，舉彼實也。

《小取》：以名舉實。

《經上》：言，出舉也。

從語意學的角度，「名」的作用在於舉出某種特定的「實」。根據《小取》的說法，辯者不僅要「以名舉實」，他還得進一步「察名實之理」；由此可見，《墨辯》主張名實關係具有可被觀察到的客觀規則。而這種以名舉實的「舉」本身也作爲語言活動的基礎：說話就是使用語詞來舉出未必正在眼前的事物：名的基本作用如同畫圖一般，可以使得當事物不在眼前時可以令他人知道自己所想的事物是什麼事物。

《經下》：知狗而自謂不知犬，過也，說在重。

《經說下》：智：智狗，重智犬，則過；不重，則不過。

《墨辯》對「名」的定義允許二名一實的情況。這會產生所謂「狗犬」的問題：假如一個人知道「狗」所指的是什麼，卻不知道「犬」的意思，那麼這表面上與「狗，犬也」互相矛盾：如果狗就是犬，犬就是狗，怎麼能知狗而不知犬？《墨辯》對此問題的解決方式是認爲在這種情況下，說自己知狗而不知犬本身是錯誤的，因爲這兩個「名」有相同的指稱，屬於「二名一實」或「重名」的情況。這與《墨辯》所主張的「通意後對」原則相關：

《經下》：通意後對，說在不知其誰謂也。

《經說下》：通：問者曰，「子智飄乎？」應之曰，「飄何謂也？」彼
曰，「飄施。」則智之。若不問飄何謂，徑應以弗智，則過。

當一個人使用一個語詞的時候，他自己必須把握語詞的意義才可能夠正確使用這個語詞。因此，當有人問你是否知道某物的時候，你必須先了解對方所使用的語詞所指的是什麼，因爲不了解語詞的意義未必就對它所代表的對象毫無所知。如同有人知道「水」但沒聽過「H_2O」，而有人問他「你有喝過 H_2O嗎？」；被問的人回答前必須先弄清楚「H_2O」是什麼，否則就會錯誤地回答「從沒喝過」。不知道「H_2O」這一名稱所代表的意義，並不代表不認識它所指稱的對象。由此可見，「名」在一個脈絡中具有客觀的意義，而如果一個人不清楚某一名所指的是什麼卻仍然使用這個名，這就表示那個人犯了一個基本的錯誤。

〔註6〕 「舉」原作「譽」，見孫詒讓《墨子閒詁》（台北：華正書局，1995），頁306。
〔註7〕 「之」原作「文」，見孫詒讓《墨子閒詁》（台北：華正書局，1995），頁306。

　　《墨經》的一個很明顯的特性是它非常強調定義。尤其《經上》、《經說上》二篇，爲其作者視爲重要的語詞提供了可用在分析及辯論過程中的定義。這些語詞包括倫理學、光學、語言等領域的一些重要概念，也包括墨者用以說明各種領域中的現象的「同」、「異」、「故」等使用範圍更廣的概念。筆者認爲，這反映其作者的一種基本的精神，就是認爲語言是可以由語言來定義的；《經上》、《經說上》的幾乎每一條文字都可以被視爲這種「以語言定義語言」活動中的一部分。其中有部分內容可以視爲像詞典一般，只作爲解釋詞語的活動。但《墨辯》並沒有停留在一個一個地解釋不同關鍵的概念語詞的層面，而還進一步討論語言的建構。

三、複合詞的語意規則

　　因爲先秦思想家把語言的基本單位當作「名」，所以對《墨辯》來說，有關複合詞的問題是兩個「名」合在一起要如何理解：由兩個「名」所構成的複合詞的意義是什麼？複合詞的意義與複合詞的組成部分的意義之間的關係是什麼？《墨辯》對兩種複合詞的語意進行探討，用兩個典型的例子「堅白」和「牛馬」討論之。「牛馬」和「堅白」與「牛」、「馬」、「堅」和「白」的不同，一方面是前二者作爲語詞不是簡單語詞，另一方面作爲概念不是自然類〔註8〕。因此「牛馬」和「堅白」問題的出現與語言密切相關。

　　《墨辯》之所以會提出兩種不同的有關複合詞的理論，原因與古漢語的文法特性相關。《墨辯》有關複合詞的分析主要是針對「並集複合詞」（union compounds）和「交集複合詞」（intersection compounds）這兩種複合詞〔註9〕。古代漢語文法的簡略特性使得這兩種複合詞有一模一樣的形式〔註10〕；而在許多歐洲語言，這兩種不同的用法有不同的文法規則，如：「cows and horses」中的「and」指出這是一個合併的複合詞；「white horses」並沒有使用到連接詞就表示這裡的「white」是對「horses」的修飾。由於古漢語的文法特性使得「形容詞」、「名詞」等並非容易被發現的文法範疇（即不屬於語句的表面

〔註 8〕　所謂「自然類」是較模糊的概念。但就《墨辯》的這兩個例子，我們可以看出人類許多不同自然語言當中，幾乎都有簡單語詞表達「牛」、「馬」、「堅」和「白」，而極少用簡單語詞表達「牛馬」或「堅白」。

〔註 9〕　「並集複合詞」和「交集複合詞」是陳漢生的用詞；這裡僅用這兩個詞語分清兩類不同的複合詞，而不代表本文接受物質名詞假設。

〔註 10〕　Hansen, Chad, *A Daoist theory of Chinese thought* (New York: Oxford University Press, 1992), p.245.

結構）〔註11〕，先秦思想家分析語言時面臨一個難題：爲什麼有時候兩個「名」合成複合詞會形成一個表達更廣泛概念的語詞，而有時候卻會形成一個更狹義的呢？爲什麼有牛和馬就可以說是「牛馬」，而有白和馬未必就有「白馬」？如果「牛馬」裏面有一些牛，有一些馬，那爲什麼我們卻不能說「白馬」裏面有一些白有一些馬呢？現在我們給這個問題的答案可能是說「白」與「牛」不同，前者是形容詞而後者是名詞，因此「白」是用以修飾「馬」，而「牛」卻並不是用以修飾「馬」；當名詞被修飾的時候，它的語意內容會被限制了，它被修飾之後就會有較狹的使用範圍了。

　　但這裡要注意的是，我們現代的這種說法訴諸於「形容詞」和「名詞」兩個文法範疇的不同。在英文當中這兩個文法範疇是屬於語言的表面結構，從文法規則上就很容易看出來；但對於古漢語來說，「形容詞」和「名詞」表面上從文法的角度沒有明顯的不同規則，因此就表面結構也未必是自然的文法範疇。如果我們想要給語言提供一個建構性的說明，當沒有這兩個文法範疇時，我們就會遇到上述的這個問題。自然語言在不同方面上都會有類似的問題。現代的語言學和語言哲學也尚未給當代的自然語言的語意提供完整的建構性說明；然而，這正是近代語言哲學試圖處理的一個領域。例如，英文的條件句的語意規則是什麼？「If it rains tomorrow, I will take an umbrella.」（如果明天下雨，我會帶雨傘去。）這句話的意義與「明天下雨」和「我會帶雨傘去」的意義是什麼關係？有不同條件句理論試圖說明這一類句子的語意。

（一）牛馬

　　《經下》：牛馬之非牛，與可之同。說在兼。

　　《經說下》：或不非牛而「非牛也」可，則或非牛或牛而「牛也」可。
　　　　　　　　故曰「牛馬非牛也」未可，「牛馬牛也」未可，則或可
　　　　　　　　或不可，而曰「牛馬牛也，未可」亦不可。且牛不二，
　　　　　　　　馬不二，而牛馬二。則牛不非牛，馬不非馬，而牛馬非
　　　　　　　　牛非馬，無難。

「牛馬」是一種「兼」或整體的例子，這一整體是由牛和馬所構成的。「牛馬」這一兼顯然不等於「牛」也不等於「馬」；但其中每一個體對象確實要麼是牛要麼是馬。因此，《經下》提出，在某一種意義上，有一些被稱爲「牛馬」的

〔註11〕　甚至對於古漢語而言「形容詞」、「名詞」是否合理的文法範疇也待進一步的說明。

事物是牛，也有一些被稱爲「牛馬」的事物是馬。因此，如果我們願意接受「牛馬非牛」，我們也應該要接受「牛馬牛也」，反之亦然。

直覺上（若先不考慮邏輯、集合論等理論解讀）「牛馬」這個詞是被用以說某群動物，這群動物裏頭有的是牛有的是馬，其中有牛有馬。當有一群動物，裏面全都是牛或全部都是馬的時候，則並不用「牛馬」這個詞來稱呼它。《墨辯》對「或」的一個用法是「有一些但不是全部」的意思，即《小取》所謂的「或也者，不盡也」；只有這樣解釋「或」字才能夠理解《小取》的「二馬而或白也，非一馬而或白」。這種「或」的概念並不等同於邏輯的存在量詞「∃」，因爲存在量詞只要求「有一些」而不排除這一些實際上是全部的這種情況。

所以，假如我們因「牛馬」裏頭必定有「馬」，而「馬」必定不是牛，而認爲可以接受「牛馬非牛也」，我們同樣就得接受「牛馬牛也」；但這兩個命題表面上是互相矛盾的。但假如否認「牛馬非牛也」，就同樣得否認「牛馬牛也」，仍然有矛盾。這就導致「或可或不可」的情況：對於「兼」的某些「體」來說，某一個命題可以成立，但同一個命題對其它的「體」則未必成立。對於眼前一群「牛馬」中的一部分個體，我們可以說「牛也」而且「非馬也」；而對於同一群「牛馬」中的另一部分個體，我們卻可以說「非牛也」而且「馬也」。

儘管如此，作爲概念而言，「牛馬」是兩個不同概念的兼，而「牛」、「馬」則不是。因此雖然牛等於牛而馬等於馬，但牛馬不等於牛也不等於馬。在這裏我們可以看出，雖然《墨辯》的作者沒有使用不同的術語談「語詞」和「概念」，但他並沒有混淆語詞和概念。由於《墨辯》明確主張有二名一實的情況，所以我們不能把「牛不二，馬不二，而牛馬二」中的「二」當作是數名或字而已，而必須把它當作在數獨立的概念內涵。

（二）堅白

《經上》：堅白，不相外也。

《經說上》：於石〔註12〕無所往而不得，得二，堅白〔註13〕異處不相盈，相非，是相外也。

《經上》：盈，莫不有也。

〔註12〕「石」字原作「尺」，見孫詒讓《墨子閒詁》（台北：華正書局，1995），頁312。

〔註13〕「白」字補，見孫詒讓《墨子閒詁》（台北：華正書局，1995），頁312。

《經說上》：盈：無盈無厚。

《經說下》：無堅得白，必相盈也。

由於《墨辯》把「名」當作最基本的文法範疇，而就文法而言尚未對此作更細部的分類〔註14〕，因此它對「堅白」、「牛馬」的分析不可能訴諸於文法範疇的不同。那麼，為什麼「堅白」和「牛馬」的語意規則不同？《墨辯》作者認為，這是因為「堅白」的事物裏面，無所不堅無所不白，而「牛馬」卻不然，有些是牛（而並非馬），有些是馬（而並非牛）。這就是說，「堅」、「白」不能相離；而「牛」、「馬」可以相離：當有一群牛馬時，我們可以從中抽出一些馬來，或抽出一些牛來，但當有堅白事物時，則無法抽出任何堅而非白或白而非堅之物。

根據《經說上》的解釋，「相外」是指不同的地方不包含相同的空間；換言之，存在於不同的空間。當我們說某一個對象是「堅白」的時候，所謂的「堅」和「白」不存在於不同的空間，而是同時存在於相同的空間。因此無論考慮堅白物的任何地方，它必定既堅又白。

《經上》：攖，相得也。

《經說上》：攖：……堅白之攖相盡，體攖不相盡。

從《墨辯》的概念架構來看，「牛馬」與「堅白」的不同在於「牛馬」是由「體」（即個體的牛和馬）所構成的。這些不同的個體對象「攖不相盡」；即使它們有所交集，但這些個體對象不可能都像在「堅白」情況那樣在空間上相互包含。「牛馬」的「體」是可以被分開的，牛馬中有一些是牛（而非馬）有一些是馬（而非牛）；而「堅白」雖然同樣是由兩個概念（或簡單語詞）所構成的，但卻沒有所謂的「體」，更不用說它不屬於「攖不相盡」的情況。

四、正名原則

《經下》：彼此彼此〔註15〕與彼此同。說在異。

《經說下》：彼：正名者彼此彼此可。彼彼止於彼，此此止於此，彼　　　　　　此不可。彼且此也，彼此亦可。彼此止於彼此，若是而　　　　　　彼此也，則彼亦且此〔註16〕也。

上述一段文字是《墨子》一書中唯一提到「正名」的地方；而這一段與《公

〔註14〕《墨辯》對名的「達」、「類」、「私」分類所依據的是名的語意，而與文法特性無直接關聯。

〔註15〕原作「循此循此」，根據《經說下》改。

〔註16〕道藏本原作「則彼亦且此此也」；吳鈔本「此」字不重。

孫龍子名實論》有十分密切的關係。《公孫龍子》對正名的看法與《墨辯》的實先名後的觀點相似，認為名要以實來正，主張「其名正，則唯乎其彼此焉」。《經說下》的觀點可以分成兩種情況，根據「彼」和「此」是否指兩種不同的事物。第一種情況，如果加上標點符號表示哪些「彼」和「此」是名稱，可以看作〔註17〕：

> 彼此「彼此」可。彼「彼」止於彼，此「此」止於此，彼「此」不
> 可。

第一種情況：「彼此」這一名稱可以用來指稱彼此這一對象。「彼」只能用以指彼物，「此」只能用以指此物，而用「此」指彼物則不行。例如，用「牛馬」這個名指牛馬是可以的。「牛」名只限於牛，「馬」名只限於馬，用「馬」名指牛就不可以了。但也有第二種情況：

> 彼且此也，彼「此」亦可。「彼此」止於彼此，若是而彼「此」也，
> 則彼亦且此也。

當對象既是「彼」又是「此」的時候，我們卻可以用「此」來指稱彼。當「彼此」只限用於彼此時，而且「此」又可以指稱「彼」，對象既是「彼」又是「此」。這一類型的例子會出現是因為《墨辯》與《公孫龍子》不同，不反對有「二名一實」的情況。這一情況的例子：「狗」又是「犬」，所以用「犬」指狗也可以。「狗犬」名只限於狗犬。這樣，用「犬」名指狗，那麼「狗」就是「犬」。

第二節 「辭」的語意思想

在第三章已經有提到，我們有理由相信「辭」是指有意義的語句。雖然「名」無疑是「辭」的組成部分，但《墨辯》尚未給「辭」提供建構性的解釋（見第三章第一節）。這與先秦尚未提出「名」的不同文法範疇這一問題相關，因為語句的結構性說明必需對語詞做進一步的分類。儘管如此，《墨辯》對「辭」在其它方面的語意問題有很豐富的討論。

一、「辭」的描述性作用

《小取》：以名舉實，以辭抒意，以說出故，以類取，以類予。

根據《小取》的觀點，「辭」有一個描述性的作用，即「抒意」或表達某種思

〔註17〕這裡主要採 A.C. Graham 的解釋，來自 Graham, A.C., *Later Mohist Logic, Ethics and Science* (Chinese University Press, 2004), p.440~441。

想內容。「意」字本義作「志」，「意從心從音；音示言語，以己之心察人之言語何若」〔註18〕；因此「以辭抒意」中的「意」可以解釋爲「意志」或「意向」。在《墨辯》中「意」的概念一般指某種主觀的思想內容或意圖，如同「信，言合於意也」和「通意後對」中的「意」，也就是《耕柱》篇「吾亦是吾意，而非子之意也」中的「意」。所以，相對於「名」的「舉實」純粹描述性的作用，「辭」同樣有一種「抒意」的純粹描述性的作用，即表達個人意志或思想。

正因爲「辭」有這種描述性的作用，所以它才能有「當」和「不當」的情況。根據《墨辯》有關「辯」的看法，「辯」無疑是雙方辯論的過程，也無疑是由足以表達個人意志的「辭」所構成的。另外，根據《經上》的說法「辯，爭彼也」，「辯」的對象應該是兩個對立的「辭」。但《墨辯》沒有直接談到「辭」與「當」之間的關係；然而，《小取》、《大取》多次談「辭」而從未提「當」，《經上下》、《經說上下》多次談「當」卻從未提「辭」〔註19〕。儘管如此，從《墨經》有關「當」的討論和《小取》有關「辭」的看法，即可看出「辭」與「當」密切相關。「辯」是爭論相互矛盾的主張，在辯論過程中勝利的主張將會被視爲「當」〔註20〕；而這些彼此對立的主張是透過語言表達來描述的，也就是雙方用「辭」以表達自己的觀點。

爲了讓「辭」能夠實現它的描述性作用，「辭」中的語詞必須遵守「類」的原則。一個有意義的「辭」難以避免涉及到「類」：如同對羅素而言，任何一個語句至少要使用到一個共相一般〔註21〕，我們無法只透過專用名詞或「私名」形成語句，而至少會需要用到一個共相或「類名」。「以類取，以類予」的要求可以應用於「名」〔註22〕、「辭」、「說」三個層次。在「辭」的層次上，爲了準確描述自己的觀點，自己所使用的語詞必須遵守「類」的原則。例如，如果我想要描述我對眼前某一個體對象的某種觀察，例如，我眼前有一匹白馬，我想要描述它很大，這就會涉及到類的問題。即使我想要描述這一簡單

〔註18〕 高樹藩編《正中形音義綜合大字典》（台北：中正書局）1984年，頁510。

〔註19〕 這也許會給我們理由相信《小取》、《大取》的作者或寫作年代與《經》、《經說》不同，但這一問題超出了本文能夠處理的範圍。

〔註20〕 見第三章第一節，頁17。

〔註21〕 Russell, B. *The Problems of Philosophy* (Barnes & Noble, 2004), p.36.
表示等同的語句如「仲尼，孔子也」等似乎是例外，儘管除了「私名」之外還會使用到其它的語詞或建構表示等同，如「也」。

〔註22〕 說出語詞指出某一對象時，如果不用私名指它，則會涉及到用什麼類名指稱它。

例子中所看到的狀態，也可以用許多不同的表達方式，可以選擇許多不同的類作描述；但我必須根據不同類之間的關係而選擇使用哪些類。例如，我可以說「這匹白馬很大」、「這匹馬很大」、「這只動物很大」，是因爲眼前的事物屬於「白馬」類，又屬於「馬」類，又屬於「動物」類。又如我想描述一匹馬比起另一匹馬大，可以用「這匹馬比那匹大」或「那匹馬比這匹小」同類的「辭」做描述。

　　有關「辭」與「類」的關係，《經下》提出了兩個具體的原則：「異類不吡」和「狂舉不可以知異」。

　　《經下》：異類不吡，說在量。

　　《經說下》：異：木與夜孰長？智與粟孰多？……

不同類的事物，如「木」、「夜」等不能比較。試圖做出這種比較的「辭」犯了很基本的錯誤，因此無法表達有意義的觀點：如果有人主張「木比夜長」，我們不應該反對他的主張，因爲這種反對會讓我們自己主張「木沒有比夜長」或「夜比木長」因而自己也犯同樣的錯誤；然而我們應該否認他的主張是有意義的表達。

　　《經下》：狂舉不可以知異，說在有不可。

　　《經說下》：狂：牛與馬惟異，以牛有齒、馬有尾，說牛之非馬也，
　　　　　　　　不可。是俱有，不偏有、偏無有。曰：「之〔註23〕與馬
　　　　　　　　不類，用牛角、馬無角，是類不同也。」若舉牛有角、
　　　　　　　　馬無角，以是爲類之不同也，是狂舉也，猶牛有齒，馬
　　　　　　　　有尾。

另一種基本的錯誤是「狂舉」：用不恰當的性質來論證類的不同。如果我們要說明爲什麼「牛」、「馬」是兩個獨立不等同的「類」，依《墨辯》的觀點，我們要舉出其中一類具有某種性質，而另一類卻沒有這一性質，以證明兩者之不同。儘管我們知道牛和馬是不一樣的，但我們不能用「牛有牙齒」和「馬有尾巴」來證明牛和馬有所不同，因爲「有牙齒」和「有尾巴」這兩個性質是牛和馬都具有的。同樣，因爲「類」訴諸於事物的同異，我們不能舉「有角」這一性質來論證牛與馬不同類，因爲牛不見得都有角；舉出這些不足以說明類之不同的性質叫做「狂舉」。爲了避免犯這個錯誤，一定要選擇一類事物每一分子都具有而另一類卻每一分子都沒有的性質。

〔註23〕「之」字或當作指示代詞表示「牛」，或視之爲「牛」字之訛。

二、「辭」的規範性要求

　　雖然《墨辯》的「辭」確實有上述所說的「語句」的內涵，但《墨辯》對此的觀念與西方語言哲學的處理方式大不相同。西方語言哲學一般把「語句」當作是任意符合文法規則的有意義的表達，再去說明語句的意義、眞假等。然而《墨辯》對「辭」的分析不同，對「辭」有更多的要求：《墨辯》有關語言（當然這主要是辯論過程中的語言）有很強的規範性要求。在上一節所看到《墨辯》有關「名」的討論可以看作是有關「名」的規範：我們不能把「白馬」理解成「有白又有馬」或把「牛馬」解釋成「既是牛又是馬之物」，從現在的觀點看是有關文法規則、語意規則的討論，但從另一個角度看，這是爲了避免在辯論過程中陷入詭辯而形成的有關語言中語詞使用的規範性要求。從先秦辯論情況的背景看，不難理解爲什麼墨家會想要給語言表達加以限制以避免陷入詭辯。墨家的思想強調實際和實用；對墨家而言辯論有實用的目的，因爲透過辯論我們可以對世界有更好的了解，發揮更大的影響力。但如果辯論又可被用以論證「白馬非馬」等一般人無法接受的觀點，這就會對墨者用辯論作爲實用的工具產生很大的質疑。《公孫龍子》試圖以辯論的方式來論證違反常識的結論，在其論證過程中使用到違反《墨辯》的「牛馬」、「堅白」分析的要求，以便論證違反常識的結論。如果說《墨辯》有關「牛馬」、「堅白」分析的目標是達到「正名」的效果，同樣可以說它有關「辭」的討論試圖達到「正辭」的目標，即避免人主張錯誤的觀點。

　　　　《大取》：三物必具，然後足以生。

　　　　《大取》：夫辭〔註24〕以故生，以理長，以類行也者。立辭而不明於
　　　　　　　　　其所生，妄也。今人非道無所行，唯有強股肱而不明於道，
　　　　　　　　　其困也，可立而待也。夫辭以類行者也，立辭而不明於其
　　　　　　　　　類，則必困矣。

《墨辯》對「辭」的要求主要在於「故」、「理」、「類」三方面；這三個概念上述已說明過（第二章第一節）。《小取》強調了這三個概念作爲立辭的必要條件，缺一不可。上一節也提到，爲了形成有意義的表達，一個「辭」的語詞必需遵守「類」的原則；但有意義的表達未必就是《墨辯》會贊同的主張：「殺盜，殺人也」、「牛，馬也」、「白馬非馬」均爲有意義的表達，但《墨辯》不會接受這些主張爲有效的「辭」。如果一個主張沒有背後的理由，沒有按照

〔註24〕「夫辭」二字補，見孫詒讓《墨子閒詁》（台北：華正書局，1995），頁 377。

有效推理發展，或者違背的「類」的原則，它就沒有足夠的根據，很可能會陷入詭辯，也很可能會是一個錯誤的主張。爲了了解這三個概念在立辭過程中所扮演的角色，我們可以從《墨子》中論證（即立辭）的例子試圖重構立辭的「故」、「理」、「類」根據：

> 今天下之士君子，知小而不知大。何以知之？以其處家者知之。若處家得罪於家長，猶有鄰家所避逃之。然且親戚兄弟所知識，共相儆戒，皆曰：『不可不戒矣！不可不愼矣！惡有處家而得罪於家長，而可爲也！』非獨處家者爲然，雖處國亦然。處國得罪於國君，猶有鄰國所避逃之，然且親戚兄弟所知識，共相儆戒皆曰：『不可不戒矣！不可不愼矣！誰亦有處國得罪於國君，而可爲也』！此有所避逃之者也，相儆戒猶若此其厚，況無所避逃之者，相儆戒豈不愈厚，然後可哉？且語言有之曰：『焉而晏日焉而得罪，將惡避逃之？』曰無所避逃之。夫天不可爲林谷幽門無人，明必見之。然而天下之士君子之於天也〔註25〕，忽然不知以相儆戒，此我所以知天下士君子知小而不知大也。《天志上》

就這一例子來說，墨子所要成立的觀點是「天下之士君子，知小而不知大」。依《墨辯》的觀點的一種可能的分析方法如下：

　辭：「天下之士君子，知小而不知大」

　故：「明於家長之意，明於國君之意，不明於天之意」

　理：類推法：某一主張對於同類的事物同樣有效（也許即《小取》的侔式論證）

　類：「家長」、「國君」、「天」作爲權威的代表均同類；

　因而「人不應該得罪家長」、「人不應該得罪國君」、「人不應該得罪於天」均同類。

　按照《墨辯》的理論，提出這一主張首先必須要有「故」或理由，就上述原文中提到的理由是：因爲天下的士君子不明於天之意，卻明於國君之意，甚至明於家長之意，因此可以說他們「知小而不知大」。第二個要求是「以理長」；在這裡主要用到的「理」是一種推類法，即從「家長」、「國君」和「天」的相似性，可推出我們應該針對「人不應該得罪家長」、「人不應該得罪國君」

〔註25〕 「天下之士君子之於天也」原作「天下之君子天也」，見孫詒讓《墨子閒詁》（台北：華正書局，1995），頁175。

以及「人不應該得罪於天」採取一致的立場。最後,「以類行」的要求告訴我們立辭時必須明於相關的「類」:即「家庭」、「國家」、「天」在這一論證的脈絡中必須是同類的,否則立辭的根據就無效了。

爲了進一步說明《墨辯》要求「三物」的理由,我們可以考慮一些簡單的不正確或失敗的「辭」。首先有不具備「故」的「辭」。假如張三對李四說,「外面有人在找你!」,而實際上張三在欺騙李四,他並不認爲外面有人。張三沒有理由這樣說;即使恰好外面眞的有人,張三仍然缺少充分根據而建立了他的「辭」。第二,有不具備「理」的「辭」,例如:「如果張三去,張四一定會去;張三不去,因此張四一定不去」。這句話隱藏一個錯誤的推理:從「p 則 q」和「非 p」,我們不能有效地推出「非 q」。如果我們允許人在辯論時使用這種無效的推理,我們很可能就會陷入詭辯。第三,有違背「類」的「辭」。假如張三對李四說:「所有的貓都是動物;機器貓是貓,所以機器貓是動物」。如果從推理形式來看,這句話看起來是有效論證「所有 A 是 B;C 是 A,因此 C 是 B」的例子;但這個論證不會是健全的〔註26〕,因爲機器貓並不是貓。如果用《墨辯》的概念分析這個例子,我們可以看出這裡的問題是張三的論證訴諸於把「機器貓」當作屬於「貓」類;而實際上就他想要建立的「辭」而言,兩者並非同類:雖然「機器貓」與「機器」和「貓」必定會有某些相似之處,但尤其針對機器貓是否一種動物這一問題,把「機器貓」視爲「貓」類顯然是不恰當的。

由此可見,與分析哲學傳統中的語言哲學不同,「辭」主要是針對「可以成立」或「該被承認」的語句而言;它不僅是被用以說明人的一般語言行爲,而更是被用以規範人在辯論過程中應當有的語言行爲。只有這樣理解「辭」才能解釋爲什麼辭「以故生,以理長,以類行」:因爲準確的「辭」一定要符合這些要求,而在辯論過程中,只允許雙方遵守這些要求建立這些準確的辭,以免陷入詭辯。

三、「辭」的建構性和語意規則

《墨辯》對「辭」的說明主要訴諸於「故」、「理」、「類」三個知識論上的概念,而從較具體的語句表面結構的角度,也就是「辭」如何由「名」(或

〔註26〕 「有效(valid)」指若論證前提皆爲眞,論證的結論就必然爲眞。這並不保證前提爲眞,因此有效論證允許有前提假結論也假的情況。「健全(sound)」指論證有效並且論證的前提均爲眞。

其它單位）所構成，尚未提供系統性的說明。《墨辯》並沒有提到像主詞、述詞的區分，或動詞、名詞的區分，或其它的方式告訴我們哪些語詞連在一起會形成一個有意義的表達。但《墨辯》卻十分重視語句結構與語句真假之間的關係，並且試圖定義「或」、「且」、「已」等邏輯詞彙〔註27〕。這些邏輯詞彙被定義了之後，就可被用以推出必然的結論。例如，《小取》把「或」定義爲「或也者，不盡也」，《經說上》在定義「辯」的時候就可以推出「不俱當，必或不當」這一必然的結論。又如《經說上》定義了「且：自前曰且，自後曰已，方然亦且」之後，分清了「且入井」和「入井」，因爲前者只能在「入井」發生前才使用，後者不然；這就對《小取》例子中的「且入井，非入井也」提供了理論根據和背後的說明。

《墨辯》發現到邏輯上很重要的現象，就是有一些語句可以純粹因其形式而爲眞或假。一般來說，當陳述句被說出來的時候，這表達說話者對世界的某種狀態的肯定。因此，一個語句爲眞爲假由兩個因素決定的：語句的語意內容，以及世界的眞實樣態。如果我們想要知道「所有兔子都是白的」爲眞或爲假，我們不僅僅需要了解「兔子」和「白的」所擁有的語意內容是什麼（以及這些語意內容如何能合在一起表達完整的意思），我們還必須知道現實世界當中的兔子是否全部爲白色的。但某一些類型的語句，則不必看世界的樣子如何，而就其語意內容可以判斷它的眞假；針對「任何一只兔子或者是白的或者不是白的」，我們了解了這句話的意義之後卻不需要去看現實世界當中的每一只兔子的顏色，而就這句話的語意內容可以知道這句話必然爲眞。分析哲學傳統當中，這就是「總合語句」和「分析語句」之間的區分〔註28〕。爲眞的總合語句表達有關世界眞實面貌的事實；而分析語句則表達有關語言結構（如：「所有單身漢是男的」）或世界的邏輯結構（如：「兔子或者是白的或者不是白的」）的事實。

《墨辯》用「必」的概念表示某一結論是前提的必然結果，而用「誖」表示某一主張必然無法成立。在許多例子上，這種必然性的產生是來自語言本身。例如，從《經上》和《經說上》有關「辯」的定義，我們知道「辯」是有關彼此矛盾的命題，其中一個（且只有一個）符合事實；而從這個定義，

〔註27〕這裡所謂「邏輯」指廣義的邏輯，含模態邏輯。
〔註28〕當代的分析哲學雖然否認「分析」和「總合」之間可以劃出一條很清楚的界限，但這不會影響這裡的論證。

《經下》可以推出「謂辯無勝，必不當」：主張「辯無勝」本身與這定義矛盾，因此不能成立。同樣，《經下》、《經說下》論證「以言為盡誖，誖」，不需要訴諸於任何事實，而就純粹語意分析來論證「言盡誖」的觀點是不能成立的。

有關「辭」的結構最突出的討論見在《小取》篇〔註 29〕。其中《小取》的作者針對許多具有相似形式的有效的相關「辭」進行分類。對於《墨辯》來說，分類的主要依據是「辭」的表面結構。但如果從「語句」來看《小取》的例子，也有另外一個因素，就是所分類的語句都是《小取》作者認為為真的語句：「白馬，馬也」為真，而且「乘白馬，乘馬也」為真，因此「白馬，馬也；乘白馬，乘馬也」要放在「是而然」一類。因此，《小取》的這一分類不僅訴諸於純粹屬於語意層次的現象（如不同語詞的語意規則），它又訴諸於「事實」〔註 30〕或世界的樣子。這其實使得《墨辯》作者更難以做出對語句結構的進一步說明，因為本來已經很複雜的語意現象（如：「馬」與「白馬」之間的關係；「其弟美人也；愛其弟非愛美人也」之間的語意轉換等問題）與其它非語意的真理（如：「殺盜非殺人也」）一旦放在一起就很難以看出有什麼規律。「車，木也；乘車，非乘木也」和「盜，人也；殺盜，非殺人也」表面上有相同的結構，對墨者而言都是真理，但前者因為語言而為真（因為表示「乘坐」的「乘」詞之後一般不能搭配「木」等物質名詞），而後者的真假依賴於語言之外的因素。

第三節 「說」的語意思想

一、「說」的目的

《小取》提到了在辯論的過程當中，「說」的目的是「出故」，即找出事情背後的造成原因或理由。《小取》又提到幾種較具體的方式可以用以達到出故的效果，包括「辟」、「侔」、「援」和「推」，可被視為「說」的例子〔註 31〕。至於「說」本身是什麼，可以有不同可能的答案：我們也許可以把它理解為

〔註 29〕見附錄一，頁 69。

〔註 30〕至於「事實」能否包含有關倫理道德內容等問題，見第三章，頁 17。

〔註 31〕也有人把「或」、「假」和「效」等《小取》提到的其它概念當做是「說」的例子，如：葉錦明《邏輯分析與名辯哲學》（台北：學生書局，2003），頁 213～216。

論證方式、推理方式或辯論術。儘管《小取》提出「辟」、「侔」、「援」、「推」之前強調了「以名舉實，以辭抒意，以說出故，以類取，以類予」、「有諸己不非諸人，無諸己不求諸人」等主張來規範辯者雙方都應該要遵守的許多規則，而這些規則主要在避免辯論過程中不公平現象的出現，也認爲「辯勝，當也」；再加上墨家對天下人平等的「兼愛」精神，則不難看出墨者辯論的最終目的並非在於主張某種爲個人的自私目的而不擇手段說服對方的純粹辯論術，而是希望可以建立一套公平的系統使得雙方的辯論過程加以合理化，避免詭辯的出現。由於「說」的具體方式包括「援也者，曰：『子然，我奚獨不可以然也？』」，可見「說」確實可以被用在辯論過程之中；但與此同時，「侔也者，比辭而俱行也」是一個未必要有辯論對方才能使用的規則。由於把「說」歸類爲論證方式、推理方式或辯論術對本文不會造成太大影響，因此在這裡不再追索「說」本身的定位，而先把「說」解釋爲辯者使用的論證方式，此方式或多或小有包括推理的內涵。

論證和推理可分成演繹性和非演繹性兩類；演繹推理的特徵是從它的前提可必然地推出它的結論，也就是說，如果前提爲眞則結論必然會爲眞。例如，從前提「所有人都會死的，而且蘇格拉底是人」可以必然地推出結論「蘇格拉底是會死的」。非演繹的推理則不然，可以包括歸納推理、類比推理、溯因推理等，除了語意規則和理性思維之外還可以訴諸於個人經驗、常識、直覺等因素，如：「地上濕了，是因爲剛剛下雨了」或「外面下雨了，所以出門要帶著雨傘」。

《墨辯》雖然沒有作出演繹和非演繹的區別，但《小取》對侔例子的分類有涉及到這個問題。古漢語的語意規則再加上理性思維是足以從「白馬，馬也」推出「乘白馬，乘馬也」這一必然的結論，而不需要我們訴諸於任何其它的因素。然而，這不是辯論過程中使用唯一的論證方式，也不一定是最常見的方式。上一節《墨子》論證「天下之士君子，知小而不知大」的例子，訴諸於類推法得出非必然的結論，也是有說服力的論證方式，但其中的推理並非演繹推理。

儘管演繹推理的結論有必然性而非演繹推理的結論沒有必然性，而且《小取》有注意到「白馬，馬也；乘白馬，乘馬也」是一類有相似性的論證之一，爲什麼《墨辯》沒有更重視演繹推理，而把它當作更大的「說」或論證系統中的一部分而已？答案也許與《墨辯》中辯論的目的相關。《小取》提到，辯

者的目的是「以明是非之分，審治亂之紀，明同異之處，察名實之理，處利害，決嫌疑」。這些目的幾乎都有涉及到世界的樣子，對於墨家來說都具有實踐性。可見，《墨辯》想要說明的論證不僅是數學、物理學中的論證，更重要的是倫理、政治、科學、語意領域中的論證。與理論數學、形式邏輯不同，這些非純粹理論性的領域都會經常需要用到涉及「故」、「理」、「類」的非演繹推理，其中演繹推理只是許多不同工具之一。

二、「說」與「類」的關係

　　《墨辯》中「說」的一個很重要的基礎是「類」的概念。對於《墨辯》而言，一方面「類」是「名」的一種，即可以代表概念的語詞；但「類」又可以代表不同複雜的抽象概念具有某種相似性，如同《小取》主張「盜，人也；多盜，非多人也」和「車，木也；乘車，非乘木也」是同類的主張。

　　　　《小取》：以名舉實，以辭抒意，以說出故，以類取，以類予。

在「說」的過程當中，「以類取，以類予」指的是在選擇例子支持自己的觀點或反駁對方的觀點的時候，要選擇與這個觀點同類的例子才能夠對應到這個觀點，才能夠支持或反駁它。在《墨子》一書中，墨子經常使用「以類取，以類予」的原則，也批評了違反這一原則的人。

　　　　《非攻下》：今遝夫好攻伐之君，又飾其說以非子墨子曰：「以攻伐
　　　　之爲不義，非利物與？昔者禹征有苗，湯伐桀，武王伐紂，此皆立
　　　　爲聖王，是何故也？」子墨子曰：「子未察吾言之類，未明其故者也。
　　　　彼非所謂攻，謂誅也。」

這裡墨子要提到的是「攻」和「誅」這兩類之間的區分。墨子批評對方誤解了他對「攻」和「誅」的用法，因此使得對方的批評無法對應到墨子的觀點。對方舉了三個例子「禹征有苗」、「湯伐桀」、「武王伐紂」，認爲這都是「攻」的例子，而這三者中的「攻」卻既是墨子所要贊同的聖王的行爲又是他所要反對的「攻」。但至少對於墨子而言，「攻」和「誅」是有區別的：「誅」與「攻」不同，是指順著天志而發動戰爭，其目的是興天下之利而並不是爲了追求自己個人的利益。對方忽略了墨子的這種區分而指出墨子的話表面上自相矛盾，其實違反了「通意後對」原則和「類」的正確使用。

　　《小取》不僅提出「說」要「以類取，以類予」，它還具體說明「說」的幾種方式，即「辟」、「侔」、「援」和「推」；這四者都可被視爲「以說出故」

的具體方式。其中《小取》對「侔」的分析較具體且較明顯地具有語言哲學意義，因此在下一節單獨討論之。然而，雖然《小取》對「辟」、「援」、「推」的討論較少，且沒有提出具體的例子，但對三種方式的定義卻十分清楚，並且都與「類」有著明顯的關係。

> 《小取》：辟也者，舉他〔註32〕物而以明之也。

「辟」是指譬喻，即利用某事物來說明或解釋另一種事物。就《墨辯》而言，這其實含蘊一種推類的應用，因爲被舉來說明的事物與原本想要說明的事物必須有類同關係，才能夠使得這一比喻有說服力。如果這兩個事物在相關的意義上不具有類同關係，則辯論對方不會接受這種譬喻的有效性。據《墨子》所記載，墨子很善用「辟」這種方法。如：

> 《兼愛上》：聖人以治天下爲事者也，必知亂之所自起，焉能治之，
>
> 不知亂之所自起，則不能治。譬之如醫之攻人之疾者然，必知疾之
>
> 所自起，焉能攻之；不知疾之所自起，則弗能攻。

爲了說明聖人治天下時必須先知道亂之所自起，墨子用醫生治病的比喻說明他的觀點，且增加它的說服力。這一例子用「醫生治病前，必須知道病狀的造成原因」作爲「他物」來比喻「聖人治天下前，必須知道亂象的造成原因」；這裡訴諸於兩個例子之間的類同關係；而這一類同關係則本身訴諸於兩個例子部分的類同關係，如「醫生」和「聖人」就其行動前要釐清現象的造成原因這一觀察角度的相似性。

> 《小取》：侔也者，比辭而俱行也。

「侔」是指同類的「辭」可相互發展。這裡所依據的是「辭」與「辭」之間的類同關係。《小取》提出許多這種「比辭」的範例，並且對此加以分類；例如：「白馬，馬也；乘白馬，乘馬也」〔註33〕。《小取》的例子中有兩個層次的相似性（或類同關係）。首先，每一個例句是由兩個子句所構成的；這兩個子句之間有類同關係，如：「白馬，馬也」和「乘白馬，乘馬也」。第二層次的相似性是在完整例子之間，如：「白馬，馬也；乘白馬，乘馬也」和「驪馬，馬也；乘驪馬，乘馬也」。至於《小取》「比辭而俱行」是指哪一種相似性，可以有不同的解讀；第一種可能的解讀訴諸於第一層次的相似性，把「侔」當作是從「白馬，馬也」到「乘白馬，乘馬也」的推理或論證。第二種解讀

〔註32〕「他」字原作「也」，見孫詒讓《墨子閒詁》（台北：華正書局，1995），頁379。
〔註33〕見附錄一，頁69。

則根據第二層次的相似性，把「侔」看作是從「白馬，馬也；乘白馬，乘馬也」到「驪馬，馬也；乘驪馬，乘馬也」的推理或論證。但由於《小取》對「侔」的分類包括「是而然」（如：「白馬，馬也；乘白馬，乘馬也」）又包括「是而不然」（如：「車，木也；乘車，非乘木也」），就第一種解讀從同類的前提（如：「白馬，馬也」和「車，木也」）推出異類的結論（如：「乘白馬，乘馬也」和「乘車，非乘木也」），因此筆者認爲第二種解讀較爲合理。這樣理解才能夠解釋爲什麼《小取》提到當時具有爭議的「殺盜人，非殺人也」和「有命，非命也；非執有命，非命也」兩個例子，因爲「侔」的方法可被用以支持墨家的這兩個觀點。

> 《小取》：援也者，曰「子然，我奚獨不可以然也？」

「援」是援引對方所贊同的觀點，以成立我方所要贊同的觀點。這與辯者的公平原則「有諸己不非諸人，無諸己不求諸人」相關；如果對方可以採取某種觀點，他就不應該批評我方採取同樣的觀點。《莊子·秋水》可提供這種方法的典型例子：

> 莊子曰：「儵魚出遊從容，是魚之樂也。」

> 惠子曰：「子非魚，安知魚之樂？」

> 莊子曰：「子非我，安知我不知魚之樂？」

莊子把惠施所取的觀點「你不是魚，你就無法知道魚的快樂」視爲「你不是 X，你就無法知道 X 的心理狀態」的個例，而援引這一觀點提出同類的主張「你不是我，你就無法知道我知道魚的快樂」。這一論證訴諸於惠施和莊子的這兩個主張的類同關係，即這兩個說法可否被視爲「你不是 X，你就無法知道 X 的心理狀態」。這一論證能否成立，會因此關係到「人」（即莊子和惠施）與「魚」就其爲認知主體是否同類，以及「快樂」和「知道」就其爲心理狀態是否同類。

> 《小取》：推也者，以其所不取之同於其所取者，予之也。

「推」是舉出與對方的觀點同類（但卻爲對方所不贊同）的觀點，來推翻對方原有的觀點或展現對方立場的不一致。墨子批評公輸盤幫助楚國攻打宋國是一個例子：

> 《公輸》：公輸盤爲楚造雲梯之械，成，將以攻宋。子墨子聞之，起
> 　　　　　於齊，行十日十夜而至於郢，見公輸盤。

> 公輸盤曰：「夫子何命焉爲？」

　　　　子墨子曰：「北方有侮臣，願藉子殺之。」

　　　　公輸盤不說。

　　　　子墨子曰：「請獻十金。」

　　　　公輸盤曰：「吾義固不殺人。」

　　　　子墨子起，再拜曰：「……義不殺少而殺眾，不可謂知類。」

這裡的「類」是「殺人」：公輸盤認爲殺人不義，但又贊同楚國攻宋國；而墨子指出，攻國必定會殺死許多無辜的百姓，因此攻國與殺死一個人一般，同樣是屬於「殺人」類。「不殺少」（公輸盤所取）和「不殺眾」（公輸盤所不取）是同類的觀點，因此如果主張前者卻不主張後者，自己的立場會不一致，很難站得住腳。對於同類的命題我們應該採取同樣的看法，因此「義不殺少而殺眾，不可謂知類」。

　　　　《經下》：推類之難，說在之大小。

在進行「推類」的時候，就會遇到「類」大小的問題。同一個事物同時可以屬於許多不同的類：任何一頭牛同時屬於「牛」、「四腳獸」、「哺乳類」、「動物」等類，而根據觀察的角度，所選擇的類就會不同。如果我們想要說明「牛是有角的」，我們就會把個體的牛視爲屬於「牛」類，舉它爲例說明牛確實是有角的；而如果要說明「哺乳類是有毛的」，我們就會把同樣的一頭牛放在「哺乳類」，舉它爲例說明「哺乳類是有毛的」；甚至也可以把它放在「動物」類說明「動物是有生命的」。但在推類的時候，我們要說某類具有某種性質，因此與此同類的事物也具有這種性質。問題是我們把事物放在哪一類？如果說牛與羊因均屬於哺乳類而同類，並且牛有毛，因此推出羊有毛，這就是沒有問題的，因爲哺乳類都是有毛的。但如果採取範圍更大的動物類，說牛和魚因均屬於動物類而同類，並且牛有毛，因此推出魚有毛，這就很明顯的犯了錯誤。雖然就動物類而言，牛和魚確實是同類的，但「有毛」這個性質並不是所有動物都具有的；就這個例子來說，「動物」類是太大的類。推類時所採取的類其中的成員必須都具有所要推的性質。

三、「侔」和邏輯結構

　　　　《小取》的論證方式（或辯論術）當中，「侔」是最明顯地涉及到語意問題的方式，也是原典資料最豐富的方式。與其它的方式不同，「侔」和語句的

表面結構密切相關〔註34〕；尤其「是而然」、「是而不然」、「不是而然」三類，有完全相同的表面文法結構〔註35〕。《小取》篇後半部舉了許多例子說明「侔」；其內容和寫作方式非常特殊，記載《墨辯》作者對語言結構的一種分析。《小取》的這一部分總共近六百字，很明顯地可分成五個段落，每一段落主要由一些範例所構成，其中每一個例子都是由兩句話形成的，這兩句話在語言表達形式上都有某種相同性，並且每一段落中所舉的例子都有固定的形式。《小取》的作者把這些例子根據具體形式分成五個類，並且把這五類命名爲：「是而然」、「是而不然」、「不是而然」、「一周而一不周」、「一是而一非」。這五類的例子一方面是有關有效推理的分析，一方面是有關語意規則的一種分析，因爲純粹形式化的推理規則的有效性完全取決於語言的語意規則而不依靠語句或語詞的語意內容本身。

《小取》所作的分類可以概括如下〔註36〕：

是而然	x，y 也；Ax，Ay 也。
	白馬，馬也；乘白馬，乘馬也。
是而不然	x，y 也；Ax，非 Ay 也。
	車，木也；乘車，非乘木也。
不是而然	x，非 y 也；Ax，Ay 也。
	讀書，非書也；好讀書，好書也。
一周而一不周	$Ax \equiv (\forall x)(Ax)$；$Bx \equiv (\exists x)(Bx)$
	愛人，待周愛人而後爲愛人； 不愛人，不待周不愛人。
一是而一非	f（A），g（A）也；f（B），非 g（B）也。
	桃之實，桃也；棘之實，非棘也。

（一）從「辭」和「類」看「侔」

依《小取》的觀點，進行「侔」的時候要「比辭」，可見「侔」至少會關係到兩個獨立的「辭」，而這些「辭」之間會有某種類同關係。但就《小取》所提的例子，這種說法似乎可以有兩種不同的詮釋。

〔註34〕儘管「辟」、「援」、「推」沒有像「侔」一樣在《小取》中舉例說明，但這三種方式與文法結構沒有很明顯的關係，而其有效性會主要建立在不同語句的語意內容之間的關係上。

〔註35〕見附錄一，頁 69。

〔註36〕詳細說明及其它例子，請參考附錄一，頁 69。

　　首先，我們可以把每一個例子視爲由兩個「辭」所構成的一種推理，例如，把「白馬，馬也；乘白馬，乘馬也」視爲從前提「白馬，馬也」推出結論「乘白馬，乘馬也」。這種詮釋就「是而然」類似乎有說服力，因爲按照這種詮釋，「是而然」的例子都是有效論證。但問題是這種詮釋較難解釋爲什麼會有「是而然」、「是而不然」、「不是而然」三類，而頂多只能說這兩類是相對於作爲標準情況的「是而然」類的一些異常情況。基於這種詮釋，假如我們想要提出新的例子，前提是有關「盜之親」和「盜」之間的關係，而我們想要加上動詞「殺」，我們到底應該把它視爲「是而然」類，推出「盜之親，盜也；盜殺其親，殺盜也」，還是視爲「是而不然」類，推出「盜之親，盜也；盜殺其親，非殺盜也」，還是視爲「不是而然」類，推出「盜之親，非盜也；盜殺其親，殺盜也」？也就是說，在這種詮釋下，《小取》對論證的分析似乎沒有很強的解釋力，因爲我們要先知道論證是不是有效的，我們才能夠把它給分類到「是而然」、「是而不然」或「不是而然」。第一種詮釋不僅有這個問題，它也很難以解釋「一周而一不周」或「一是而一非」的例子，因爲這兩類中的例子既不是論證又不是「是而然」的異常情況。

　　第二種詮釋不認爲五類例子本身是有關有效論證或邏輯推理的問題，而認爲是有關語句結構的探討，且認爲《小取》的分類反映自然語言中「語意改變」的現象。這裡所謂的語意改變指的是同一個語詞在不同的語句脈絡中可以代表不同的意義；例如，「張三是一個好人」和「張三是一個好熱情的人」兩句話中的「好」有不同的內涵；又如「開車回家」和「開瓶子」中的「開」顯然有不同涵義。這裡要強調的是，這反映自然語言中語詞的多義性，而並不是一種歧義性，因爲正常的中文使用者不會誤以爲「開車回家」中的「開」是「打開」的意思，也不會認爲「開瓶子」中的「開」可能有「駕駛」之意。除了第一提到的「是而然」類例子之外，《小取》的每一類例子都包括基於自然語言中語詞的多義性而產生的例子。例如，儘管我們認爲「白馬，馬也」而且「乘白馬，乘馬也」，爲什麼我們會認爲「車，木也」卻不認爲「乘車，乘木也」？事實上原因在於「x，y 也」這一文法結構既包含「x 屬於 y」又包含「x 由 y 所構成」的意思。爲什麼「讀書，非書也」，然而「好讀書，好書也」？因爲文言文的「好」剛好有「喜歡某物」和「喜歡做某事」兩個不同的用法。更明顯地，「桃之實，桃也」之所以能夠成立，純粹是因爲剛好在古漢語當中桃的果實可以叫做「桃」；而「棘之實，非棘也」之所以成立，

是因爲古漢語當中剛好棘的果實並不叫做「棘」。基於這種詮釋再看「一周而一不周」的例子，我們可以看出《小取》作者認爲「愛人」和「乘馬」的情況也是這種現象的例子：當「乘馬」作爲單獨的語言表達，它的意思是「乘某一匹馬」，但「不乘馬」中的「乘馬」二字，卻似乎變成另外一個意思，意味著「乘任何一匹馬」，因爲「不乘馬」所否定被乘的不是「某一匹馬」而是「任何一匹馬」。依照這種詮釋，《小取》的五類例子都是針對同一個現象的分析。

因此，筆者認爲從《小取》所舉的具體例子來看，每一個例子不是一個根據語句形式而進行的論證。《小取》的觀點不是說我們可以從具有「白馬，馬也」形式的語句推出具有「乘白馬，乘馬也」形式的語句，因爲這樣無法解釋爲什麼具有相同形式的語句「車，木也」不能推出「乘車，乘木也」而卻要推出它的否定句「乘車，非乘木也」。

儘管如此，依筆者的看法，《小取》的例子仍然是「侔」的應用例子。《小取》強調，「侔」是一種「說」，而進行「說」的時候要「以類取，以類予」。在《小取》的分析當中，許多例句很明顯地被分成五類，即「是而然」、「是而不然」、「一周而一不周」和「一是而一非」。然而，當我們對語句作了這種分類之後，我們可以用這分類方式來判斷新的例子的正確性：一個新的例子可以成立，若且唯若它和這五類中的例子有類同關係，也就是「侔也者，比辭而俱行也」之意。事實上，《小取》在分類時已經使用到這一方法：在舉出「是而不然」類例子時，《小取》使用「侔」的方式替容易引起爭論的「殺盜人，非殺人也」例子辯護。在提到「獲之親，人也；獲事其親，非事人也」等「是而不然」的許多例子之後，《小取》接著論到：

> 《小取》：世相與共是之。若若是，則雖盜人人也，愛盜非愛人也；
> 　　　　不愛盜非不愛人也；殺盜人非殺人也，無難〔註37〕矣。此
> 　　　　與彼同類，世有彼而不自非也，墨者有此而非之，無他故
> 　　　　焉〔註38〕，所謂內膠外閉與心毋空乎？內膠而不解也。

這就是說，畢竟「獲之親，人也；獲事其親，非事人也」、「車，木也；乘車，

〔註37〕原衍「盜無難」三字，見孫詒讓《墨子閒詁》（台北：華正書局，1995），頁382。

〔註38〕「無他故焉」原作「無故也焉」，見孫詒讓《墨子閒詁》（台北：華正書局，1995），頁382。

非乘木也」等例子是任何人都願意接受的觀點，那麼別人就不應該反對墨者的「盜人，人也；殺盜人，非殺人也」觀點，因爲它屬於「是而不然」類。當然，墨者還會需要提供其它的理由說明爲什麼這一例子屬於「是而不然」類；但別人不能單從這一例子的形式來否認它，因爲別人確實會接受「是而不然」的其它例句。如此解讀「侔」式論證，它確實有它的說服力，但不是一個純粹形式化的推理，也不會得到必然的結論。

（二）從述詞邏輯看「侔」

在第三章我們已經看到了，因爲《小取》的分類主要訴諸於表面結構，所以古漢語的特徵有影響到它的分類。除此之外，墨家的倫理思想也使得它們必須接受「盜，人也」卻同時認爲「殺盜，非殺人也」。如果先考慮尚未涉及到上述這兩個因素的例子，我們可以看出它的分析方法與「類」和上述提到「類之大小」密切相關。由於像上述提到，《墨辯》對「類」的概念使用範圍較廣，我們可以說每一個例子的前半部或者肯定（如：「白馬，馬也」）或者否定（如：「讀書，非書也」）某兩類之間的關係（如：「白馬」類屬於「馬」類，或「讀書」類不屬於「書」類），其中前一類比起後一類範圍要小。後半部同樣肯定或否定某兩類之間的關係；這兩類是透過在前兩類的語詞前加上動詞而形成的。

《墨辯》廣義「類」的概念，再加上古漢語的靈活性〔註 39〕會引起一些較難回答的問題。例如，在「乘車，乘木也」的例子中，我們可能會想問：「車」屬於「木」類嗎？古漢語的表面結構會給我們直覺上的動機回答「是」。古漢語「x，y 也」的表達方式剛好有包括「x 是屬於 y 類之子類」和「x 是由 y 類材質所構成的」這兩種不同的語意內容〔註 40〕。從語意的角度來看，這一現象可以說明爲什麼《小取》需要有提到「是而不然」這一類〔註 41〕。

就「是而然」來說，這種做法可以用述詞邏輯來表達如下：

前半句：$(\forall x)(Ax \rightarrow Bx)$ $\qquad\qquad\qquad\qquad$ （1）

後半句：$(\forall x)([Ax \& Cx] \rightarrow [Bx \& Cx])$

其中的 A、B、C 就是把原文轉成述詞的結果，如：

〔註 39〕見第三章第二節，頁 24。

〔註 40〕英文則不同，兩種「x，y 也」所對應的英文是不一樣的，前者爲「x are y」（如：Horses are mammals），後者爲「x are made of y」（如：Carts are made of wood）。

〔註 41〕另外一個主要的動機是它想要提「殺盜非殺人」的立場辯護。

Ax＝x 是白馬 （2）

Bx＝x 是馬

Cx＝（某人）乘 x

事實上不難看出前半句含蘊後半句：只要「x 是白馬」含蘊「x 是馬」，那麼「x 是白馬而且（某人）乘 x」一定會含蘊「x 是馬而且（某人）乘 x」。因此以下是一個分析真的語句：

（∀x）［（Ax → Bx）→（[Ax & Cx] → [Bx & Cx]）］ （3）

假如我們把「是而然」的個別例子看作有一種推理關係〔註42〕，即從「白馬，馬也」可推出「乘白馬，乘馬也」，那麼（3）可以說是「是而然」例子在述詞邏輯當中的邏輯結構〔註43〕。因為在述詞邏輯當中這是一個有效論證，所以任何一個可以用上述（1）的分析法來分析的例子都同樣應該成立。這看起來與《小取》的觀點相矛盾，因為「是而不然」的例子前半句與（3）的前件（Ax → Bx）一樣，而後件卻是否定的。實際上這會涉及到我們是否接受（1）為其它與「白馬，馬也；乘白馬，乘馬也」具有相同形式的例子的準確的邏輯分析。例如，我們可以考慮（1）是否為「車，木也；乘車，乘木也」這一例子的一個準確的邏輯分析：

Ax＝x 是車 （4）

Bx＝x 是木

Cx＝（某人）乘 x

我們能不能接受這個分析，關鍵可能會出現在「乘木也」是否可譯為「Bx & Cx」，也就是「有某物是木並且（某人）乘它」。《小取》作者對這個問題的答案是否定的；它不贊同「車，木也；乘車，乘木也」而贊同「車，木也；乘車，非乘木也」，因此把這句放到「是而不然」類。這就是說，對《小取》作者而言，「白馬，馬也；乘白馬，乘馬也」和「車，木也；乘車，乘木也」這兩句話雖然具有表面上相同的文法結構，但卻具有不同的深層結構（或邏輯結構）。即使就這個例子我們未必會贊同它的結論，但自然語言確實具有這個特徵：它的表面結構不一定就是它的深層結構。

〔註42〕如同上述所言，把所有的「侔」看作有這種推理關係可能不恰當；但「是而然」的例子仍然可以這樣分析。

〔註43〕這並非唯一可能的分析，即使使用述詞邏輯來分析也可以有不同的分析方法。

四、「說」的局限性

> 夫物有以同而不率遂同。辭之侔也,有所至而正。其然也有所以然;
> 其然也同,其所以然不必同。其取之也有所以取之;其取之也同,
> 其所以取之不必同。是故辟、侔、援、推之辭,行而異,轉而危,
> 遠而失,流而離本。則不可不審也,不可常用也。故言多方,殊類,
> 異故;則不可偏觀也。

《小取》雖然花了很大的篇幅積極的分析其對「侔」的不同類型,但它又很強調了「侔」以及其它「說」的局限性。因爲任何不同的事物一定會有所同有所異,因此我們不能從事物具有某些相同性就推出它完全相同。上述的「侔」只可以用在有限的範圍之內。事物可以表面上相同,卻背後有不同的「所以然」,而這可以影響到推理的正確性。贊同或不贊同一個觀點一定是有原因的,但即使我們同樣接受一個觀點,接受的理由就不一定相同。這些不確定因素使得無論是「辟」、「侔」、「援」或「推」,這四種方法的結論不一定是必然的。它可以有轉折或超出它的適用範圍而因此出錯,因此我們不可以完全依賴於這些推理的結論。然而,我們在論證時應該要從不同的角度去論證,考慮不同可能的類和不同可能的故,而不能光從某一特定的角度偏看問題。

《小取》對「辟」、「侔」、「援」和「推」的警告似乎都很有道理。「辟」是作比喻來論證,但很多種情況下我們可以用不同的比喻來論證相反的觀點。在《孟子告子》中,告子論人性無善無惡,說「人性之無分於善不善也,猶水之無分於東西也」;而孟子則同樣用比喻論證人性本善,說「人性之善也,猶水之就下也」。顯然作爲推論方式,比喻的結論不會是必然的無出錯的可能。而如同上述所看到,「侔」作爲一種推理也無法提供可靠的結論,因爲我們有時候很難判斷我們的句子到底該屬於「是而然」類還是「是而不然」等其它類。「援」和「推」都會涉及到「類」的界限問題:在辯論時,我方可以採取與對方同類的觀點來反駁它,但極可能對方會想否認我方所舉的反例與他的立場眞的是同類。總的來說,儘管《小取》有從語句的形式去分析語意特徵和推理的有效性,但它並不認爲這種純粹根據形式而進行的推理有普遍的有效性,而卻強調要從不同角度觀察,找出不同的理由,從比較整體的考量來確定論證的成立與否。

第四節　「辯」的語意思想

一、「辯」的目的

> 《耕柱》：能談辯者談辯，能說書者說書，能從事者從事，然後義事
> 　　　　　成也。

在《墨子》中，「辯」和「說」是兩件不同但密切相關的活動；「說」與「辯」的最終目的是使得「義事成」。但就《墨辯》而言，「說」是「辯」在進行過程中會使用的手段，而且「說」與「辯」有不同的目標：

> 《小取》：夫辯者，將以明是非之分，審治亂之紀，明同異之處，察
> 　　　　　名實之理，處利害，決嫌疑。焉摹略萬物之然，論求群
> 　　　　　言之比。

「辯」所要達到的目標比起「說」更崇高：「辯」不僅是要「出故」，而是要處理許多更大更複雜的問題，包含價值上的是非問題，政治上的治亂問題，客觀事實的同異問題，名實關係的語意問題，利害之間的價值實踐問題，甚至有達到消除疑慮的目標；「辯」也因此可被用以追索世界萬物之然，以及對各種言論、各種觀點加以批判。「辯」這些目標很明顯地遠遠超出了「說」的解釋和推理作用。依《墨辯》的觀點，透過辯論語言可以讓我們更好的了解世界，也因此有助於我們改變世界；可見「辯」有很清楚的實踐性目標。依上述引用《小取》中的定義，「辯」所涉及的範圍非常廣泛，似乎包括人類所有的知識，含自然科學、社會科學、倫理學等各個領域；然而，從整個《墨辯》的內容來看，這似乎是很自然的想法，因為《墨經》中的其它定義本身也涉及到這些不同領域。可見對《墨辯》而言，辯論確實可以應用到這些不同領域，是我們為了了解各種自然和人造現象的重要工具。

二、「辯」與客觀性

「辯」是兩方採取彼此對立的觀點而進行辯論，參與辯論的雙方各有一個首要的目的就是要說服對方，使得自己所贊同的觀點獲得公認。然而，依《墨辯》的看法，辯論有雙方必須遵守的規則；這些規則的作用是讓辯論的結果加以客觀化，使得辯論過程中的勝利是透過觀點的正確性而並非語言表達的技巧性而獲得。

> 《小取》：夫辯者……以名舉實，以辭抒意，以說出故，以類取，以
> 　　　　　類予。有諸己不非諸人，無諸己不求諸人。

前三節所討論到的「名」、「辭」、「說」的語意規則作爲「辯」的基礎；但「辯」本身也有它本身的規則。首先是「有諸己不非諸人，無諸己不求諸人」：當對方採取我方所贊同的一個觀點（或方法）時，我方不應該批評他的使用；同樣，當對方不採取我方所不贊同的一個觀點（或方法）時，我方不應該要求對方接受它。這可以說是辯論的一種「公平原則」：如果我方主張「你不是魚，你無法知道魚很快樂」時，則不能反對對方主張「你不是我，你無法知道我知道魚很快樂」。這種公平原則是《墨辯》中辯的觀點必不可少的要點，因爲只有辯者雙方接受公平原則，實事求是地進行辯論，才可以避免陷入沒有結果的詭辯，才有希望達到辯的崇高目的。

三、「辯」的價值

從表面上看，「語意」和「價值」之間的關聯不明確；但實際上《墨辯》所談的「辯」之所以有價值，主要是因爲「辯」與「語意」有上述所描述的關係：正是因爲「辯」不僅僅是說服對方的一種辯論術，而跟意義、語言符號有著很直接的關係，所以《墨辯》所談的「辯」具有它的價值。

從《墨辯》對「辯」的目的的探討，以及整個《墨辯》、整個《墨子》的脈絡來看，顯然墨者認爲辯論是有價值的，有希望達到《小取》所提到的那些目標。但這並非對「辯」唯一可能的看法，也不見得是《墨辯》寫作年代被普遍接受的觀點。

　　《孟子·滕文公下》：孟子曰：予豈好辯哉？予不得已也。

　　《孟子·盡心下》：孟子曰：……今之與楊墨辯者，如追放豚，既入
　　　　　　　　其苙，又從而招之。

孟子對「辯」的態度也十分消極，儘管承認自己有參與「辯」，但卻認爲是因爲被逼迫的才會進行「辯」，而並不是因爲辯論本身有它的價值。辯論之所以被需要是因爲楊、墨的這些不得不反對的邪說到處都出現；當這些邪說被打破了之後，「辯」這一工具就再也不需要用了。

　　《莊子·天下》：桓團、公孫龍辯者之徒，飾人之心，易人之意，能
　　　　　　　　勝人之口，不能服人之心，辯者之囿也。惠施日以
　　　　　　　　其知，與人之辯，特與天下之辯者爲怪，此其柢也。

　　《莊子·天下》：惠施……卒以善辯爲名。惜乎！惠施之才，駘蕩而
　　　　　　　　不得，逐萬物而不反，是窮響以聲，形與影競走也。

悲夫！

《莊子》雖然同樣經常使用到「辯」，但也並沒有肯定「辯」的價值，反而批評典型的辯者陷入詭辯，得出不實際的結論，也認為辯者惠施的才能和努力被用以進行辯論是一件很浪費，很悲哀的事情。

辯論之所以在先秦哲學討論沒有獲得更普遍的認可，有可能與先秦的社會、政治結構相關。例如，G.E.R. Lloyd 在《敵對者與權威者》這本書中透過古希臘和古中國的政治、學術、社會等方面的對比〔註44〕，尋找中國和希臘在科學發展歷史上不同的原因。他指出，在中國和希臘中，哲學著作和哲學家所要說服的對象不同：在希臘，辯論通常是在開放給民眾的場所進行的，重點在於說服聽眾和其他辯者；而在中國，很多哲學言論的對象卻是國君或統治階層。在很多不同方面，希臘的社會、政治和學術環境使得辯論被視為一種值得去探討的對象；而在先秦中國不同的環境和社會結構使得辯論被視為較缺乏應用價值。順著 Lloyd 的這種思路，我們也許可以推測到《墨辯》之所以能夠發展出它的這套「辯學」，與《墨子》及其它原典文獻所記載墨家團體辯論、說書、說服百姓和君王的發展歷史有密切的關係。基於兼愛的理想，墨家的思想不僅是對統治階層有意義的學說，也不僅僅試圖說服君王改變國家政策，而把天下人當作理論的對象，也試圖改變整個社會每一個人的思想。改變整個社會比起改變國家政策或統治階層的行動更困難，也需要說服更多的人：在先秦中國，改變諸侯國的政策只要說服國君一個人；但要使天下的人實行兼愛，則需要改變每一個人的思想。對於想要實踐這一理想的墨家團體而言，一套能夠被團體的各個成員所使用的「辯學」似乎是必不可少的工具。

〔註44〕 Lloyd, G.E.R., *Adversaries and authorities: investigations into ancient Greek and Chinese science* (New York: Cambridge University Press, 1996)

第五章　結　論

　　從頭回應上述的主要觀點，《墨辯》本身有其理論架構可用以談某些語言現象。《墨辯》有關語言的核心概念可分成兩組：「故」、「理」、「類」三個知識論上的概念，以及「名」、「辭」、「說」、「辯」四個語言表達與思維模式上的概念。

　　「故」是原因或理由：一方面在分析已發生的事情時，「故」是事情之所以發生的原因；另一方面在進行理性思維時，「故」是我們能夠判斷某種結果將會發生的理由。「理」是一種理性的規律，辯必須順著「理」的規律免得變成虛假，而知又要順著「理」的規律以免陷入詐騙；因此「理」可以說是「是非」的根源。「類」是一組在某種意義上相同的元目；「類」可以包含自然類、非自然類、觀念、事物之間的關係等各種內容。「故」、「理」、「類」這三個概念在《墨辯》中有很特定的技術性的內涵，可以說是《墨辯》中的術語。而這些術語與《墨子》一書中的辯論記載有著很明顯的關係。

　　「名」是最基本的語言符號，依《墨辯》的觀點，語言表達都是由「名」所構成的。「名」在語言表達中的功能是「舉實」即舉出實際存在的事物。「辭」則是更複雜的語言表達，它可傳達有關事物的某種觀點或「意」。「說」是解釋或論證，它一方面指從事物的狀態推出事物之所以處於這種狀態背後的原因，而另一方面可以提供一個方式來從已知推出未知，因而產生新的知識。「辯」是有關一對互相矛盾的命題進行辯論；其中必定會有一個命題是正確的另一個是錯誤的，因而「辯」最後會有一方獲得勝利。

　　《墨辯》使用了這些概念體系來探討認知和事實的問題，並說明透過接觸事物而得來的直接認識和透過語言活動而得來的間接認識之間的關係。《墨

辯》根據知識的不同來源分明了「親知」、「說知」、「聞知」等知識的不同類型；《墨辯》的語言體系中的「類」、「名」、「辭」概念可以說明前三種「知」之間的關係。在這一說明當中，「類」是認識主體根據其所接觸到的事物而形成的（廣義上的）概念；「名」作爲被公認的語言符號來規範這些主觀的「類」，提供了不同認識主體之間的語言傳達的基礎；「辭」則提供一個方式讓認識主體之間不僅能夠傳達簡單概念，而能夠傳達具複雜的思想。

有關事實或眞理的問題，從《墨辯》原文來看有四個重要概念「當」、「可」、「然」、「是」與眞理或事實相關，並且在《墨辯》的用法與眞理述詞相似。「當」最明顯的和語意相關，而且《墨辯》明確指出它遵守排中律；「可」的用法與「當」相似，但似乎含有一定的主觀成分；「然」作爲物之所然或客觀狀態，與「事實」相近；而「是」則是墨者想要加以規範的主觀肯定。

畢竟《墨辯》有把語言當作對象來討論，一個突出的問題是對象語言對其所作的分析造成了什麼樣的影響。其中一個被提出的觀點是所謂「物質名詞假設」；這一假設認爲古漢語的特徵反映古漢語使用者有很特殊的存有觀。本文從《墨辯》「體」、「兼」的概念以及「根本翻譯」的觀點提出對這一假設的質疑，認爲就《墨辯》而言此一假設無法成立。

另一個可能的影響訴諸於古漢語文法的靈活性。古漢語的獨特文法規則以及語詞搭配上的靈活性，使得古漢語的使用者沒有很明顯的動機去探討不同的文法範疇，而使得「名」、「辭」的結構說明顯得較爲合理；又影響到《小取》對語句結構分析所做的一些區分和分類方式。

第三個可能的影響是古代中國有沒有眞理概念的問題。陳漢生主張古代中國沒有眞理概念，其主要理由在於古代中國的語言理論沒有「語句」的概念；中國哲學無法分辨知識和信念；先秦的語言理論中可能會被翻成「爲眞」的字都是語用而非語意的概念。本文針對這三個論點提出質疑並反對「古代中國有沒有眞理概念」這一觀點。主要理由是「辭」含有「語句」的內涵；先秦哲學討論確實有分清知識和信念；《墨辯》中「當」是一個語意概念。

有關《墨辯》語意思想，本文從「名」、「辭」、「說」三個角度討論之。其中有關「名」和「辭」的討論都有涉及到語言的建構性：自然語言的一個特徵是它的建構性，這使得自然語言與動物的叫聲不同，能夠表達無窮多不同的意義。《墨辯》不僅直接討論了簡單「名」的指涉問題，提出「名」在語言活動中的功能在於舉出特定的實，它還針對複合詞的語意規則進行探討，

用「堅白」、「牛馬」兩個典型例子說明之。《墨辯》用「體」和「兼」的概念說明「牛馬」等複合詞的語意規則，而用「相外」的觀點解釋「堅白」說明兩種例子之間的不同。《墨辯》還提出了一個「正名」原則，說明在哪些情況下不同的「名」可以互換。

「辭」的語意規則首先關係到「辭」的描述性作用，即「辭」如何「抒意」或表達思想內容；這一過程涉及到遵守「類」的規則，避免犯「狂舉」等錯誤。除此之外，《墨辯》對「辭」有規範性的要求，也就是「辭」必須要具備「故」、「理」、「類」三個條件才能成立。如果言論缺少客觀根據、不遵守理性規律、或違反類型原則，它就不足以為「辭」。

「說」的語意思想則關係到「說」的「出故」目的；在《墨辯》的體系當中，「說」不僅僅是一種辯論術，而更是一種進行論證的方式，含有演繹和非演繹的成分。「說」的一個重要的基礎是「類」的概念；不同事物之間的類同關係作為「說」中推理的基礎。作為「說」的一種，「侔」是一個突出的例子，可說明《墨辯》對語句結構做出很系統的探討，並有試圖分析語句的邏輯結構。《墨辯》透過這些分析獲得結論，「說」中的某些方式是有局限的，不能盲目的使用；也強調了透過語言和理性思維而得來的結論必須透過對事實的觀察等其它方式來驗證。

「辯」的語意思想涉及到「辯」的目的：《墨辯》認為辯論是可應用到許多不同領域上的工具，它能夠讓我們了解各種自然和人造現象，也因此能夠讓我們實踐我們的目標。但「辯」是具有客觀性的，這種客觀性來自於整個辯學的各種語意規則以及「辯」的公平規則；這些規則避免詭辯的出現，因而使得辯論最後勝利的觀點符合事實。最後，因為它能夠達到這些目的，所以「辯」對墨家而言是非常有價值的工具。

總結上述的討論，依本文的看法《墨辯》對語言和世界之間的關係的看法可概括如下：人面對外在世界中的實存之物（實）首先通過感官能力（五路）觀察到事物的某些性質（同異），然後根據這些觀察形成有相同性質的概念（類），再把這些概念與被公認的語言符號相聯結（名實耦），因而獲得了用語言符號指稱實存之物的能力（以名舉實），並且通過這些語言符號來傳達思想（以辭抒意）。要有效地「以名舉實」，則不僅每一「名」必須有所指，不同「名」之間要遵守一些語意規則。複雜的「名」（如：複合詞）的意義可以依某些普遍的規則依靠它的組成部分。在某些情況下，不同的「名」可以

指相同的事物；但名實之間有固定的不可隨意改變的規則。「名」作爲「辭」的組成部分，因此要成功地「以辭抒意」，首先則要遵守「類」對概念語詞的限制；但《墨辯》還對「辭」要求了更多的條件，包括「故」、「理」、「類」對整個「辭」的內容的規範。「辭」則可以透過某些特定的方式來形成「說」或論證，而這些論證可被用以「出故」：找出物之所以然。這些論證方式可以涉及到其中「辭」的語意內容，也可以涉及到「辭」的邏輯結構。透過正確的「立辭」和有效的「說」，辯者可以進行正當的辯論，避免陷入詭辯，並得出辯者雙方都應該接受的客觀結論。

以上說明了《墨辯》中語言哲學的一些基本問題，包括：依《墨辯》的看法，人如何獲得知識？語言活動如何可能？語言符號和世界之間有何關係？推理和辯論有何作用和意義？也考慮了古漢語對這些問題的回答所作出的一些可能的影響。但有關《墨辯》中的語言哲學，卻仍然有許多本文尚未解決的問題。首先，本文有探討「語意」問題，但沒有特別去討論「語用」的問題。如果「語意」是指語言符號和世界之間的關係，「語用」則指語言符號及其使用者之間的關係。由於語意、語用未必能夠做出絕對的二分，因而上述對《墨辯》的語意思想的探討或多或少有涉及到「人」的概念。但「語用」層次上仍然有許多本文尚未提到或尚未深入探討的問題。例如，文中有提到「實踐」對墨家哲學的重要性，以及在辯論中扮演一定的角色，但尚未對此深入探討；然而，在《墨辯》的確有對此的討論，如所謂「爲知」、「志行，爲也」等。對於《墨辯》的這些實踐、行動方面的觀點和語言的關係目前已有一些研究成果〔註1〕，但也有值得探討的問題，例如，有沒有可能使用分析哲學的觀點作爲工具來切入這一關係使它更明確。

也有許多更大的問題值得思考，例如：「辯」本身與人類發展的關係是什麼？「辯」與科學的關係如何？本文談到《墨辯》的語意思想時，指出《墨辯》論語言、辯學的概念語詞與《墨子》中這些概念原有的用法相觀，而最後一節提到「辯」與墨家的社會理想也相關；那麼一個突出的問題是：《墨辯》與墨家整體的思想之間的關係是什麼？有關這些複雜的問題，本文無法提供答案，但希望讀者能夠了解，《墨辯》仍然具有許多值得探討的思想內容。

〔註1〕 如：孫長祥《思維・語言・行動－現代學術視野中的墨辯》（台北：文津出版社，2005）。

附錄一　《小取》對語句結構的分析

（一）是而然

x，y 也；Ax，Ay 也。	x	y	A
白馬，馬也；乘白馬，乘馬也。	白馬	馬	乘
驪馬，馬也；乘驪馬，乘馬也。	驪馬	馬	乘
獲，人也；愛獲，愛人也。	獲	人	愛
臧，人也；愛臧，愛人也。	臧	人	愛

（二）是而不然

x，y 也；Ax，非 Ay 也。	x	y	A
獲之親，人也；獲事其親，非事人也。	獲之親	人	事
其弟，美人也；愛弟，非愛美人也。	其弟	美人	愛
車，木也；乘車，非乘木也。	車	木	乘
船，木也；入船，非入木也。	船	木	入
盜人，人也；多盜，非多人也。	盜人	人	多
（盜人，人也；）無盜，非無人也。	盜人	人	無
（盜人，人也；）惡多盜，非惡多人也。	盜人	人	惡多
（盜人，人也；）欲無盜，非欲無人也。	盜人	人	欲無
盜人，人也；愛盜，非愛人也	盜人	人	愛
（盜人，人也；）不愛盜，非不愛人也	盜人	人	不愛
（盜人，人也；）殺盜人，非殺人也	盜人	人	殺

（三）不是而然

x，非 y 也；Ax，Ay 也。	x	y	A
讀書，非書也；好讀書，好書也。〔註1〕	讀書	書	好
鬥雞，非雞也；好鬥雞，好雞也。	鬥雞	雞	好
且入井，非入井也；止且入井，止入井也。	且入井	入井	止
且出門，非出門也；止且出門，止出門也。	且出門	出門	止
且夭，非夭也；壽且夭，壽夭也。	且夭	夭	壽
有命，非命也；非執有命，非命也。	有命	命	非（執）

（四）一周而一不周

Ax ≡ （∀x）（Ax）；Bx ≡ （∃x）（Bx）〔註2〕	x	A	B
愛人，待周愛人而後爲愛人； 不愛人，不待周不愛人；不周愛，因爲不愛人矣。	人	愛	不愛
乘馬，不待周乘馬然後爲乘馬也，有乘於馬，因爲乘馬矣；逮至不乘馬，待周不乘馬而後不乘馬。	馬	不乘	乘

（五）一是而一非

f（A），g（A）也；f（B），非 g（B）也。〔註3〕	f（x）	g（x）	A	B
居於國，則爲居國；有一宅〔註4〕於國，而不爲有國。	x於國	x國	居	有
桃之實，桃也；棘之實，非棘也。	x之實	x	桃	棘
問人之病，問人也；惡人之病，非惡人也。	x人之病	x人	問	惡
人之鬼，非人也；兄之鬼，兄也。	x之鬼	x	兄	人
祭人之鬼，非祭人也；祭兄之鬼，乃祭兄也。	祭x之鬼	祭x	兄	人
之馬之目盼則爲之馬盼；之馬之目大，而不謂之馬大。	之馬之目x	之馬x	盼	大

〔註1〕原作「且夫讀書，非好書也」，以下五個例子的形式作爲校正此一句的根據。

〔註2〕可以讀爲：「Ax, 意味著 A 所有的 x；Bx，不意味著 B 所有的 x」。

〔註3〕孫中原《中國邏輯學》（台北：水牛出版社，1999），頁 289。

〔註4〕這個例子當中「一宅」只出現過一次，因此不能作爲 A、B、f、g 的一部分。也許這一例子的前一句原作「居一宅於國」。

附錄二　古代漢語和英文中的詞形變化

　　首先，在英文的句子當中，根據主語的不同，動詞也會有所改變：

古漢語	主語	模態詞	動詞	英　文	主語	模態詞	動詞
吾且出門。	吾	且	出門	I will go out.	I	will	**go** out
吾 出門。	吾		出門	I go out.	I		**go** out
吾已出門。	吾	已	出門	I went out.	I		**went** out
子且出門。	子	且	出門	He will go out.	He	will	**go** out
子出門。	子		出門	He goes out.	He		**goes** out
子已出門。	子	已	出門	He went out.	He		**went** out

　　表達「出門」的英文與古代漢語不同，因主語、時態的不同而有所改變。
　　此外，根據名詞在語句中出現的位置的不同，名詞也會有所改變：.

古漢語	主語	動詞	賓語	英　文	主語	動詞	賓語
子從吾言。	子	從	吾言	He follows my words.	**He**	follows	**my** words
吾從子言。	吾	從	子言	I follow his words.	**I**	follow	**his** words

　　翻成英文時，古漢語中的「吾」因位置的不同會變成「I」或「my」；同樣，「子」也會變成「he」或「him」〔註1〕。不進行這種詞形變化就會導致句子不合乎英文文法：「I follow *he* words」、「He follows *I* words」等句子，是不

〔註1〕若因脈絡的不同，「子」所指的是對方「you」而不是他人「him」，還會有類似的詞形變化，即第一句的主語作「you」，第二句的賓語作「your」；這種情況下第一句的動詞就作「follow」。

合乎英文文法的。由此可見，在英文的句子當中，表達同一個對象的詞語可以因位置的不同而有不同的表達。但在古代漢語當中，卻沒有這一現象；表達「我方」的詞語無論在句子中什麼位置出現，都可以用「吾」來表達。

最後，名詞根據它的單數、複數使用會有所改變：

古漢語	賓語（1）	賓語（2）	英文	賓語（1）	賓語（2）
喪一馬而求之。	一馬	之	To lose a horse and look for it.	a horse	it
喪二馬而求之。	二馬	之	To lose two horses and look for them.	two horses	them

古漢語中，「一馬」和「二馬」中表達「馬」的概念的詞語沒有因單數、複數的不同而改變；但在英文句子中卻從「horse」改成「horses」，並且指稱它的代詞「之」也有所改變，從單數的「it」改成複數的「them」。

附錄三　詞形變化和文法範疇的關係

　　詞形變化可以幫助語言學家發現到語言本身具有的結構。爲了說明這一點，讓我們針對一些古代漢語的句子，以及表達相同意思的英文句子，考慮這些語句可以給語言學家提供哪些有關語言結構的綫索。

　　爲了避免受到現代文法理論或系統的影響，以下的討論會假設我們對「文法」毫無所知（尤其是我們沒有「名詞」、「動詞」、「形容詞」等文法範疇的概念），而我們想要試圖從頭討論自己的語言的形式。爲了了解語言的形式，我們可能會對照一些包含相同語詞的不同語句，如：

古　漢　語	英　　文
1. 昔者桀亂天下。	1．Jie brought **disorder** to the world.
2. 昔天下亂。	2．The world was **disordered**.
3. 明君不求天下之亂。	3．A good ruler does not seek the **disordering** of the world.
4. 不知天下亂之所自起。	4．To not know the cause of the world's **disorder**.
5. 桀受發之天下，天下亂。	5．Jie took over the world from Fa, and brought **disorder** to the world.

　　首先考慮一個古漢語的使用者對上述五個古漢語句子的觀察。這五個句子最明顯的一個特徵是「亂」和「天下」這兩個表達式在五個句子中都有出現過；古代漢語的使用者也當然會知道，「亂」和「天下」這兩個表達式在許多不同的語句當中（包括上述五個語句）表達相同或密切相關的概念內涵。另外，從上述五個語句來看「亂」的使用，「亂」可直接放在「天下」之前和

「天下」之後，也可通過另一個「之」字被其它的語詞（「天下」）修飾了，也可以被用來修飾其它的語詞（「所自起」）。同樣看「天下」的使用，「天下」可直接放在「亂」之前和「亂」之後，也可通過另一個「之」字被其它的語詞（「發」）修飾了，也可以被用來修飾其它的語詞（「亂」）。最後，除了直接用來表達概念內涵的語詞（即實詞）之外，最多只能分析出這些句子有使用到一個沒有明顯概念內涵的詞語（即虛詞）「之」。

基於這些觀察以及進一步的研究，古漢語的使用者也許會得出結論說，語句是由一串語詞形成的，這些語詞的搭配方式跟它的內涵直接相關：可以被理解的搭配方式就是合理的搭配方式（例如，「桀天下」是無法被理解的因而不合理的或不完整的表達，是由「桀」和「天下」的概念內涵來決定的）。這種分析不需要對上述五個句子當中的不同語詞進行很詳細的分類；如果要做出分類的話，較為明顯的分類方式是實詞和虛詞的分類。

但對上述五個英文句子做出相同的分析，卻會得到不同的結果。雖然與古代漢語的例子相同，「disorder」和「the world」在每一個語句當中都有出現，但又一個很明顯的現象，就是代表「disorder」這一概念的文字表達有時候作「disorder」，有時候「disordered」，有時候「disordering」；雖然這些表達有所不同，但很明顯的又是密切相關的。然而，「the world」的情況卻不一樣，無論在什麼脈絡中出現，都不會作成「worlded」或「worlding」；英文的使用者即使沒有「文法」的概念也會知道，「worlded」、「worlding」等表達是無法被理解的。因此，從這五個英文句子，我們已經有很明顯的動機說「disorder」和「world」在英文中有某一些不同的性質。當我們再去分析其它的句子以及其它的語詞，我們很快就會發覺「disorder」的使用規則並不是只有「disorder」這個詞才有的獨特現象，而是一部分英文詞語共有的普遍規則。我們會透過與其它的語句和語詞的對照，發現「disorder」所遵守的規則與「wait（等待）」、「attack（攻伐）」等詞語是相同的；而「world」與「animal（動物）」、「stone（石頭）」等詞語是相同的。如此，英文本身具有的結構導引我們去探討英文的不同文法範疇。

基於這些觀察和研究，當英文的使用者想要說明語句的結構，他會發覺語句雖然是由語詞所構成，但因為英文文法的許多限制，顯然不是任意的搭配，也並不是任何的可被理解的搭配方式就是合理的；許多概念上合理的搭配方式（如：「Jie disorder the world」）卻不會被英文的使用者接受為合理的語

句。因爲英文本身具有的文法規則已經有使得他去發現有不同的文法範疇，所以再去發現合理語句的文法規則是與文法範疇有關係的，似乎不難。如此，英文的使用者爲了解釋英文語句的結構，就有很明顯的動機去探討不同的文法範疇，並且使用這些文法範疇來探討合乎文法的語句該有的規則。

參考資料

一、原典文獻

1. 《墨子》收入《正統道藏》（台北：新文豐，1977）第 46 冊。
2. 李漁叔《墨辯新注》（台北：商務印書館，1967）。
3. 周雲之《墨經校注·今譯·研究—墨經邏輯學》（蘭州：甘肅人民出版社，1993）。
4. 孫詒讓《墨子閒詁》（台北：華正書局，1995）。
5. 高亨《墨經校詮》（台北：世界書局，1981）。

二、今人專著

1. Davidson, Donald, *Inquiries into Truth and Interpretation* (Oxford: Clarendon Press, 2001)
2. Davidson, Donald, *Subjective, Intersubjective, Objective* (Oxford: Clarendon Press, 2001)
3. Graham, A.C., *Disputers of the Tao* (La Salle:Open Court, 1989)
4. Graham, A.C., *Later Mohist Logic, Ethics and Science* (Chinese University Press, 2004)
5. Hansen, Chad, *Language and Logic in Ancient China* (University of Michigan Press, 1983)
6. Harbsmeier, Christoph, *Science and Civilisation in China Volume 7, Part 1:Language and Logic* (Cambridge University Press, 1998)
7. Lenk, Hans,and Gregor Paul,eds., *Epistemological Issues in Classical Chinese Philosophy* (Albany:SUNY Press, 1993)
8. Lloyd, G.E.R., *Adversaries and authorities:investigations into ancient Greek and Chinese science* (New York: Cambridge University Press, 1996)

9. Makeham, John, *Name and actuality in early Chinese thought* (SUNY Press, 1994)

10. Mou, Bo ed., *Davidson's Philosophy and Chinese Philosophy:Constructive Engagement* (Brill, 2006)

11. Quine, W.V.O., *Philosophy of Logic* (Harvard University Press, 1986)

12. Quine, W.V.O., *Word and Object* (MIT Press, 1960)

13. 王寧等編《古代漢語通論》（北京師範大學出版社，1996）。

14. 王克喜《古代漢語與中國古代邏輯》（天津人民出版社，1999）。

15. 李志強《先秦和古希臘語言觀研究》（北京：學苑出版社，2008）。

16. 李賢中《墨學：理論與方法》（台北：揚智文化，2003）。

17. 李賢中《先秦名家「名實」思想探析》（台北：文史哲，1992）。

18. 吳進安《墨家哲學》（台北：五南圖書公司，2003）。

19. 孫中原《墨學與現代文化》（中國廣播電視出版社，2007）。

20. 孫中原《中國邏輯研究》（北京：商務印書館，2006）。

21. 孫中原《中國邏輯學》（台北：水牛出版社，1999）。

22. 孫長祥《思維·語言·行動─現代學術視野中的墨辯》（台北：文津出版社，2005）。

23. 陳孟麟《墨辯邏輯學》（濟南：齊魯書社，1983）。

24. 陳癸淼《墨辯研究》（台北：學生書局，1977）。

25. 陳榮波《墨家前後期思想研究》（桃園：繼福堂出版社，2001）。

26. 張斌峰《近代墨辯復興之路》（山西教育出版社，1999）。

27. 馮耀明《公孫龍子──一個分析哲學的觀點》（台北：東大書局，2000）。

28. 楊俊光《墨經研究》（南京：南京大學，2002）。

29. 楊武金《墨經邏輯研究》（北京：中國社會科學出版社，2004）。

30. 鄭杰文《二十世紀墨學研究史》（北京：清華大學出版社，2002）。

31. 關興麗《《墨子》語義學和語用學思想研究》（北京：社會科學文獻出版社，2004）。

三、學術論文

1. Bao Zhiming "Language and World View in Ancient China" *Philosophy East and West* 40.2 (1990):195~219

2. Bao Zhiming "Review of 'Language and Logic in Ancient China' by Chad Hansen" *Philosophy East and West* 35.2: 203~12

3. Boltz, William G. "Desultory Notes on Language and Semantics in Ancient China" *Journal of the American Oriental Society* 105.2: 309~13

4. Chang Chih-wei "The Road Not Taken：The Convergence/Divergence of Logic and Rhetoric in the Mohist 'Xiaoqu'," *Tamkang Review* 28.3 (1998)：77~94

5. Cheng Chung-ying "Kung-sun Lung : White Horse and Other Issues" *Philosophy East and West* 33.4: 341~54

6. Cheng Chung-ying "Logic and Language in Chinese Philosophy." *Journal of Chinese Philosophy* 14.3 (1987)：285~308

7. Cheng Chung-ying "Nature and Function of Skepticism in Chinese Philosophy" *Philosophy East and West* 27.2 (1977)：137~54

8. Fraser, Chris "Language and Ontology in Early Chinese Thought" *Philosophy East and West* 57: 4 (2007)：420~456

9. Fraser, Chris "More Mohist Marginalia：A Reply to Makeham on Later Mohist Canon and Explanation B 67", *Journal of Chinese Philosophy* 2 (2007)：227~59

10. Garrett, Mary. "Classical Chinese Conceptions of Argumentation and Persuasion" *Argumentation and Advocacy* 29.3 (1993)：105~15

11. Geaney, Jane "A Critique of A. C. Graham's Reconstruction of the 'Neo-Mohist Canons'", *Journal of the American Oriental Society* 119.1 (1999)：1~11

12. Graham, A.C. "Later Mohist Treatises on Ethics and Logic Reconstructed from the Ta-ch'u chapter of Mo-tzu", *Asia Major* 17.2 (1972)：137~189

13. Graham, A.C. "The Concepts of Necessity and the 'A Priori' in Later Mohist Disputation" *Asia Major* 19.2 (1975)：163~190

14. Graham, A.C. "The Logic of the Mohist Hsiao-ch'u" *T'oung Pao* 51.1 (1964)：1~54

15. Hansen, Chad "Chinese Language, Chinese Philosophy, and 'Truth'" *Journal of Asian Studies* 44 (1983)：492

16. Hansen, Chad "Response to Bao Zhiming" *Philosophy East and West* 35.4 (1983)：419~24

17. Hansen, Chad "Term Belief in Action：Sentences and Terms in Early Chinese Philosophy" in *Epistemological issues in classical Chinese philosophy*, Hans Lenk, Paul Gregor ed. (SUNY Press, 1993)：45~68

18. Harbsmeier, Christoph "Marginalia Sino-Logica" in *Understanding the Chinese Mind：The Philosophical Roots*, Robert E. Allinson ed. (Oxford University Press, 1989)：155~61

19. Ivanhoe, Philip J. "One View of the Language-Thought Debate" *Chinese Literature：Essays, Articles, Reviews* 9：115~23

20. Johnston, Ian "Choosing the Greater and Choosing The Lesser：A Translation and Analysis of the Daqu and Xiaoqu Chapters of the Mozi" *Journal of Chinese Philosophy* 27.4 (2000)：375~407

21. Johnston, Ian "The Gongsun Longzi：A Translation and An Analysis of Its Relationship to Later Mohist Writings" *Journal of Chinese Philosophy* 31.2 (2004)：271~295

22. Lucas, Thierry "Later Mohist Logic, Lei, Classes, and Sorts" *Journal of Chinese Philosophy* 31.3 (2005)：349~365

23. Makeham, John "Mohist Marginalia－Addenda and Corrigenda" *Papers on Far Eastern History* 42 (1990)：125~130

24. Makeham, John "Mohist Marginalia：A New Interpretation and Translation of Canon and Explanation B 67 in the Neo-Mohist Summa" *Papers on Far Eastern History* 39 (1989)：167~176

25. Mou, Bo "The Structure of the Chinese Language and Ontological Insights：A Collective-Noun Hypothesis" *Philosophy East and West* (1999) 49.1：45~62

26. Putnam, Hilary "Fact and Value" *Reason, Truth and History* (Cambridge University Press, 1981)：127~149

27. Reding, Jean-Paul "Analogical Reasoning in Early Chinese Philosophy" *Asiatische Studien* 40.1 (1986)：41~56

28. Robins, Dan "Mass Nouns and Count Nouns in Classical Chinese" *Early China* 25 (2000)：147~84

29. Zong Desheng "Studies of Intensional Contexts in Mohist Writings" *Philosophy East and West* 50 (2000)：208~228

30. 方萬全〈論陳漢生的物質名詞假設〉，收入葉錦明編《邏輯思想與語言哲學》（台北：學生書局，1997）。

31. 方萬全〈眞理概念與先秦哲學——與陳漢生先生商榷〉，《南京大學學報，哲學、人文科學、社會科學版》2006 年 2 期，頁 91～102。

32. 李賢中〈論「同」與「推」——先秦邏輯基本概念探析〉，收入林正弘編《邏輯與哲學》（台北：學富文化，2009），頁 565～582。

33. 孫中原〈墨家運用概念的藝術〉，《南通大學學報社會科學版》，2006 年第 3 期，頁 1～6。

34. 孫長祥〈墨辯中的認識與語言〉，《華岡文科學報》，2003 年第 9 期，頁 1～43。

35. 孫長祥〈《墨子‧小取》的名辯思想——自「思言行」行動觀點的考察〉，《華岡文科學報》，1999 年第 12 期，頁 267～324。

36. 許錦雲〈墨辯語用學思想初探〉，《殷都學刊》，2006 年 5 期，頁 191～194。

37. 許錦雲〈墨家語義學思想初探〉，《殷都學刊》，2005 年 4 期，頁 104～106。

38. 馮耀明〈《墨辯》論辯說方式之限制〉，《大陸雜誌》第 79 卷 3 期，頁 111

～121。

39. 馮耀明〈中國哲學中的語言哲學問題——物質名詞理論的商榷〉，收入《分析哲學與語言哲學》（香港：中文大學，1993）。

40. 韓東暉〈先秦時期的語言哲學問題〉，《中國社會科學》，2001 年第 5 期，頁 59～68。

41. 魏義霞〈中西語言哲學的不同特征——兼論先秦語言哲學的盛行〉，《北京大學學報（哲學社會科學版）》，2006 年 5 期，頁 48～53。